商業・流通と
マーケティング

中原龍輝［著］

創 成 社

まえがき

　我々は，毎日朝起きて一日を迎える。昼間には仕事や学校に行き，腹が減ったら食事を取り，疲れたらタバコで一服やコーヒーブレーク，何が欲しくなると店に行き買物をする。一日の仕事や勉強が終わったら自由に色々と好きな行動を取れる。仲間と飲みに行ったり，ゲームやカラオケ，映画や演劇，フィットネスやスポーツクラブで汗を流すのも選択肢の1つになる。そして，夜が更けると明日の仕事や勉強に備え眠りに就く。もちろん，徹夜で仕事をしたり，遊びをしたりする人も自由だが，それは常ではない。

　こうしたことは命のある限り毎日のように繰り返され，何にも不思議には思わなく思われることもなかろう。これらは紛れもなく日常生活であり，誰にでもありそうな出来事である。現代社会では，我々一人ひとりはこうした毎日の生活を営み続けるには，日常的にモノを買い，買ったモノを使い，他人の働きで自分の欲求を満たし，他人のサービスで自分の気持ちをいやす。言うまでもなく，それらのすべては商業・流通に支えられてからやっとできる。

　本書は小説でもなく随筆でもないので，以上のような語りは決して延々と続けることはできない。本書は商業と流通，そしてマーケティングについて説明して紹介するものなので，随所に堅い言葉が現れることも必要である。もちろん，著者としてはできるだけ本書を分かりやすく書くつもりだが，術語や専門用語，そして理論や仮説などを使って説明することは避けてはならない。なので，可能であれば，理解しやすいような言葉で本書を綴りたい。本書を読み終えた時には専門家にも負けないようなちゃんとした一通りの知識を身につけ，難しいことを普通の人にも分かるように口にしてみよう。

　商業というものは我々の身近で実在の事例は多いが，商業にも深い理論的支えがある。本書は，商業と流通という社会的現象について，人々の日常生活に

関連しながら解釈し分析して行き，そして，商業企業の活動については経済学，経営学や商学，マーケティングの視角から分析して，経済・社会に欠けてはならない商業・流通の働きをみんなに認識してもらいたい。

　商業とはどういうものなのか，何のためにあるのか，どうやってうまくやって行けるのか，なぜ途轍もない大きな店もあれば，一人で頑張っている小さな店も生き残れるのか。それに，昔から今の仕事がだめだったら商売でもやろうという言い伝えがあるが，今ではなぜか，せっかくやって行ける仕事あるいは他人にも羨ましがれる仕事をうまく行っているのに，わざわざ脱サラして明日にはどうなるかも想像できぬ小さな商売を始めようとするのか。こうした素朴な疑問はあるのだろうか。

　また，商業と流通はどういう関係あるのか，なぜ別々に商業と流通の考え方が必要なのか，商業と流通は我々の生活や我々が住んでいる社会においてはどういう役割があるのか，そして，なぜマーケティングとも関係あるのか，その関係はどうなっているのか，さらに，マーケティングとは何なのか，なぜ必要なのか，商業や商売には役立つのか，どうやって役立つのか。

　ところが，本書は，クイズ本ではないが，こうした素朴な疑問を解けたくて，みなさんの質問に応えるつもりである。最後まで読んでみたら，あなたには何かしらの役を立つことになると，ここで申し上げたい。

2015年3月吉日

作　者

目　次

まえがき

第1章　経済・市場における商業 ──── 1

　1　市場メカニズムと商業・流通の位置づけ ……… 2
　　1）経済の仕組み　2
　　　（1）取引と交換　2
　　　（2）ギャップとかけ橋　3
　　2）市場のメカニズム　4
　　　（1）市場とは　4
　　　（2）市場の役割　5
　　　（3）需給関係　6
　2　社会分業と商業・流通の発生 ………… 7
　　1）社会的分業の確立　7
　　　（1）分業の発生　8
　　　（2）ギャップの拡大　9
　　2）産業の形成と分類　9
　　3）商業の誕生　11
　　4）貨幣の商業的役割　12
　　　（1）貨幣の機能　13
　　　（2）紙幣の出現　15
　　　（3）貨幣の多様化　15
　3　商業・流通の社会的存在と機能 …………… 15
　　1）経済的機能　16
　　　（1）生産と消費のギャップ　16

　　　　　① 空間的・時間的ギャップ　17
　　　　　② 所有権のギャップ　18
　　　　　③ 価値のギャップ　18
　　　　　④ 情報・知覚的ギャップ　18
　　　　　⑤ 品揃えのギャップ　19
　　　（2）産地・消費地のつながり　19
　　　　　① 商的流通の機能　20
　　　　　② 物的流通の機能　20
　　　　　③ 情報流通の機能　20
　　　　　④ 付随活動の機能　20
　　　　　⑤ 補助活動の機能　21
　　2）生活的機能　21
　　　（1）消費者の物的充足・拡大・向上　21
　　　（2）日常生活コストの軽減　22
　4　現代商業の構造 …………………………………… 23
　ミニコラム　「士農工商」の今昔　25

第2章　マーケティングとマーチャンダイジング ── 26

　1　マーケティング（marketing） …………………… 26
　　1）マーケティングの定義　27
　　2）マーケティングミックス　29
　　　（1）製品（product）　31
　　　（2）価格（price）　32
　　　（3）販売経路（place または channel）　34
　　　（4）販売促進（sales promotion）　35
　　3）マーケティング戦略　37
　　　（1）市場調査　38
　　　（2）経営分析　39
　　　　　① SWOT分析　39
　　　　　② 5 FORCEs分析　40
　2　マーチャンダイジング（merchandising） ……… 42

　　　　　　1）適正な商品（right goods）　43
　　　　　　2）適正な数量（right quantity）　43
　　　　　　3）適正な価格（right price）　44
　　　　　　4）適正な時期（right time）　45
　　　　　　5）適正な場所（right place）　45
　　　3　物流とサプライチェーン（supply chain）…………46
　　　　　　1）物流とその機能　46
　　　　　　2）サプライチェーン　47
　　　　　　3）SCMのグローバル化　48
　　　　　　4）2種類のサプライチェーン　49
　　　ミニコラム　「天下の台所」は集散地か消費地か　51

第3章　商業の理論と実際 ── 52
　　　1　商業成長の理論仮説…………………………………53
　　　　　　1）小売の輪（The Wheel of Retailing）　54
　　　　　　2）小売成長段階論（The Stages of Retail Development）　56
　　　　　　3）真空地帯論（Vacuum Theory）　57
　　　2　社会機能理論…………………………………………59
　　　　　　1）取引総数最小原理
　　　　　　　（principle of minimum total transaction）　60
　　　　　　2）集中貯蔵原理（principle of massedreserves）　62
　　　3　商品分類と商業における意義………………………65
　　　　　　1）概念的・実務的分類　65
　　　　　　　（1）概念的分類　65
　　　　　　　（2）実務的分類　66
　　　　　　2）理論的分類　67
　　　　　　　（1）コープランド（Copeland, Melvin T.）の商品分類　67
　　　　　　　　① 最寄り品（Convenience Goods）　67

　　　　　② 買回り品（Shopping Goods）　68
　　　　　③ 専門品（Specialty Goods）　68
　　　（2）バックリン（Bucklin, Louis P.）の商品分類　69
　　3）サービス商品の分類　71
　　　（1）探索財（search goods）　73
　　　（2）経験財（experience goods）　74
　　　（3）信頼財（credence goods）　75
　　4）商業における商品分類の意義　75
　　ミニコラム　商業活動の理論と論理　77

第4章　日本の商業構造と機能 ── 78
1　流通機構における商業の構造……………………………78
2　卸売業（Wholesaler）……………………………………80
　　1）伝統的問屋と日本の商業伝統　80
　　　（1）問屋の誕生　81
　　　（2）問屋の種類　81
　　　　　① 総合問屋と専門問屋　82
　　　　　② 単品問屋　82
　　2）流通革命と問屋無用論　82
　　　（1）流通革命　83
　　　（2）問屋無用論　84
　　3）卸売業の構造と分類　86
　　　（1）産業分類基準による分類　86
　　　　　① 生産財卸売　86
　　　　　② 消費財卸売　87
　　　（2）商品構成による分類　87
　　　　　① 総合卸売　87
　　　　　② 複合卸売　87
　　　　　③ 専門卸売　88
　　　　　④ 単品卸売　88
　　　（3）立地による分類　88

　　　　　① 産地卸売　88
　　　　　② 集散地卸売　89
　　　　　③ 消費地卸売　89
　　　（4）商圏による分類　89
　　　　　① 全国卸売　89
　　　　　② 地域卸売　90
　　　　　③ 地方卸売　90
　　　（5）機能による分類　90
　　　　　① 全機能卸売　90
　　　　　② 限定機能卸売　91
　　　（6）製造卸売　91
　　4）卸売業の集積　92
　　　（1）問屋街　92
　　　（2）卸売団地　93
　　5）卸売市場　94
　　　（1）中央卸売市場　94
　　　（2）地方卸売市場　95
　　6）現代卸売業の機能　96
　　7）卸売業のマーケティング　97
　　　（1）品揃えの強化　98
　　　（2）PB商品の企画　99
　　　（3）物流・配送サービス　99
　　　（4）プル型販売促進　100
　　　（5）小売業事業サポート　100
3　小売業（Retailer） ……………………………… 101
　　1）原始的行商と日本小売業のルーツ　101
　　　（1）行　商　101
　　　（2）店舗型商業と無店舗型商業　102
　　　　　① 訪問販売（door-to-door sales）　102
　　　　　② 通信販売（mail order business）　103
　　　　　③ 自動販売（automatic vending）　103

2）現代小売業の構造　104
　（1）経営構造と組織形態　104
　　① 独立型小売業（伝統小売店舗）　104
　　② 組織型小売業（チェーンオペレーション）　105
　（2）小売業の集積形態　109
　　① 自然形成型小売業集積——商店街　109
　　② 人工造成型小売業集積　111
3）小売業の業種と業態　114
　（1）業種（type of industry）　114
　（2）業態（kind of industry）　115
　（3）伝統小売業　115
　　① 食料品関係伝統小売業　115
　　② その他生活必需品関係伝統小売業　116
　　③ 伝統的な大規模小売店舗　117
　　④ バラエティストア（variety store）　119
　（4）新興小売業　120
　　① スーパーマーケット（Super Market＝SM）　120
　　② 食品スーパー　121
　　③ 衣料品スーパー　121
　　④ 総合スーパー（General Merchandise Store＝GMS）　122
　　⑤ ハイパーマーケット（Hypermarket）　122
　　⑥ ミニスーパー　123
　　⑦ コンビニエンスストア（convenience store＝CVS）　124
　（5）その他の小売業態　125
　　① ディスカウント・ストア（discount store＝DS）　125
　　② ドラッグストア（Drugstore；pharmacy；chemist's）　126
　　③ 生協（CO・OP＝consumer cooperative）　127
　　④ 農協（JA＝Japan Agricultural Cooperatives）　127
4）小売業の機能　129

　　　　（1）消費者に対する機能　129
　　　　（2）卸売業者・生産者に対する機能　129
　　　　（3）地域や社会に対する機能　130
　　5）小売業のマーケティング　130
　　　　（1）顧客の声を聞くから顧客の参加へ　131
　　　　（2）少子高齢化社会の新戦略　131
　　　　（3）顧客に近づく新出店戦略　132
　　　　（4）インターネットツールの活用　133

　ミニコラム　今日の問屋　134

第5章　商業の国際化と日本的慣行 ―――――― 135
1　商業のグローバル的展開 ・・・・・・・・・・・・・・・・・・・・・・・・・・・ 135
　　1）グローバリゼーションの経済環境　136
　　　　（1）国際化（internationalization）　136
　　　　（2）多国籍化（multi-nationalization）　137
　　　　（3）ボーダーレス化（Borderlessness）　139
　　　　（4）グローバル化（Globalization）　140
　　　　（5）ローカリゼーション視点の必要性　142
　　2）商業企業のグローバル的展開　144
　　　　（1）海外商業企業の日本進出　144
　　　　（2）日本の小売業の海外進出　145
2　日本の商習慣と非関税障壁問題 ・・・・・・・・・・・・・・・・・・・ 146
　　1）日本の商慣習（Japanese Business Practices）　146
　　2）販社と流通系列化　148
　　　　（1）販社（Sales Company）　148
　　　　（2）流通系列化（Affiliated Distribution System）　149
3　日米の商業・流通の比較 ・・・・・・・・・・・・・・・・・・・・・・・・・・・ 150
　　1）幌馬車由来の大型商業　150
　　2）風呂敷由来の地域密着型商業　151
4　商社のマーケティング ・・・・・・・・・・・・・・・・・・・・・・・・・・・・・ 152

　　　　1）日本の商社（Japanese Business Company）　152
　　　　　（1）総合商社（General Merchant）　152
　　　　　（2）専門商社（Specialized Trading Company）　153
　　　　2）商社のマーケティング戦略　154
　　　　　（1）商社の機能とその革新　154
　　　　　　①　流通機能　154
　　　　　　②　金融機能　155
　　　　　　③　情報機能　155
　　　　　（2）総合商社の戦略　156
　　　　　（3）専門商社の戦略　156
　　　ミニコラム　我々の生活の中のグローバリゼーション　158

第6章　中小商業の実態と今後 ─── 159

1　中小企業と中小商業の実態 ……………………… 159
　　1）企業の規模と中小企業　160
　　　（1）中小企業（Small and Medium Enterprises＝SME）　160
　　　（2）零細企業（Small [Tiny] Business）　162
　　　（3）個人事業主（Owner-manager）　163
　　2）中小卸売業　164
　　3）中小小売業　165
2　中小商業の存続問題と社会的必要性 ……………… 166
　　1）後継者難問題　166
　　　（1）環境の変化　167
　　　（2）価値観の変化　168
　　　（3）中小商業のあり方　168
　　2）中小企業の共通的問題点　170
　　　（1）経営難問題　170
　　　（2）存続難　171
　　　（3）廃業と倒産　172
　　3）中小商業の社会的役割と存続の必然性　174

（1）中小商業の社会的役割　174
　　　（2）中小商業存続の必然性　175
　3　中小商業のマーケティング …………………………… 177
　　1）自立的な経営戦略　178
　　2）中小商業同士の助け合い　179
　　3）大手商業企業との協力，地元との共生　180
　ミニコラム　パパ・ママ店の近代化　182

第7章　情報化社会と商業のネット環境 ─────── 183
　1　情報化社会の進展と商業環境の変化 ………………… 183
　　1）情報化社会の進展　184
　　　（1）人類社会発展の段階　184
　　　（2）情報化社会の急展開　185
　　2）情報化社会の生活　186
　　3）商業環境の変化　187
　2　社会のネットワーク化 ………………………………… 188
　　1）ユビキタスと社会の情報化　189
　　　（1）ユビキタス社会　189
　　　（2）クラウドコンピューティング　193
　　　　①　SaaS（Software as a Service）　194
　　　　②　PaaS（Platform as a Service）　195
　　　　③　HaaS（Hardware as a Service）または
　　　　　　IaaS（Infrastructure as a Service）　195
　　2）SNSの商業化　196
　3　商業企業のネットビジネス ……………………………… 198
　　1）人間によるネット上完結型　198
　　　（1）B 2 B　199
　　　（2）B 2 C　199
　　　（3）C 2 C　200
　　　（4）C 2 B　201

2）人間無介入のネット上完結型　201
　　　3）ネットと実店舗の結合型　203
　4　情報化時代のマーケティング …………………… 205
　　　1）メーカーの視点　206
　　　2）卸売業の視点　207
　　　3）小売業の視点　208
　　　　（1）大手小売企業　208
　　　　　　① 従来の経路の活用と強化　209
　　　　　　② ネットスーパー　210
　　　　　　③ 小売業のオムニチャネル（Omni Channel）　210
　　　　（2）中小零細小売店　212
　　　　　　① 消費者と仕入先との密着化　212
　　　　　　② 買い物代行とアフターサービス窓口　213
　　　4）小売業の宅配サービス　214
　　　　（1）インターネットの基盤整備とクラウドサービスの提供　214
　　　　（2）消費需要の変化　214
　　　　　　① 超高齢社会　215
　　　　　　② 中食の需要拡大　215
　　　　（3）経営上の必要　216
　　　　　　① 店頭販売の限界　216
　　　　　　② 消費者の都合　217
　　ミニコラム　バーチャルリアリティー　218

参考文献　219
索　　引　223

第1章
経済・市場における商業

　幼い子供から年寄りまで，老若男女，世の中の誰も世話になるのは商業である。日常生活を色とりどりにするのは人々の共通な思いであり，同じ店に行っても違う店に行っても，商業特に小売店は我々の毎日の生活において最も身近な存在である。若者に人気のコンビニエンスストアから主婦たちを引き寄せるスーパーマーケット，贅沢に買い物できる百貨店や色々なこだわりに応えようとする専門店，これらは一言で小売店と言われ，商業または流通業の一部分である。もちろん，人々の生活を支える経済という仕組みの中においてはとっても欠かせない存在である。

　バブル経済がはじけてからはやくも20年あまり経ち，日本経済はデフレスパイラルからなかなか抜け出せず，小売店舗の数は年々減りつつも，日本全国にはまだ100万店以上が存在する。昔から「士農工商」のような身分制度では，商人の社会的地位が最も低いと言われるが，未だに脱サラしても商売を始めようとする人々が後を絶たない。

生産者と消費者
　我々日頃の買い物は物質的で見えやすいモノを買って使い，見えにくいものもたくさん含むサービスを受け入れることである。経済学的にこれらを消費と言い，モノを使ったり，サービスを受けたりとする個々の個人を消費者と呼ぶ。
　一方，消費者に買い物ができるように様々なモノを作る人々は生産者である。生産と消費は場所的・距離的に離れるのが常識になっている現代社会では，その生産と消費の間に常に前述のような様々な小売店がある。これらの店は生産者と消費者をかけ橋のように結び付けるような役割を果たし，商業・流通構造

の一部分である。商業・流通の詳細についてはその後の章節で事例を挙げて解釈するが，ここでは，商業・流通の土台となる社会経済の全体的な仕組みや商業・流通活動が実際に行われる場所である市場と市場のメカニズム（第2節 2. 参照）について見てみる。

　現代人である我々は，毎日の生活を続けていくうちに，衣食住を始め，多くの物事に関しては自分だけでは解決できないことが多い。今日では，我々は何か欲しくなると，消費者として買い物と言う行為を通じて周りの他人や遠方の人，さらに外国の誰かに頼ることになる。こういうことは取引や売買と呼ばれ，一人の消費者は日常に色々な商品を購入し，様々なサービスの受入れを通じて自分の生活を充足させ，豊かにしようとするのが常識になっている。買い物のできる場所は，前述した小売店ではあるが，経済学的には市場の一部である。

1　市場メカニズムと商業・流通の位置づけ

1）経済の仕組み

　市場とは現代社会における経済活動の要とも言われるが，経済とは，簡単に言うと，ある国またはある地域における日常生活を維持するための人々の互いの社会的総合作用の全体的構造である（図1－1）。我々は自分の能力と意思によって日常にモノを作ってそれを必要とする他人に提供する。同時に自分が欲しがるができないモノを他人から購入する。経済学的には，他人のための物づくりを生産活動と言い，作り出されたモノを生産物（財・サービスなど）と言う。それらを必要とする人々の買い物を消費活動と言い，市場の需要と言う。図1－1の矢印のように順調に回ることは社会の経済循環と言う。

（1）取引と交換

　はるか昔の原始的社会では，人間は自分の生活を営むために様々なモノを作り，それらを自らの消費に当てる。このために，そのような社会構造を自給自足経済と言う。その後，生産力の進歩や生産性の向上の結果，人々の生産活動

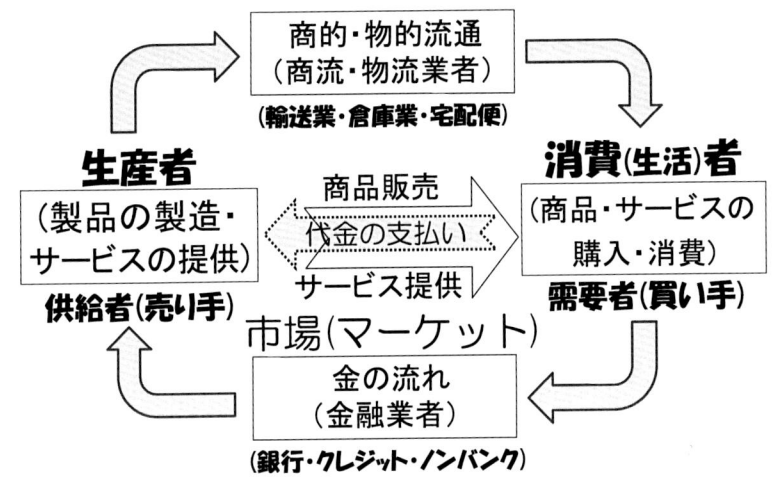

```
                    ┌──────────────────┐
                    │  商的・物的流通   │
              ──→   │ （商流・物流業者） │   ──→
             │      └──────────────────┘      │
             │      (輸送業・倉庫業・宅配便)     │
             │                                 ↓
     生産者                商品販売            消費(生活)者
  （製品の製造・    ←  ─ ─ 代金の支払い ─ ─ →  （商品・サービスの
   サービスの提供）            サービス提供          購入・消費）
   供給者(売り手)       市場(マーケット)         需要者(買い手)
             ↑      ┌──────────────────┐      │
             │      │    金の流れ      │      ↓
              ──    │  （金融業者）     │   ←──
                    └──────────────────┘
                    (銀行・クレジット・ノンバンク)
```

図1−1 経済の仕組み（生産・流通・消費）

に余剰物が生まれる。人間は社交的な動物であり，互いに行き来することは古来の習性である。それぞれの家族や部族の余剰物が異なるため，他人の余剰物を欲しがる欲望が生まれ，余剰物の間の交換が発生する。

交換は偶発的であっても，こうした原始的余剰物の交換は今日でもバーター取引に見られ，物々交換と呼ばれる。それが現代経済における極めて重要な社会的役割を果たしている商業のルーツでもある。

（2）ギャップとかけ橋

人間社会は原始的な自給自足経済から進化してくるプロセスにおいて今日の経済・社会構造に最も大きな影響を与えるのは恐らく社会的分業（第2節参照）である。社会的分業の確立は今日のような市場経済と呼ばれる社会構造の土台ができあがる。分業が進展すればするほど，他人消費のために専門にモノを加工したり作ったりする製造業や生産者が続々と現れてくる。そのような職人と言われる人々が集まって自然に生産地が成り立つ。それと反対に，ヨーロッパの遊牧民の定住，日本などの農耕社会の都会化における市町や大都会の出現は

もっぱらモノ（生産物）を使用する消費地が現れてくる。現代になると，企業の都合で消費地と遠く離れる地で新たに生産地を作り，その間の距離はますます離れていくことになる。

そこで，このギャップつまり距離的な隔たりを埋めようとする形で，もっぱら生産物を消費者の手元に届くなどの社会的働きを担う多種多様な業者は商業・流通業として現れてくる（第3節参照）。商業・流通業の事業活動は生産と消費の間にかけ橋的な存在であり，生産されたモノは消費する人々の手元に届いた時点でやっとその生産物の価値が社会的に認められる。

2）市場のメカニズム

経済学によると，人々の行動は日常に生産や販売などの利益追求に絡んでいるため，経済活動と見做される。経済活動に従事する人々はつねに経済原理や原則にしたがって合理的に行動すると仮定される。こうした「経済人（homo economics）」は典型的に見られるのは商業者・流通業者である。

交換や取引という経済活動が実際に行われる市場では，取引に係わる人々は市場参加者と呼ばれる。市場参加者は狭義的には交換や取引に関わる生産者，商業者・流通業者（卸売・小売業，貯蔵・輸送などの物流業），消費者によって構成される。しかし，タバコやカラオケ，またはショッピングセンターの買い物に出掛ける人々による交通渋滞などのように，あるモノの消費はしなかったが，周りの他人がそのモノの消費に影響されるため，地域住民ないし国民にも広い意味で市場関係者と見ることができる。

（1）市場とは

市場という言葉には，日本語では，二通りの読み方がある。それは「いちば」と「しじょう」である。「いちば」は，一般に毎日または定期的あるいは不定期的に取引や売買が行われ，それに参加する人々が集まって実際にモノの売買が行われる場所である。「しじょう」と呼ばれる場合は，狭義的には，昔は小売市場というものもあったが，現在では，主として卸売が行われる場所（卸売

市場など），例えば，水産物市場や青果物市場など）を指し，広義的には，より広範囲でまたは抽象的な取引や売買が行われるところを指す。

例えば，「国内市場」や「国際市場」，「外為市場」や「労働力市場」のような「しじょう」は経済全体に対しては，確かに重要な影響を与えるが具体的にはどこにあってどういう形になっているかと聞かれると簡単に差し当てられないマクロ的な経済活動を行うことの経済活動の全体を示すことになる。

（２）市場の役割

では，市場の役割はどう説明すれば分かりやすいかを考えてみよう。一言で言うと，市場では，消費者が何か欲しいという需要に対して生産者が何を作れるという供給との間の駆け引きである。また，何個買えるとどれくらいの量が売れる，それにいくらで買えるといくらで売れるとの競い合いでもある。市場はこうした数量と価格に絡む需要と供給のバランスを調整する役割を果たしている。マクロ的には，自由かつ公開な市場において，生産者は需要側の実情（実需）に係わる情報によって生産や加工の数量を調整して市場に提供し，消費者も供給の状況や情報を見ながら自らの需要を調整する。もちろん，ここに生産者と消費者が互いに必要な情報を手にすることができるかどうかにポイントがある。これについての説明は第 7 章に譲る。

こうした需要と供給の互いのバランス調整の結果としては，日常的に安定したモノの供給と消費の需要が保たれる。こうした相対的に安定している「相場」とも呼ばれる平均的な市場価格のもとで取引が行われることになる。しかし今日では，個々の消費者はこうした市場取引における駆け引きに参加することなく，商業者・流通業者に代行してもらうことになっている。

市場取引は売買とも呼ばれ，あるモノに対して，販売する売り手と購買する買い手が同時に存在することが大前提である。そして，多くの売り手と買い手が同じ場所に集まって売買あるいは取引を行うことになれば，それは市場になる。取引においては，モノを売りたい人は利益を追求することつまり金儲けを目的とするため，できるだけ売り出すモノを高く売り捌き，売価と原価との価

格差（商業ではマージンとも言う）を多めに取りたいのは一般的である。これに対し，モノを買いたい人はできるだけ安い価格で出費を少なめにして手に入れたいのも当然な考え方である。

（3）需給関係

市場参加者が増えれば増えるほど，また同じモノに対して売りたい人と買いたい人のイメージしている価格が違いであればあるほど，いわゆる市場競争が生まれる。一方，モノの売り出し量が一定の場合，売りたい人が増えれば，供給が増えると言うことで，買いたい人にとっては有利に働き，市場価格は低下する傾向にある。逆に，買いたい人が増えれば，需要が増えることを意味し，売りたい人にとっては有利となり，市場価格は上昇する傾向に動く。

このような動きは経済学的に言えば，それは市場原理あるいは市場法則という。それは市場経済の最大な原則でもあり，市場はこうした原理あるいは法則に従って図1－2のような市場メカニズムを作り上げる。

売り手と買い手の間の相互関係においては，個別的には売値と買値に係わる駆け引きが生まれ，互いに自分の狙いを達成するために交渉する。市場全体を

需要・供給と市場価格の関係

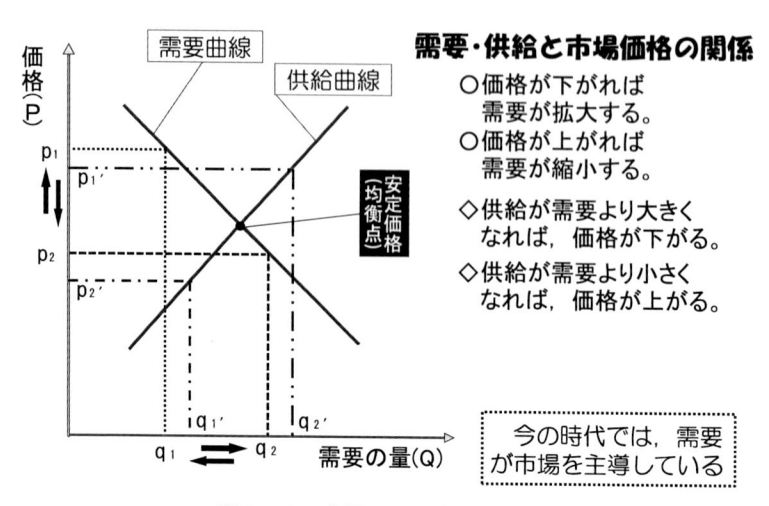

○価格が下がれば需要が拡大する。
○価格が上がれば需要が縮小する。
◇供給が需要より大きくなれば，価格が下がる。
◇供給が需要より小さくなれば，価格が上がる。

今の時代では，需要が市場を主導している

図1－2　市場メカニズムの概念図

見れば，多くの売り手の間の平均的な売価と多くの買い手の間の平均的な買価が個々の駆け引きの結果として表れる。こうした結果は全体的に市場価格として表れて，一般に相場と呼ばれる。

　総じて言えば，需要と供給をバランスよく調整することによって物の価格が形成することは市場の究極的な社会的役割であり，市場参加者が増え取引や売買の数量や金額が拡大すれば，市場競争が激しくなっていく。そして，市場競争の結果として価格が相対的に安定に保たれ，消費者に有利に働くことになる。こうしたことは商業・流通の土台である。

2　社会分業と商業・流通の発生

　自給自足の原始的な経済では，人々は個人単位あるいは家族単位，部落単位で行動し，自らの日常生活を維持するために狩猟や漁獲または作物の栽培などの生産活動を行う。自然条件や天候変化への頼りしかできない自給自足経済の時代では，生産性が低かったため，生産活動の結果である獲物や収穫物などの生産活動の成果をすべて自分たちの生活に充ててやっと毎日の生活が維持できる。その後，人類文明の進化とともに，生産の道具や工具など生産手段の進歩によってそれまでの生産性が徐々に高まってきた。生産性向上の結果は，生産活動の成果が自らの生活維持ができても有り余ることができていわゆる余剰物が現れてきた。

1）社会的分業の確立

　人間には誰しも欲望があり，日常生活が賄った上での余剰物の発生はこれまでよりも贅沢に生活しようとする願望が生まれてくる。ところが，生活のレベルアップは決して今までと同じモノの大量の消費によって達成できるものではない。むしろ，これまでのないモノの獲得だからこそ達成する。人間の欲望というものは，自分が持っていないが他人が所有しているものに対する欲しさに現れる。もちろん，他人も同様な心理があり，それはよりよい生活を狙おうと

する人々の間の欲望を満たすための必然的な出来事であり，物々交換発生の原点でもある。

（1）分業の発生

　狩猟する人と漁獲する人，農作業する人と農作業の道具を作る人，もちろん，その他の異なる生産活動を行う人々の間においても他人にあって自分にないものがある。他人の有り余るものは自分にはないためそれだけで魅力的である。一方，自分の有り余るものは手放ししても特に今までの生活にマイナスなことにはならないし，むしろそれらを魅力的なものと交換ができるならばなおさら生活の豊かさが高まっていく。このような誰にもありそうな心理状態は人々が喜んで自分の手放したい余剰物と他人が手放してくれるものとの物々交換を実現させることになるし，こうしたモノとモノの直接な交換が今日まで様々な形態に発達している商業発生の源である。

　自給自足が中心としていた原始的時代においても，今日と同様に，人々の間には，知的，技能的，能力的など，それぞれ長けるものと苦手なものがある。また，同じことを毎日のように繰り返し行うことができれば，さらに他人よりも豊富な知識や知能，熟練な技術や能力を習得するように成長していく。こうした毎日の積み重ねによって身に付けてきたものは生活を支える収入に伴う経済的な活動につながり，個々の個人の職業になる。そして，それらの技術や技能を持つ人々を集めて組織し，社会的にも影響力あるように拡大していくことになれば企業とも呼ばれるべきものになる。

　生産や流通・消費がはっきり区切りされていなかった時代では，特定の技術や技能を磨いた人が職人的な存在となり，または特定の物作りにおける生産力の向上によって，一部分の人々はもっぱら自分たちの得意なことを職業にし，さらにそれを事業として拡大して行くうち，今日の言う職業や事業が成り立つことになる。このように，人々の日常生活に必要とするたくさんのモノの一部分をそれぞれ専門的に生産したり，売買したり，運んだりすることは社会的分業と呼ばれる。こうした社会的分業によって社会的に確立されたものは事業と

認められ，それらの人々は事業者と呼ばれる。

（2）ギャップの拡大

　社会的分業により，人々がそれぞれの長ける知識や知恵，得意な技能やわざによって様々な分野に分離される。分業された専門的な生産活動に従事する人々はその専門分野の知識をさらに増やし専門技能を一層磨いていくうちに，社会構造の全体に大きく転換が起きて，生産活動がより効率的に行われ，商業や流通（国外貿易も含む）の機能は積極的に働き社会的に認知されることになった。ところが，製造業の生産性のさらなる向上と産業全体の進展は近代社会形成の基礎を築きあげた一方で，生産（地）と消費（地）の分離もさらに拍車される。その結果は，後述のように生産と消費の間の様々なギャップもますます拡大して行くことになった（第3節参照）。

2）産業の形成と分類

　特定の仕事に従事しそれを事業として営む人々は事業者または経営者と呼ばれる。今も昔も，うまく行ける会社には求職者の人気となり，儲かる仕事への新規起業や他分野からの新規参入に熱が高まる。もちろん，成長が速く将来性が見込まれる事業には大勢の事業者が集まって，新しい事業分野や新たな業界になってしまう。

　こうした人々が集まる企業はさらに成長して行き，新規起業者や参入者の集まる業界はやがて新たな企業の集積を形成する。経済統計上では，同様または類似の生産活動を行う企業の集積は産業と呼ばれる。

　産業は図1-3のように分類することができる。今日でも広く使われる産業分類のコンセプトは，イギリスの経済学者コーリン・G・クラック（Colin Grant Clark）が1941年に提唱されたものである。しかし，産業分類とは言うものの，各国の経済実態に合わせて独自に決めたものであり，国によっては異なるものでもある。図1-3は日本標準産業分類の大分類である。

　経済活動に従事する人々は当然自分の得意なことを事業とする。前述の狩猟

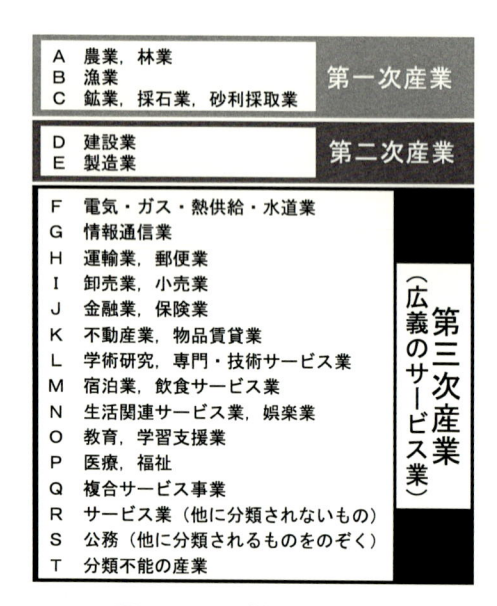

A	農業，林業	第一次産業
B	漁業	
C	鉱業，採石業，砂利採取業	
D	建設業	第二次産業
E	製造業	
F	電気・ガス・熱供給・水道業	第三次産業（広義のサービス業）
G	情報通信業	
H	運輸業，郵便業	
I	卸売業，小売業	
J	金融業，保険業	
K	不動産業，物品賃貸業	
L	学術研究，専門・技術サービス業	
M	宿泊業，飲食サービス業	
N	生活関連サービス業，娯楽業	
O	教育，学習支援業	
P	医療，福祉	
Q	複合サービス事業	
R	サービス業（他に分類されないもの）	
S	公務（他に分類されるものをのぞく）	
T	分類不能の産業	

図1-3　日本標準産業分類

や漁獲，農作業や農作業の道具作り，または木の伐採や鉱物などの掘り当てて集めることに長ける人々がそれらの生産活動に集中して特化する。このような事業者の集まりは統計上で第一次産業（農林漁業，鉱業など）と呼ばれる。また，獲物や水産物，農産物や鉱物などを原材料にして，加工や製造のプロセスを経てそれらに付加価値を付け加え，それぞれ製品として仕上げる事業者の集まりは第二次産業（製造業，建築業）という。

　さらに，それらの原材料を消費者の要望に応えるべく加工し提供することなどもできるし，それらの原材料や製品を消費者の要望に沿うように保管し，運搬してあげることもできる。また，作り出された製品または仕入れた商品の売買や取引に関わる金銭的な決済を手助けすることもできるし，消費者が大きな買い物を実際に手に入れ使用するまでのリスクを軽減して安心させることもできる。こうした商業者・流通業者も含む事業者の多くはモノを買ったり売ったりまたはサービスを提供したりする。これらの企業は一般に第三次産業（広義のサービス業）と称される。

3）商業の誕生

　生産と消費の分離は前述の社会的分業のきっかけでもあれば，結果でもある。特定の物作りに集中すること（生産）は作ったモノ（製品）が誰かに使ってもらうこと（消費）に支えられ，製品を使う人々（消費者）から回収された購入代金の一部は次の生産に再投入して生産を続けるには必要不可欠なのである。生産されたモノは消費されなければそもそも生産の意味がなくなり，生産そのものの持続もできなくなる。

　一方，生産者が持続的に製品の提供や品質の安定を維持するためには，生産に集中することが必要条件であり，自ら製品を消費者に売り捌きに出かけることは生産の持続や品質の向上には望ましいことではない。そこで，生産に集中する事業者（生産者）の代わりに生産された製品を売り捌き，製品を使う人々（消費者）の手元に届いてくれる人々（商業・流通業者）が自ずと必要になる。そこで，生産という分業とは別に新たな社会的分業が生まれ，商業と呼ばれる産業の誕生が迎えられる。

　商業は，自ら生産もせず消費もしない。もっぱら生産者と消費者の間に介在して，財（モノ＝製品・商品）やサービスまたは製品・商品の交換あるいは売買（取引）を通じて仕入れ価格と販売価格の差からなる利益の獲得を狙う事業者の集まりである。しかし，売買が終わっても商品そのものが消費者の使える場所までに届かなければ，商業の社会的存在とその役割が認められない。このために，商業発生の初期では，商業者は販売した商品を購入した消費者の手元に運ぶ役割（物的流通）までも担っていた。これは，今日になっても商業と流通は一緒に称されるわけでもある。

　本書では，経済の仕組みにおける社会的役割の視点からでは，生産と消費のかけ橋になる広義的商業構造の全体を「商業・流通」と称し，個別企業の事業展開や産業界のビジネス実態からでは，個々の企業や事業者を「商業者・流通業者」と区別して呼ぶことにする（図1－4）。

　近代社会における商業者・流通業者の役割は経済の一層の発達と社会のさらなる進歩に伴い，規模がますます拡大してきて，経済における重みも増してき

商業と流通
商業： 生産者と需要者(消費)の間に立って商品を売買し、利益(商品売買の差額)を得ることを目的とする事業。

流通： 空気や水などが滞らずに流れ通うこと。広めていく。

それぞれの流通
所有権(商的流通), 物質(物的流通), 金融(金の流れ), 人間(人的交流), 情報(文化・知識), 知的(特許・意匠)

商業・流通の範囲

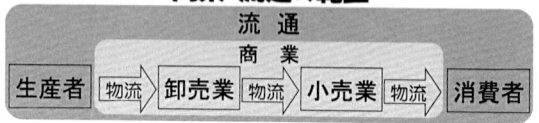

生産者 →物流→ 卸売業 →物流→ 小売業 →物流→ 消費者
（商業：卸売業～小売業、流通：全体）

図1－4　商業と流通の相関と相違

たのが周知の通りである。20世紀に入ると，現代工業の大量生産体制の形成や人口の集中による都市化の進展，またその後のグローバル化の結果，生産地と消費地はさらに遠くなり，遠方や海外との売買も珍しいことでなくなる。

そして，日本を含め多くの国々は海外貿易あるいは国際貿易（第5章第1節参照）などの国内よりも遥かに遠距離の海外諸国との取引も盛んになり，売買されてから消費するまでには，商品が国境を超え，異文化の地・他国に渡り，この間の輸送や転送，一時保管による不確実性，途中での損害や滅失など様々なリスクの軽減や排除などの保険業務も担うようになっている。今日では，このような役割は商業・流通業において，情報化社会（第7章第1節参照）の急速な進展に伴い次第にその重みが増してきている情報の加工や処理・伝達，情報サービスを担う事業者とともにさらに細分化されることになる。

4）貨幣の商業的役割

俗に「金（かね）」（正式は「銀行券」）と呼ばれる貨幣は実に商業の発生・発展と今日までの高度化・多様化に深く関わるものである。物々交換の原始的な商業の成長は，人間の経済活動においては，言うまでもなく非常に制限されていたのである。結論的に言えば，貨幣がなければ今日のように発達している商

業経済はあり得ないと言っても過言ではない。

　日本における物々交換の原型と言えば，日本の物々交換のルーツとも言われる静岡市登呂遺跡周辺のように，海のモノと山のモノとの交換がある。このような物々交換には代表的なものと言うと，取れたての魚介類など水産物と捕れたての小動物のような獲物や採れたての新鮮な山菜には，それぞれの新鮮さが商品価値の最も重要な要素ではあるが，その鮮度の日持ちは短い。それゆえ，交換する際には，手に入れたい物には，今日の分だけが欲しいやら今日は欲しくないと言った個々の個人的思いは違う。一方，手放したい物に対しても同様に相手に思われることになる。もちろん，干物や乾物に加工して日持ちをできるだけ長くしてから交換に出す方法もあるが，それは生鮮な味わいがなくなったうえ，鮮度や味はまるで別のものになる。その上，干物も乾物にも消費期限がある。取れたての海のモノや採れたての山のモノにはその新鮮さに価値があるため，鮮度が傷んだら使い物にならなくなり，価値そのものがなくなる。そこで，長期の保存が効き，それに時間や場所の制限なく自由に他のモノと交換できる貨幣の登場が社会的に強く望まれることになる。

（1）貨幣の機能

　簡単に言うと，貨幣には基本的に3大機能がある。それらは，① 価値尺度，② 流通手段，それに③ 貯蔵手段である。

　貨幣の価値尺度とは，人々の生活に必要とする様々なモノの価値を量ることである。これは，今日の欲しいモノと後日の欲しいモノとは全く関係なくても同じまたは似たようなものであれば，価値に相当する貨幣と交換する機能である。貨幣の流通手段とは，特定の人に限らず，市場において人々の間に自由に行き渡る（交換・流通する）ことができる。海のモノと交換した貨幣はまた山のモノや他の欲しいモノとの交換もできる。もちろん，貨幣には賞味期限や消費期限のような鮮度や味わいに係わる時間的な制限もないわけである。貨幣の貯蔵手段とは，前述にもあるように，貨幣を持っている人が交換の場所である市場に出かける際，今日に欲しいモノがなければ無理やり他のものと交換する必

要がなく，後日なり，来週なり，来年になっても自分の欲しがるモノだけ交換することできる。一方，手放したいモノを持っている人にも，ひとまず貨幣と交換して後日に他のモノと交換することもできる。貨幣はこうして商業の成長に大いに助力してくれる。

かつての金属製の貨幣は，その貯蔵的機能で自宅に長く保存し，自分の世代に使わず子孫の世代に使ってもらうこともできる。そして，自宅で保存することでは貨幣は増やすことはできないので，銀行に持ち込んで貯金したら安定した貨幣の増殖（銀行からもらう利子）もできる。さらに，貨幣を事業の資本金に使うこともでき，他人への投資（社債や株の購入）もできる。それらは，貨幣の運用として，事業に成功し，投資先が大儲けしたら予想もしない大金の配当を手にすることもできるが，本書では，主として商業の売買や取引に機能することに注目する。

原始的な貨幣が誕生してから今日までには数千年以上の歴史があると言われるが，その変貌の流れは図1－5のように表すことができる。原始的貨幣には，主に貝殻や獣の皮，鼈甲など保存の効く自然物だったが手に入れるのがより難しいものが使われていた。その後，人工的な加工や製造に係わるような一層複雑で付加価値の高い絹や青銅製貨幣に移行した。そして，存在そのものに希少性価値があり，加工・製造にはさらに高価な設備や製錬の技術が必要とする金・銀などの貴金属や銅のような製錬金属が長い間に世界的にも貨幣の代表的なものであった。

```
原始貨幣：石，貝，羽毛，鼈甲，鯨歯，絹
        ▽
金属貨幣：青銅，鉄，銅貨，銀貨，金貨
        ▽
紙幣（銀行券）：国家権力による価値保障
        ▽
有価証券：手形，国債，社債，株式など
        ▽
電子マネー：ICチップ型，磁気型，仮想型
```

図1－5　貨幣進化のプロセス

（2）紙幣の出現

　近代になると，社会的な財やサービスの生産や提供が爆発的な拡大に対し，数量的に制限される貴金属や製錬金属の産出が追いつかなくなる。それに，金属性の貨幣にはまた携帯に不便などの欠点に加え保存にも場所がかかる。特に，海外の国々との貿易に当たっては，大量の金属製貨幣を運ぶために商品を運ぶ余力が少なくなる欠点もある。もちろん，途中での海難や強盗などの不慮事故で大金がなくなることもしばしばある。そこで，近代貿易の発達も後押しがあって，今日には常識に使われる紙幣の登場が求められる。

　紙幣は，一国の国家権力が支払いを保障する形で，数量的に制限される貴金属や金属貨幣の代わりに使用され，世界各国にも通用され流通される。もちろん，国際貿易の場合は，確実に代金の回収ができるように，経済力が中心に国力が国際的に認められるようなアメリカドルやEUのユーロのような国際通貨が使用される。また，日本の円も経済力を背景に国際的に使用されることが多い。

（3）貨幣の多様化

　今日では，インターネットの一般化により電子マネーのような形式貨幣の出現と幅広く導入・使用は，色々な問題点がありながらも，貨幣の主役に取って代ろうと言わんばっかりの勢いが日増しに強まってきている（第7章第3節参照）。こうした貨幣の進化に裏付けられ，商業経済のさらなる拡大に違いがないのであろう。良くも悪くも貨幣の更なる変貌を背景に，商業・流通業は今後ともさらなる成長が期待される。

3　商業・流通の社会的存在と機能

　これまで見てきたように，商業とは，我々の身の回りに多く存在し，人々の日常生活に浸透している。例えば，物品の販売を中心とするスーパーやコンビニ，貨物や個人の荷物の輸送を専門的に取り扱う運輸会社や宅配便業者，飲食

やコミュニケーションの場を提供してくれるレストランや飲み屋，等々数え切れない事業者が商業・流通業の社会的役割を果たしている。しかし前節にも触れたことで，商業は物作りもしなく，モノの消費も目的としない。にもかかわらず，商業・流通業はそれほど社会的に大量に存在する根拠，いわゆるその社会的機能はどうなっているのか。

　商業・流通の社会的機能と言えば，多くの側面から色々と取り上げることができるが，ここでは，大きくは経済的機能と生活的機能の2つの側面について見てみる。

1）経済的機能

　商業・流通の社会的機能については，研究者の認識や視角によって，理論的な仮説や主張による諸説があるが，本書は基本的に大きく売り手にとっての経済的機能と買い手にとっての生活的機能の2つに分けてみることにする。

　まず，経済的機能であるが，個別企業を見ると，企業そのものが経済的な組織であり，金儲けのような利益追求は商業企業にとっても当然な経営目標であり，社会的にも商業企業を含めすべての企業にその経済的役割が求められる。前述のように，近代社会における生産と消費の分離が絶えず進行・拡大する社会的環境において経済の循環を完成させるには，分離された生産部門と消費部門の間にあるギャップ（隔たりまたは懸隔）を埋め，両分野をつなげるようなかけ橋の役割が必要である。その社会的役割はこれまでもこれからも商業・流通業によって担っている。

　商業・流通業の役割分析をする前に，まず経済循環における社会的なギャップの実態を見てみよう。

（1）生産と消費のギャップ

　社会的分業の確立をきっかけに，生産者と消費者が徐々に離れていき，社会的には大きく生産部門と消費部門とに分かれたのをきっかけに，両部門の間に多くのギャップが生まれてくる。それらは，原材料の生産地や生産者の都合，

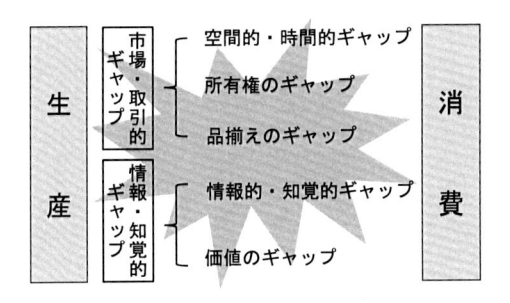

図1-6　生産と消費の間の五大ギャップ

　生産規模の拡大などが要因とした特定地域への生産者の集中や移転を背景に生産地と都市化を主因とする消費地が形成されることから，その間には多様なギャップが生まれさらに拡大していくのである。生産地と消費地の間のギャップは市場・取引的ギャップと情報・知覚的ギャップの2大類があり，そして図1-6のように，さらに5つに細分してみることができる。これらのギャップを埋め，生産と消費をつなげてくれるのは商業・流通業の最も大きな社会的機能である。

　①　空間的・時間的ギャップ
　生産（地）と消費（地）の間には，決して国土が広いと言えない日本列島でさえ南北数千キロにも及ぶ地理的（距離的）または空間的隔たりがある。それに，消費期限や賞味期限のような生産と消費の時間的隔たりがあるから必然に生まれてくる問題である。今日では，日本国内の生産地と消費地との間のギャップはもとより，食糧自給率は40％前後に過ぎぬ日本にとっては，我々の食卓に上がる食材の約60％が海外からの輸入物になっている。

　言うまでもなく，国外の産地からあらゆるモノを買い集め我々の毎日の食卓までに届いてくれるには決して一朝一夕でできるシステムではない。特に国際貿易の場合は，距離的・地域的なギャップにとどまらず，さらに文化や伝統，国家の体制や社会的ルール，法律や条例のような我々には想像以上のギャップが存在する。そこに，商業・流通業の働きがなければ，我々の日常生活は維持できなくなるということすら感じられる。

② 所有権のギャップ

我々の社会はモノの私有制が前提に存立している。もちろん，モノを作った生産者にはその所有権があり，そうでない買い物しようとする消費者との間には所有権に関するギャップが当然に存在する。我々の日頃の何気ない買い物は学問的には，それは所有権の移転とも言われる。買い物つまり売り手と買い手の間の交換や取引が成立するまでには買いたいモノの所有権は売り手にある。特に小売業のような商業者は生産者や卸売業者からモノを仕入れて多くの消費者に買物できるサービスの提供を通じてこの所有権のギャップを埋めることに機能する。こういう意味では，商業者・流通業者は消費者のために買い物代行というサービスを提供していると言える。

③ 価値のギャップ

商業経済の社会には，すべてのモノに価値がある。生産者がその価値を欲しがる消費者に価格として代金の支払いを求める。そこで，生産者側が意識する価値と消費者側が認知する価値の間にギャップが生まれる。つまり，買い物行動には，商品代金の支払いに係わる金銭的ギャップが存在する。売り手と買い手の価値に対する認識の不一致は次のようなことに要因がある。

生産者側は，主として製品を生産するために投入した原材料や人件費などのコストを製品価値の根拠にするが，消費者側は，購入しようとする商品が自分の日常生活や自分なりの消費需要に使い道（有用性）あるかどうかという使用価値を中心に価値判断をする。そこで，商業者・流通業者が生産と消費との間に介入し，市場価格の形成や製品または商品に関する情報に係わるコミュニケーションなどを通じてこのギャップを埋めることに働きかける。

④ 情報・知覚的ギャップ

これは，商品の情報に関して知りたい消費者と知らせたい生産者との間に存在するギャップである。情報化社会の進展でインターネットはすでに我々の日常生活に浸透しているとは言え，個々の消費者としては知りたい情報をすべて手に入れることには限らない。いわゆる情報のアンバランスはしばしば生じてくる。また，消費者の立場から知りたいが生産者から見ればさほど重要ではな

い情報，または公開したがらない情報など，いわゆる情報の行き違いや情報の格差も少なくはない。多くの場合，こうしたギャップを埋められるには，消費者は買い物先のスーパーやコンビニなどの小売店で知りたい情報または知ってよかった情報の入手ができる。

　⑤　品揃えのギャップ

　世の中に存在するすべての製品や商品の数は恐らく数え切ることができない。しかし世の中の企業のいずれには，自社の製造する製品あるいは自社の取り扱う商品，提供するサービスには限界がある。そこで，特定の企業の品揃えに関して，生産者と消費者の間，または商業者・流通業者と消費者の間にギャップが生まれてしまう。

　つまり，企業の提供できるモノと消費者が求めたいモノとはしばしば違うものかも知れない。それだけに売り手と買い手の間にギャップがある。そこで，商業者・流通業者は消費者の要望に基づいて取り扱う商品の品揃えの調整や特定の需要に応えるための特化などによって洋服屋や電気屋のような専門店を開業するか（業種），商品販売の形態の違いによっては百貨店か総合スーパー，または食品スーパーかコンビニを開業するか（業態）という異なる商業形態でこのようなギャップを埋めることに機能している。

（2）産地・消費地のつながり

　以上のように，生産と消費の間に五つのギャップが存在していることに対して，それらを埋めるのは商業・流通業の存立の根拠と公認されている。言うまでもなく，現代社会の一層の進化，農村部の都市化の進展などによって，農産物であれ，工業製品であれ，生産地と消費地の間の隔たりはますます拡大して行くことには果てしないと言える。今日では，生産と消費が直結するようなサプライチェーン（SCM供給連鎖管理，第2章第3節参照）においては，経済における商業・流通業のかけ橋的な役割がさらに重要視される。

　商業・流通業による産地と消費地とのつながり機能は，言うまでもなく，前述の5つのギャップを埋めるに当たって，下記の五大機能がある。

① 商的流通の機能

前述のように，商業者・流通業者は消費者の買い物代行である性質から生産と消費の間に介入し，生産者から製品を購入して消費者に再販売する。このような交換や取引は商取引とも言う。これは，所有権のギャップまたは商品の価値的ギャップを埋めるための商業・流通業の最大な機能でもある。

② 物的流通の機能

所有権が移転された製品や商品は消費地や消費者の手元に届けられるには，不動産などの特殊のモノを除いたら，製品や商品の距離的・空間的な移動が必要である。産地での集荷や消費地での分荷，そして，商品の一時保管なども時間的・空間的ギャップを埋めるための商業・流通業の重要な機能である。

③ 情報流通の機能

情報化社会の進展によって，ユビキタス社会という情報ネットワーク環境が整備され（第7章第2節参照），一般消費者は常に自由に情報の受発信ができる状況に置かれている。とは言え，前述のように，消費者には知りたい情報は決してすべて入手できず，生産者にとっても製品の消費や製品に関する消費者の反応は決してたやすく収集することはできない。こうした生産者と消費者の間に多様に存在する知覚的・情報的なギャップを埋めることができるのは，やはりそれぞれ生産者と消費者と直接取引関係を持つ商業・流通業者である。

④ 付随活動の機能

生産者から商業者・流通業者までの製品の移動は一般に大口で行われるため，貯蔵や運搬のコストを考えると，小売販売用の形態は非効率的だと思われる。しかし，商業者・流通業者から消費者に商品をスムーズに移動するには，輸送や貯蔵時の商品保護，陳列や販売時の消費者購入の利便性や使い勝手などの要素が商品は売れるかどうかのキーポイントになる。このために，卸売段階での大口輸送や大量貯蔵に適した商品梱包は，小売段階での再販売に適する商品の小分けや消費包装，再度の検品や値札付けなどの流通加工機能が求められる。それらの機能は当然のように商業者・流通業者にやってもらうしかない。

⑤　補助活動の機能

　生産と消費の分離は日増しに高度化されていく今日では，生産地と消費地の距離はグローバル的に離れることも珍しくはない。国内の長距離移動はもとより，国際貿易などでの国境越えての移動においては，貨物の滅失や損害，想像以上に輸送の時間がかかり，売り出しのタイミングがずれたり，過ぎたりすることも十分に考えられる（第5章第1節参照）。一方，大型商品や高価商品に対する販売促進的な働きとしては分割払いやクレジット支払いなどの消費信用も日常に求められてくる。こうして，今日では，商品の保険や支払いに係わる消費信用も商業者・流通業者の重要な機能になっている。

2）生活的機能

　ところが，商業者・流通業者は決して自分が好き勝手に商品を選んで購入し，それらをむやみに消費者に再販売すればよいことにはならない。前述のような消費者の買い物代行である商業者・流通業者のコンセプトからでは，消費者の需要や要望あるいはニーズやウォンツに基づいて商品の仕入れや販売を行わなければならない。つまり，消費者の日常生活を十分に理解して消費者の代わりに品揃えを行うのは商業者・流通業者の根本的な社会的機能である。

（1）消費者の物的充足・拡大・向上

　商業・流通業は，自らは生産もせず消費もせぬ産業ではあるが，それでも社会において幅広く存立できるのは社会的に生産と消費の分離によって生まれてきた多くのデメリットつまりギャップの存在が埋める必要があるからである。生産と消費の間に介在する商業者・流通業者は単なる生産者の経営コストを削減させるなどに機能するのに止まらず，生産と消費のギャップを解消できるのも存立の依拠である。また，消費者の購買代行という役割から我々の日常生活に大きなプラスの役割も果たすことで経済循環を最終に完成させるのにその存在感が一層増してくる。理論的な説明は第3章の第2節に譲るが，ここでは，消費者に対する生活向上の機能を見てみたい。

人間の欲望は果てしないと言っても過言ではない。一人の消費者にとっては，自分の収入増加による生活ゆとりの拡大に伴ってこれまでの欲望が拡大していくのが一般的である。戦後日本経済の高度成長に伴って日本国民の経済的収入レベルの拡大につれて，日本国内にある各地の名産品などに対する消費欲求が次第に生まれ拡大するのにとどまらず，海外にある世界的有名なブランド品や高価商品に対する消費欲求も次々と現れてくる。バブル経済最盛期の欧米ブランド品を求めヨーロッパへの買い物ツアーなどはその典型例として挙げられる。現在では，日本の消費者のニーズやウォンツを満たせるために，欧米ブランド品の並行輸入や個人輸入代行なども日増しに拡大している。

　言うまでもなく，日々に増してくるこれらの物質やサービス対する消費者のニーズやウォンツを満足できる業者と言えば，商業者・流通業者ほかにないのであろう。

（2）日常生活コストの軽減

　消費者の日常生活においては，物質的充足，豊かさの拡大，生活レベル全体の向上などに貢献してきた商業・流通業は個々の消費者の日常生活に欠かせない商品やサービスを提供しながらも自らに利益をもたらすことは当然である。商業者・流通業者の儲けた利益は消費者の買い物コストの増加につながるのではないかと思われるが，前述の市場メカニズムによって，自由競争の市場経済においては，儲かるビジネスには新規創業者や他分野からの参入者が増える。それゆえに，同業者間の市場競争が生まれ，市場参加者の間には，自社の既存顧客を維持し，新規顧客を獲得するためにも，新商品の開発や新価値の提供などはもとより，企業の経営管理に合理化策を取り入れ，コストの削減による企業努力が進んで推し進められる。こうして，結果的に市場価格の低下につながり，消費者の生活コストが軽減されることになる。

　かつては東京のような大都会の消費者には，世界各地の物産の購入ができ，世界中の料理を楽しめ，世界中の文化に接することができるなどと言われる。今日では，一人の消費者はどこに居住しても，国内の遠隔地から，世界の各地

からの物産を手に入れることができる。また，多種多様な異色的・他国他文化のサービスを享受することができるのが個々の商業者・流通業者の事業活動の努力の結果でもある。インターネット普及の追い風もあり，日本中の地方都市や過疎地域に生活している人々が海外の物産を手にすることができ，世界各地に居住する人々もネットビジネスを通じて日本製品や日本の物産を享受することができるようになっている。言うまでもなく，こうしたことも経済グローバル化の流れの中で，商業・流通業の新たな役割である。

4　現代商業の構造

　ここまで説明してきたように，社会の経済循環における生産と消費の分離は社会全体の経済規模の拡大の最も重要な出来事である。分業による一部分の人々の物作りの特化は結果的に今日のような多業種・多産業の製造業の形成につながり，また，生産特化により社会的生産性が向上し，人々の日常生活における物質的な選択肢が大幅に増えてきた。そして，経済拡大による人々の収入増加が消費需要の拡大をもたらした。

　また，社会的分業は科学技術の進歩や人類文明の進化，社会制度の近代化の原動力でもあった。ところが，これらの社会的進歩や進展によって元々一体化していた人々の生産活動と日常生活の間には多くのギャップ（隔たり）が生まれ，人々の生活に不便をももたらした。言うまでもなく，こうした多様な社会的ギャップを埋めるには生産部門とは別に生産と消費のかけ橋的な社会的構造が自然に求められ，それが商業発生の根本的な要因である。

　商業（広義の）はまさにこのような社会的要望に応えるべく誕生したものである。商業は生産も消費も目的とはしないが，人々の不便を解消するために，生産と消費をつなげることに働きかけている。このような社会的な大役を果たせる商業は狭義的には，人々のあらゆる要望に応えることに機能している。取引と言われる買い物に止まらず，買ったモノの運びや一時保管・貯蔵，買い物代金の決済や支払い方法の支援，商品リスク軽減のための保険など，挙げきれ

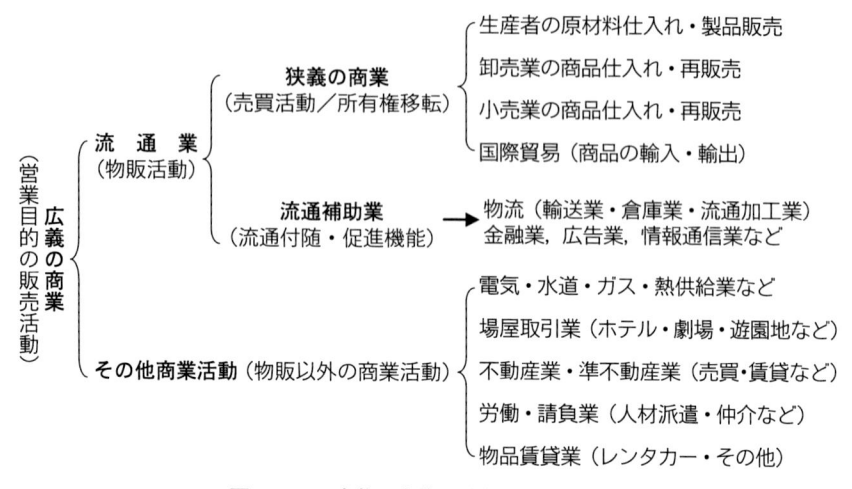

```
                    ┌生産者の原材料仕入れ・製品販売
          ┌狭義の商業    ├卸売業の商品仕入れ・再販売
          │(売買活動/所有権移転)├小売業の商品仕入れ・再販売
    ┌流通業    │        └国際貿易（商品の輸入・輸出）
    │(物販活動)│
    │         │流通補助業    →物流（輸送業・倉庫業・流通加工業）
(広義の商業)    │(流通付随・促進機能)  金融業，広告業，情報通信業など
(営業目的の販売活動)│
    │         ┌電気・水道・ガス・熱供給業など
    │         ├場屋取引業（ホテル・劇場・遊園地など）
    └その他商業活動(物販以外の商業活動)├不動産業・準不動産業（売買・賃貸など）
              ├労働・請負業（人材派遣・仲介など）
              └物品賃貸業（レンタカー・その他）
```

図1-7 広義の商業と狭義の商業の構造

ないほどある。

　こうした広義の商業が果たしている社会的な大切な役割または機能を理解するに当たって，本章の最後に，図1-7をもって広義の商業のマクロ的な全体構造を整理して表すことにする。

📖 第1章を読んでから考えてみること

1. 商業者（卸売業・小売業などの全体）がなければ，我々の日常生活はどうなるのを意識しながら，商業・流通業の社会的存在価値を考えてみよう。
2. 貨幣の流通に係わる諸活動は商業とは別に金融業として社会的に認知されているが，それは商業から派生してきたものだという考え方について，その是非を論じてみよう。
3. 商業・流通業者は生産もせず消費もしないので，製品あるいは商品に付加価値を加えていないから，究極的に言えばそういうものは要らなくても生活できるんじゃないかという考え方があり得る。それについて，経済循環の全体における商業・流通業の役割を考えてみよう。

> **ミニコラム**　「士農工商」の今昔

　江戸時代までに続いていた封建的な身分制度とされる「士農工商」という「四民」の階級順序は昔から言われてきた。ところが，1990年代には，それは身分階級ではなく，江戸時代までの社会的職分に過ぎないとの検証結果が出た。にもかかわらず，社会的には，「士農工商」という言い方は部落差別に連想されるため，放送禁止用語とまでされている。商人のイメージの低さは日本だけではなく，世界中の国々にも昔から共通的で，商売を職業とする人々は社会的に見下されるようである。思い出させるのは，かつて，再婚しようとしたダイアンナー元妃の相手はイギリスの大富豪の御曹司なのに，商人（最大な百貨店オーナー）の子息だったから，イメージダウンの指摘から皇室離脱まで迫られていた。

　ところが近年，日本では，わざわざ脱サラをして個人事業主として創業する人々が後を絶たない。会社の都合で早期退職募集に応じる形だった人もある一方で，社会的にも名の知られている会社を辞め，カッコよく，安定な仕事を投げ出すまで中年で創業して夢を追いかけ，夢を実現したい人々もある。

　こうした出来事は商業・流通業にはよくみられることである。昔から，今の仕事はうまく行かなかったら商売でもやろうかという言い伝えがある一方で，「士農工商」のように見下されるかも知れない商業・流通業という商売に残りの人生をかけることから，いかに国民の生活に密接して，いかに社会的な需要が高いというのを理解できるだろう。

　脱サラの人々の心理を考えてみると，自営業とは言え，思う存分に自由に仕事ができるし，経済的にもサラリーマン時代よりも豊かになれるという魅力もあるのだから，と言っても過言ではないだろうか。

第 2 章
マーケティングとマーチャンダイジング

　現代企業の経営には，マーケティング手法の取入れは常識になっており，商業・流通企業にも例外がない。マーケティングの発生については，諸説もあるが，一般に，18世紀末のアメリカにおいて，西海岸に向かった国土拡張する西漸運動（「フロンティア」[frontier] とも言う）の終結で，アメリカの国内市場がそれ以上広げることができなくなったのが大きな契機だと思われる。一方，アメリカにおける産業近代化の結果は大量生産体制ができあがりつつ，大量に生産された製品の大量販売と大量流通の必要が市場に求めていたことも当時の大きな要因であった。こうして，マーケティングの初期段階では，主に商業・流通の効率化が中心的テーマであった。

　市場の飽和とも呼ばれる西漸運動終結後のアメリカ国内企業間の競争を背景に，それ以上の市場のパイの拡大が見込めないと認識した大企業の間では市場シェアの争奪が始まった。そこで，競争に勝ち取るためには戦略的な手段が必要となり，マーケティングの手法が開発されていた。今日では，企業の市場戦略と言えば，メーカーでは，製品の企画段階から消費需要や消費意識，市場の潜在的規模などリサーチで収集したデータを根拠に戦略的に企画・立案して，実施・統制するマーケティングがあり，商業企業では，消費者の購買代行を念頭に消費者のニーズとウォンツに基づいて商品の品揃えを中心とするマーチャンダイジングが活用される。

1　マーケティング（marketing）

　発生当初から今日までのマーケティング進展の流れは図2－1で示すことが

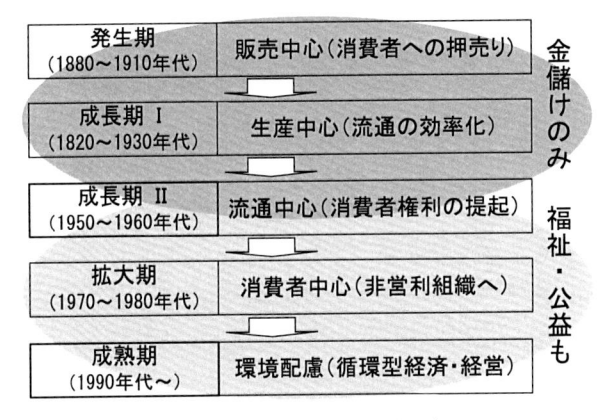

発生期 (1880～1910年代)	販売中心（消費者への押売り）	金儲けのみ
成長期Ⅰ (1820～1930年代)	生産中心（流通の効率化）	
成長期Ⅱ (1950～1960年代)	流通中心（消費者権利の提起）	福祉・公益も
拡大期 (1970～1980年代)	消費者中心（非営利組織へ）	
成熟期 (1990年代～)	環境配慮（循環型経済・経営）	

図2-1 マーケティングの流れ

できる。19世紀末葉から20世紀初頭にかけて，初期のマーケティングの着眼と言えば，今日の商業者・流通業者のマーケティング戦略に似たような販売中心で大量生産された製品をいかに迅速に売り捌くことが主な役目であった。しかし，第二次世界大戦前までになると，製造業の大量生産体制の確立によって生産中心のマーケティングをもとに市場はメーカー主導となった。戦後では，大規模の小売業が世界的に普及して，徐々に商業・流通業主導の市場環境に移り，その後，買い手市場が不動の地位が定着され，次第に消費者中心へと企業戦略のポイントが変わってきた。もちろん，今日では，図に示されたように，メーカーから商業・流通業までの経営戦略は，日本にのみならず世界的にも，環境配慮のコンセプトに基づいていかなければならない時代に突入している。

1）マーケティングの定義

　マーケティングは，本来，競争が激しくなってきた市場において，あらゆる方法を駆使して競争相手に勝ち取り，市場における自社シェアを拡大し，自社の市場優位を獲得するための手法である。こうした企業のビジネス実務で生まれたコスト削減や効率高めに役立った企業の金儲けの方法論は，今や，行政組織や教育機関，医療機関や福祉団体，そしてその他の非営利組織にまで活用さ

れることになっている。

　理論研究分野を見ると，現在は世界各国の高等教育機構にもマーケティングの研究が行われ，講義やゼミナールとなどの専門的な教育が実施されている。しかし，マーケティングの誕生と同様に，世界初の大学講義としてマーケティングを取り入れたのもアメリカである。それは，1905年に開講したペンシルベニア大学の「ザ・マーケティング・オブ・プロダクト」（The Marketing of Product）であった。

　今日では，ビジネスの実際においては，各国の大企業をはじめ自社の経営戦略に市場競争のために開発されたマーケティング手法を企業戦略の中心に据え置いて企画立案し実施している。一方で，学問的には，世界中にわたって，大勢のマーケティング研究学者が理論的研究に知恵を出し合いながら，ビジネススクールにおいて，企業の実例研究においても調査・分析の手法としてビジネス実務の実践に積極的に関与している。

　マーケティングの定義に関しては，学問的な研究とは言え，経済情勢や市場環境の変化，ビジネス実務の必要，そして消費者意識や消費者行動など時代の進展に伴って変わりつつあることに影響される。また，個々の研究者は各自の研究成果に基づき，独自の視点や主張により様々な主張があるため，ここでの定義論展開は割愛する。次では，より共通的な認識に基づいて制定された2つの学会組織，アメリカマーケティング協会（AMA）と日本商業学会（JSMD）の定義を紹介する（図2−2，図2−3）。

　AMAは1935年に，世界初とも言うべく最初にマーケティング定義を公表した。その後，時代の変化を追って定義の修訂を重ねてきて，その最新版の定義は2007年の五度目の改定である（図2−2）。注目しなければならないのは，マーケティングの主体が従来の営利企業より大きく拡大したが，マーケティングの対象は従来の商品（財）・サービス・アイディアなど（1960；1985年定義，内容紹介は省略）のモノや事柄などの明記を避け，「一連の活動」「制度」や「プロセス」と曖昧に表現して，ハード的でもソフト的にもマーケティングの適用ができるのをイメージさせようとすることである。それは，偶然的にも

> Marketing is the activity, set of institutions, and processes for creating, communicating, delivering, and exchanging offerings that have value for customers, clients, partners, and society at large.
>
> 和訳：
>   マーケティングとは，顧客，依頼人，パートナー，及び社会全体にとって価値のある提供物を創出・交流・配達そして交換するための活動であり，一連の制度，そしてプロセスである。

図2－2　AMAの最新マーケティング定義

1990年に公表されたJSMDの発想と共通したところである。

　JSMDはマーケティングについて，1990年に，これまでたった一回の定義を制定し公表したことがある（図2－3）。しかし，定義の内容，そして定義本文に対する4つの注釈を見てみると，構造的には決してAMAの最新定義にも遜色することなく，今日の経済のサービス化や情報化社会の高度進展などの経済・社会情勢変化にも対応できると考えられる。

> 　マーケティングとは，企業および他の組織[1]がグローバルな視野[2]に立ち，顧客[3]との相互理解を得ながら，公正な競争を通じて行う市場創造のための総合的活動[4]である。
>
> 注：
>   1）教育，医療，行政（政府・地方自治体）などの機関，団体を含む。
>   2）国内外の社会，文化，自然環境を尊重する視点。
>   3）一般生活者，取引先，関係する機関・個人，および地域住民を含む。
>   4）組織の内外に向けて統合・調整されたリサーチ，製品，価格，プロモーション，および顧客・環境関係などに関する諸活動をいう。

図2－3　JSMDのマーケティング定義

2）マーケティングミックス

　マーケティングは戦略的に企画立案してビジネスの実務において実施される

には，多くの構成要素が必要である。企業自身が所有する経営資源や市場環境との係わりなど，多くの要素を要約して，最初に4Pとして集約しマーケティングミックスと名付けたのは1960年当時，アメリカミシガン州立大学教授だったエドモンド・J・マッカシー（Edmund Jerome McCarthy）である。今日では，利益を目指す企業のみならず，JSMDの定義の注釈にも指摘されたように，教育・医療・行政など非営利組織にも，その他の多くの分野にもマーケティングの手法が導入されるほど，4Pの概念が拡張されている。

ところが，マッカシーの4Pミックスには，AMAの最新定義からも読み取れるように，アイデアや発明などの知識財産権，また，サービスのような外形や全体像が見えにくい製品や商品には適用しにくいという問題点もある。とくに，サービスマーケティングのような分野では，従来の4Pのほかに，さらに3P（participants 参加者，physical evidence 物的環境および process of service assembly サービス構成のプロセス）を加え7Pまでに構成要素が必要という主張もある。本書では，図2－4に示される一般企業に活用されるマーケティングミックスの4Pを紹介する。

マーケティングは，モノの生産や販売に携わる企業にとっては，自社独自の戦略を企画立案して実施するに当たって，上記の4Pのどれかが最も大切，あ

Product（製品）
　製品の品質・機能・形状・原材料・加工方法・産地・生産者・ブランドなど。
Price（価格）
　製品の価値・用途・社会的評価・製品特有の評価などを含む。
Place（販売経路）（チャネル［channel］とも言う）
　製品流通の経路。卸売・小売（百貨店・スーパー・コンビニ・DS・DIY・SC）など。
Promotion（販売促進）（コミュニケーション［communication］とも言う）
　製品販売の具体手法。人的販売・広告・パブリシティ・消費者との相互作用など。

図2－4　マーケティングミックス（4P）

るいはその重要さの順番はどうなっているかという発想にしてはならないと注意しなければならない。個別の企業は各自の経営資源（ヒト・カネ・モノ・情報など）を有するため，また各社の具体的な事業領域も内容もそれぞれ異なるため，その実態に合わせて，自社特有の経営資源に合うような組み合わせをもとにマーケティングミックスを構成するのが大切なのである。もちろん，製品や商品の品質に係る評価それと製品や商品供給の安定性はその他の3つの要素を支えるが，個々の個人の好き嫌いや価値判断，そして購買行動の傾向や市場流行などによって，品質も決して消費者の注目を左右する唯一のポイントではない。

　例えば，自動車や家電製品などの専門品あるいは耐久消費財の場合は，消費者は主として長持ちや壊れにくいなどの特性に注目するため，企業は特に製品の品質保証と販売促進（消費者への説明や説得）に経営資源の配分を優先にする。食品や日常用品などの最寄り品あるいは非耐久消費財の場合は，消費者は製品価格の手頃感や店舗へのアクセスなどの入手の便利さに注目しやすいため，適切な価格設定と販売経路の簡素化，また店舗へのアクセスの利便性の改善に関して経営資源の配分を大事にする。

　マーケティングミックスは基本的に企業の経営戦略における経営資源の合理的な組合せであり，企業によっては他社と全く異なる構成であっても問題ではなく，むしろそれが差別化として考えられる。次では，マーケティングミックスの4Pを要約する。

（1）**製品**（product）
　製品は売買や取引の主体であり，製造業のような物作り産業や商業のような物販業の取引成立の根拠でもある。やや混乱されやすいのは，同じものでは業者の立場が変われば呼び名が変わるということである。流通段階においては，生産者や製造者の立場で製品と呼ぶモノは，商業者・流通業者の立場になると，商品ということになる。

　製品または商品にも構成要素があり，製品の品質はもとより，原材料や加工方法，産地や生産者，それにブランドやアフターサービスなども商品の内容に

なる。買い手市場が定着する今日では、主として注目される要素も消費者の判断で決められる傾向が強い。モノの品質や材料にこだわる人もいれば、生産者やブランド意識の強い人もいる。いずれの製品や商品でも人々の好き嫌いまたは人気によって売行きが決まる側面が強いため、あらゆる製品や商品は特徴的でまたは独特の性質（使い道）があれば、それを認めてくれる消費者の好みによって購入され消費されることになる。

また、戦略的に考えると、製品ミックスという具体的な製品の戦略的な組合せがある。それは基本的に製品の幅、奥行きと一貫性である。製品の幅とは、製品のラインアップあるいは商品群と言われるようにいくつかの製品系列の種類つまり品種である。企業の規模が大きければ大きいほど製品の幅が広くなる。製品の奥行きとは、それぞれの種類の商品に含まれる品目である。例えば、自動車の場合は、バスやセダーンなどは品種であり、大型バスやマイクロバス、そして普通車や軽自動車は品目である。品目には、さらに型番やデザイン、色彩などの細分もある。製品の一貫性とは、製品群の用途（使い道）、生産条件、販売経路などと密接した関連性の度合いをいうものである。

(2) 価格 (price)

価格は、消費者が製品や商品を購入する時に支払う金銭的な対価ではあるが、その裏付けになるのは製品自体の価値である。価値はまた使用価値と交換価値に分けることができる。使用価値はモノの使い道や有用性であり、人々の欲求に満たすことができる。交換価値は他の商品と交換できる数量的に量るもので、値打ちと一般的に思われる。しかし、交換価値は需要と供給の関係、市場の相場、社会的な評判などと関わりがあり、使用価値は消費者個人の使い勝手による価値判断で決めるものである。

今日のような買い手優位の市場では、消費者の感覚で価格が高いか安いかが決められる。生産者側はいくら高価の材料が使用されたから、時間を掛けて手を込んで作ったからと言っても、消費者側では、自分に使い道が見当たらなければ、買う気にならないというのは現実である。だから、売れるものは決して

```
                    ┌ 一般的     ┌ コスト志向型（コスト＋利益）
                    │ 価格設定  │ 需要志向型（相場に合わせ）
          ┌ メーカー・│           │ 競争志向型（競争相手を意識）
          │ 卸売業   │           └ 購買力対応型（消費者の収入に合わせ）
          │ 価格設定 │ 新製品    ┌ 高価格（上澄み戦略）高所得者狙い
戦         │          └ 価格設定 └ 低価格（市場浸透戦略）低所得者狙い
略        │          ┌ 名声（威望）価格：ブランド品，高付加価値商品
的        │          │ 端数価格：消費者心理刺激（98円，198円，1980円など）
価   ─┤  小売業   │ 均一価格：消費者購買意欲喚起（100円均一など）
格        └ 価格設定 ┤ プラスライン：いくつかの均一価格帯（300円，500円など）
設                   │ 抱き合わせ価格：複数商品の売上で利益を得る方法
定                   └ キャプティブ：主製品を安くし，付随品やサービスで利益を得る
                               ┌ 値引き・値下げ，見切り価格：期間限定や数量限定が多い
          └ 戦術的価格設定 ┤ ポイント，リベート：商品の単品や買い物回数で金銭的還元
                               └ イベント・懸賞：買い物金額ベースや抽選など，ギャンブル心理刺激
```

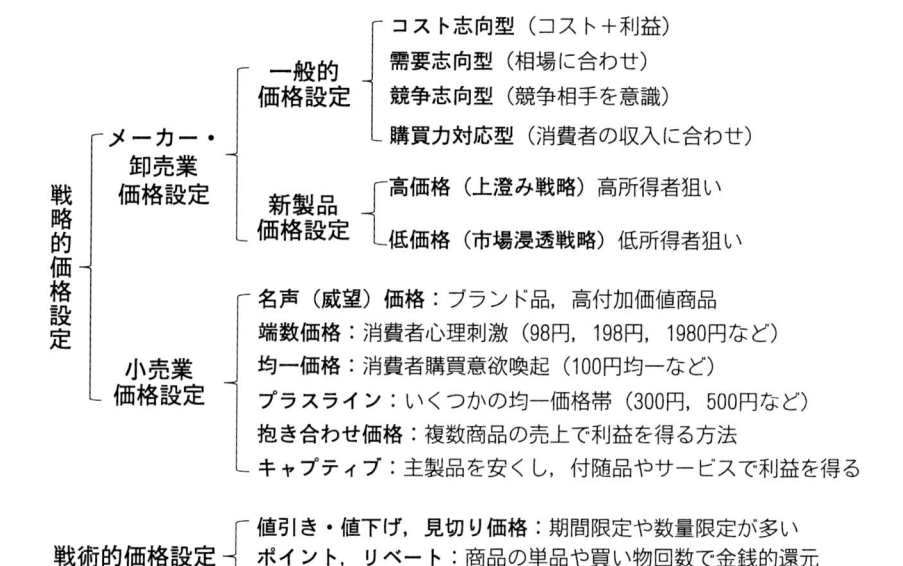

図2－5　価格ミックスの選択肢

安いからでもなければ，売れないものは決して高いからでもない。

　価格にも戦略的な価格ミックスという考え方がある。これは，設定と調整であり，図2－5に示されたように多くの選択肢がある。新製品の場合，高収入階層をターゲットとする上澄み価格設定とも言われる高価格戦略設定があり，その後，製品の販路拡大や販売の量の増加により徐々に価格を低下させる方法もある。一方，低所得層を狙うシェアを中心とするのは市場浸透価格設定とも言われる低価格戦略である。

　価格とは，決して生産者あるいは商業者が勝手に製品または商品の売価を決めることではなく，それは，製品または商品の本来の価値や品質，市場におけるイメージや売れ行きなどに合わせて決めるものである。また，製品の開発や発売に合わせて戦略的な価格設定する方法もあれば，既存商品の販売状況や競合他社の実態，とくに小売業の場合は，市場の変化や消費需要の動向に即して戦術に販売価格を調整することも大切なのである。

(3) 販売経路 (place または channel)

　消費者は日常生活においては，小売の店舗に行き買い物をするため，特に買ったモノを作った生産者がどこにあるかには気にしない。消費者は買い物に行く際，まず気にするのは，自宅または現在の居場所から行きたい店舗までのアクセスルートや利便さである。対して，生産者は自社の製品をどこで売ればより効率的にターゲットとする消費者の手に届けられるかが真剣に考える。これはいわゆるメーカーによる流通経路の選択である（図2－6）。一方，商業者である小売業者の立場では，店頭で商品を販売するため，消費者来店の利便さは商品の売れ行きに大きく影響を与えるので，小売店舗の立地が重要である。

　製品や商品がどこで売れば，速くかつ多く売れるかという販売経路の設定に関しては，メーカーであれば，卸売や小売業を経由する流通経路の選別であり，小売業者にとっては，消費者来店の利便さが最優先に考えられている。一方，消費者は各自の都合に合わせて，百貨店やスーパー，コンビニやディスカウントストア

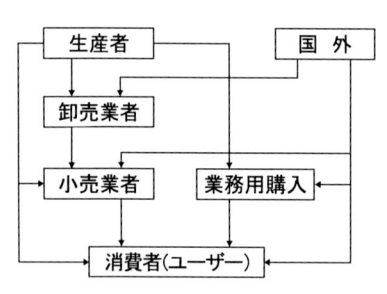

図2－6　流通経路の社会的構造

（DS）などに関わらず，小売業の使い分けをするのが当然である。さらに，後述のように，情報化社会が高度に進展している今日では，小売店頭に出かけなくても，ウンドウショッピングをしなくても，ネットワークに接続して，ネットショッピング業者を通じて，時間を気にせず場所を考えずに手軽に買い物ができることもあり得る（第7章第1節参照）。

　今日では，販売経路は多く存在し，また経済のサービス化や社会の情報化なども日進月歩に進んでおり，多数の販売経路が新たに生まれる。このために，販売経路にもミックス（組合せ）がある。図2－6にもあるように，世の中に多くの流通経路の選択肢があり，メーカーも流通業者も各自の組み合わせを決める意思決定ができる。一口で販売経路とは言っても，卸売業にも小売業にも多くの種類がある（第4章第2節，第3節を参照）。但し，どれかの1つの経路に

集中してモノを販売するのが決して賢い選択ではないと言わざるを得ない。今の時代では，メーカーも商業者もオムニチュネル的な考え方が必要である。何故ならば，日常生活には，消費者はごく普通に多くの流通経路を選択し，多種多様な購入方法を駆使して買い物行動をしているからである（第7章参照）。

（4）販売促進（sales promotion）

モノの質が良く，消費者が手軽に買える価格が決められても，消費者が小売店頭に来店しなければ物が売れない。しかし，生産者としては作った製品をできるだけ早めに売り切り，回収した代金の一部を次の生産に投入して，資金の回転率を高めようとする。卸売業も小売業も仕入れたモノを再販売するのがビジネスなので，仕入れた商品を素早く販売して次の商売に資金を回したい。このために，生産者も商業者も製品や商品の販売促進に余念がない。しかし，販売促進とは言え，メーカー，卸売業，小売業ごとに方法は異なる。その選択肢は図2-7のように多いからである。

販売促進手法に最も知られているのはおそらく広告である。広告には，自社

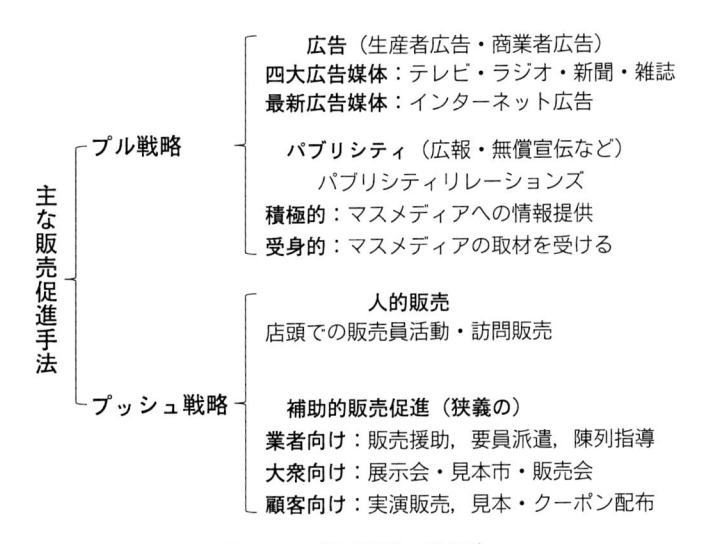

```
主な販売促進手法 ┬ プル戦略 ┬ 広告（生産者広告・商業者広告）
              │         │  四大広告媒体：テレビ・ラジオ・新聞・雑誌
              │         │  最新広告媒体：インターネット広告
              │         └ パブリシティ（広報・無償宣伝など）
              │            パブリシティリレーションズ
              │            積極的：マスメディアへの情報提供
              │            受身的：マスメディアの取材を受ける
              └ プッシュ戦略 ┬ 人的販売
                          │  店頭での販売員活動・訪問販売
                          └ 補助的販売促進（狭義の）
                             業者向け：販売援助，要員派遣，陳列指導
                             大衆向け：展示会・見本市・販売会
                             顧客向け：実演販売，見本・クーポン配布
```

図2-7　販売促進の選択肢

広告媒体	印刷物（新聞・雑誌・チラシ・DM），電波（ラジオ・テレビ・インターネット），屋外
選択基準	ターゲット顧客，メッセージの信憑性，媒体到達範囲・距離，広告コストなど
露出度	メッセージの反復率（放映・放送回数），注目度，メッセージの情報量，認知度など
効果測定	売上高効果測定（質問法・費用と販売高の時間的比較）法，利益率測定法など
測定方法	広告の露出度，イメージ，一般大衆の知名度，顧客認知度，関心度合いなど

図 2 － 8　広告利用の重要項目

　製品の良さなどを突出して宣伝する生産者広告もあれば，品揃えの豊富さや価格の安さなど企業や店舗の良さを主張して宣伝する商業者広告もある。また，広告は文字通り，広くづけることで，できるだけ多くの人に商品やら企業やらの存在や良さなどを知ってもらうため，新聞・雑誌・テレビ・ラジオなど代表的なマスメディアを利用することが多い。広告を利用する際に，重要な項目は図 2 － 8 に示される。しかし近年では，情報化社会の高度化を背景に，インターネット広告の急増は，今後広告業界にも大きな構造展開があると期待されるが，販売促進は広告だけではない。

　商売または取引は人と人の間に行われる金銭的なやり取りを絡む経済的活動であるため，原始的な物々交換の商業が発生してからも続けてきた最も馴染みな販売促進手法と言えば，それは人的販売である。物々交換の時代や行商が主流だった時代では，売る人と買う人の対面的駆け引きは商売成立の大前提である。今日になっても，小売店頭での店員による人的販売が相変わらず小売業の重要な販売促進手段である。また，広告の良い効果も親切な店員による店頭の人的販売に支えられなければ，実際の売上につながることはあり得ない。したがって，人的販売は商業者の欠けてはならない販売促進活動である。

　一方，多額の経費がなければできない広告に対して，企業や製品に対する新

聞や雑誌の取材による新製品動向や販売トレンドに係る報道や記事，テレビやラジオのニュース番組や特別報道番組などによる個別企業や個別製品・商品の紹介は，潜在的にも顕在的にも広告などの販売促進手法に負けない宣伝効果になることがある。このような企業や製品・商品の効果的な宣伝はパブリシティと言う。パブリシティは広告のように多額の経費を掛けずに企業や製品・商品の宣伝ができることと第三者による企業や製品・商品の紹介であることから，より客観的と思われ信憑性が高いというメリットがある。ところが，第三者であるマスメディアが自己都合や自分の価値判断で物を言うため，取り上げられた企業や製品にとっては不利な情報や消費者への誤解などの情報発信を阻止することができないというデメリットもある。

　そのほかに，複数企業の出展による各種の展示会や見本市，個別企業が単独主催する販売会や即売会，商品の使用や注意事項の説明などの消費者教育的なイベントも販売促進の重要な手法である。または，個別的な商品または商品群の実演販売や商品の試飲・試食，無料試用品の配布，さらには，割引券やクーポン券などの配布も販売促進に必要不可欠な手法である。

3）マーケティング戦略

　企業のマーケティングは戦略的に立案することが大事との前述があった。ここでは，マーケティング戦略企画・実施の流れについて概要的に紹介する。

　市場経済の自由競争原則のもとで，市場そのものはマクロ的に無計画なため，個別企業の生産・販売には，あらゆる市場データの収集や緻密な分析，市場の潜在規模予測などの手法で確実な生産・販売計画が必要となる。マーケティング戦略の立案から実施までの流れは図2－9で表すことができる。

　マーケティングは，市場において企業が自分の利益獲得や競争優位確保のた

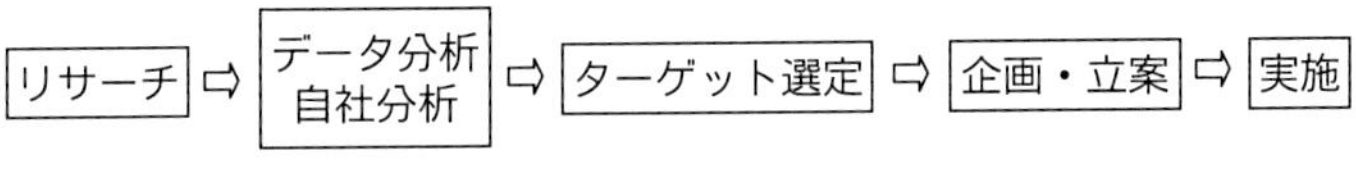

リサーチ ⇨ データ分析 自社分析 ⇨ ターゲット選定 ⇨ 企画・立案 ⇨ 実施

図2－9　マーケティング戦略の流れ

めに積極的に動いていることである。その行動は能率的かつ効果的な目標達成を目指すため，計画的・戦略的に企画立案して実施されるのが求められる。計画的立案にはまず市場の実態を知ることである。それゆえ，標的市場を客観的にリサーチ（市場調査）することから着手するわけである。調査で入手ができたデータの集計・分析はその次の段階になる。もちろん，市場実態をよく知ると同時に自社の持つ経営資源に対する客観的な分析も重要なプロセスである。市場も知り，自社の実態も良く認識ができれば，次の段階へ進み，ターゲット（標的市場とする消費者層）の選定に着手することができる。客観的な外部市場のデータ分析は後述のSWOTによる機会と脅威を知ることができ，自社内部の実態の客観的な把握は，より効果的，実効性のある自社独自のマーケティング戦略の企画立案の土台ができあがる。

（1）市場調査

　市場調査はマーケティング戦略の企画立案にとっては，重要なプロセスであり，必要な根拠を集めることである。調査項目には，社会の人口動態，市場や経済の状況，産業の技術革新，文化的・社会的要因，それと政治的・法律的要因などがある。もちろん，近年では，世界的に環境要因を重要視する流れの中で，環境に対する消費者の意識調査も看過することはできない。

　市場調査の基準には，地理的基準・人口統計的基準・心理的基準がある。地理的基準と人口統計的基準は，マーケティング戦略を企画する際のより客観的なデータの裏付けになるが，心理的基準は個々の消費者の個人的な気持ちに強く左右され，把握するのが容易ではない。近年では，心理的基準の変化が要因に消費者の買い物行動が大いに影響されることが多くなるのも否めない。企業はより実効性のあるマーケティング戦略を企画・立案するために，こうした市場リサーチで得たデータをもとに，消費者の買い物習性や行動パターンなどを地道に分析して市場細分化を行うことに力を入れている。そして，自社の経営資源に合致するマーケットセグメント（細分化によって分割された市場や消費者の区分）を決めて，ターゲットの選定を行うことになる。

（2）経営分析

　ビジネスの実際においては，企業は外部市場に対しては慎重に科学的かつ緻密に分析を行うのが一般的だが，自社の社内実態に関する分析はおろそかにするのが少なくはない。したがって，企業は戦略の企画立案に当たってはできるだけ客観的に自社の実態を分析するのが必要不可欠である。規模や資金力において如何なる大手企業ではあっても，自社所有の経営資源だけでは決してすべての事業領域に活用できることはなく，必ず適応できる分野と適応できない分野があり，いわゆる事業展開の限界である。言うまでもなく，製造業と商業・流通業の経営目標も経営形態も大きく違うからである。

　企業の自己分析は市場調査と同様にマーケティング戦略の企画立案に欠かせない事前の準備ではあるが，その手法については，多種多様な研究結果や学者個人的な主張がある。次では，スタンフォード大学が1960年代に開発したSWOT分析とハーバード大学教授のマイケル・ポーター（Michael E. Porter）が1980年に提唱した5 FORCEs分析の2つを紹介する。これらの企業分析は，ビジネスの実務において，市場または産業・業界における自社のポジショニング（市場での位置付け）がより客観的に認知することができ，マーケティング戦略の企画・立案に有効なのである。

①　SWOT分析

　SWOT分析は，企業の経営目的や目標達成するに当たって，目標達成に貢献できる企業内部にある強み（Strength）や目標達成の不利要素になり得る自社の弱み（Weak），そして，企業外部に実在する目標達成の障害となりうる脅威（Threat）や目標達成に貢献できるビジネスチャンス（Opportunity）に関する分析である。SWOT分析はマーケティング戦略の企画・立案プロセスにおいて企業の目標達成に関わる客観的な基礎分析であり，企業の内部資源と外部環境をより客観的に把握することができれば，より合理的かつ実効的マーケティング戦略の企画・立案が可能になる。

　それぞれの企業には各自の経営資源があるが，企業が置かれる市場において，自社の経営資源では打って出たほうがいいかどうか，または自社の事業展開に

		外的要因	
		機会(Opportunity)	脅威(Threat)
内的要因	強み(Strength)	積極的攻勢戦略	差別化戦略
	弱み(Weak)	段階的施策戦略	専守防衛または撤退戦略

図2-10 SWOT分析による戦略設定

チャンスがあるかどうかについては客観的に検討分析する必要がある。図2-10のように，すべての企業には内的要因として自社の強みと弱みがあり，外的要因としては市場の機会と脅威がある。

市場に自社へのチャンスがあれば，企業内部の実態に照らして強みと認めるならば積極的に打って出ることができる。逆に，弱みと判断すれば段階的に進出するかのように戦略的設定ができる。一方，市場に脅威が現れる場合，企業内部の要因分析は強みと判断すると差別化戦略を取ることができる。逆に，企業内部の要因分析は弱みと結論付けであれば同市場あるいは市場分野から撤退する意思決定が必要とされる。

因みに，市場からの事業撤退と言うのは，決してマイナス的思考で失敗だと見るだけではなく，自社は弱い分野から撤退して経営資源を強いと分析された分野に集中的投入するという意思決定も必要である。現在，日本のパソコンプリンター分野の二強の実例を見れば，いずれもパソコンやワープロ事業を撤退してプリンター事業への集中的な経営資源の投下によって戦略的に事業転換を行ったから今日のような同事業領域において成功して自社の強みをさらに確かなものにしたと言える。

② 5 FORCEs 分析

5 FORCEs 分析は主として外部における市場競争に関する分析である。その着目は，市場における企業に係わる競争を5つの側面から分析することである。企業をめぐる競争には，業界内の既存企業間の競争はもとより，新規参入企業や供給企業，販売先企業のほかに，自社の経営や自社製品や商品の代替になり得る企業や製品・商品も存在する（図2-11）。

一般に既存の競争相手ははっきりと顕在していて，見逃すことはないと思われる。新規参入企業も特にヒット商品が現れた業界や事業分野への新規参入に

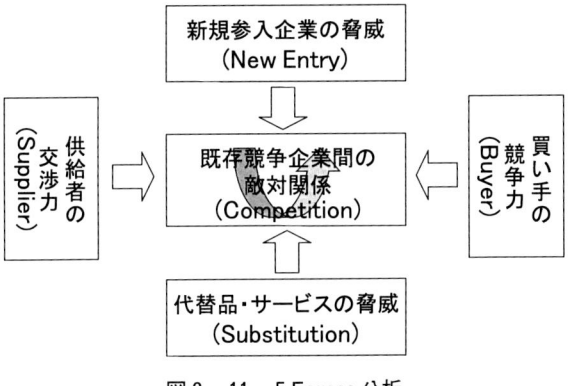

```
         ┌─────────────────────┐
         │  新規参入企業の脅威  │
         │    (New Entry)      │
         └──────────┬──────────┘
                    ↓
┌─────────┐  ┌─────────────────┐  ┌─────────┐
│供給者の │  │ 既存競争企業間の│  │買い手の │
│交渉力   │⇒│   敵対関係      │⇐│ 競争力  │
│(Supplier)│  │  (Competition)  │  │ (Buyer) │
└─────────┘  └─────────┬───────┘  └─────────┘
                    ↑
         ┌─────────────────────┐
         │ 代替品・サービスの脅威│
         │   (Substitution)    │
         └─────────────────────┘
```

図 2 − 11　5 Forces 分析

熱がこもってくるので看過することはなかろう。また，自社に材料や部品，または完成品を提供する企業，それに自社の製品や商品を販売する得意先企業も互いに取引における力の関係が存在していて，経営陣から従業員までに熟知しているのも一般的である。最も見落とされやすいのが，他業種や他業界，あるいは全く関係ないと思われる他分野に存在する自社の代わりになりうる企業である。

　例えば，普通乗用車の製造企業にとっては，電車や地下鉄，バスやタクシー，船や航空機などの成長や利用の拡大は自社の生産にマイナス影響を与えると認知ができる。しかし，環境保護や石油価格の高騰などによって，バイクや自転車の利用増加，それにその他の公共交通機関の開発などは，自社の間接的あるいは潜在的競争相手になり得る。つまり，消費者の意識が変われば，自動車製造企業にとってはこう言った企業に取って代われる可能性があると言える。

　また，レストランにとっては，弁当屋やファーストフード店，ラーメン店やそば屋ははっきりとした自店の顕在的競争相手だと分かる。しかし実に，百貨店やスーパー，コンビニの弁当や惣菜売り場，そのたの食品加工・販売業者や食品・食べ物などを取り扱う企業でも自店の間接的または潜在的競争相手と見る必要がある。要するに，経済状況や市場トレンドの変化，消費者意識や消費行動に変化があれば，レストランは他業種や業界，そして他分野の業者に取っ

て代れる可能性も十分にある。

　これは同業種における水平的競争，流通経路に係わる垂直的競争に対して，異業態競争とも呼ばれ，市場競争がますます激しくなる一方の今日においては，マーケティング戦略の企画立案段階から，こうした経営環境的な要素を決して見逃すことができないと言わざるを得ない。

2　マーチャンダイジング（merchandising）

　商業・流通業の社会的な役割に限って見ると，繰り返しではあるが，決してモノの加工や製造はしない。商業・流通業の社会的存在価値は，メーカーや生産者が製造・加工，あるいは生産した工業製品や農産物を消費者の需要を根拠に購買代行の役割を担い，商品を最終消費者の手元に届けるよう再販売することである。こういうわけで，商業・流通業では，メーカーの作ったモノを製品と言わずに商品と言う。また，商業者・流通業者がビジネスの実務に活用するマーケティングはマーチャンダイジングと呼ぶ。

　マーチャンダイジングとは，一言で言うと，商業者・流通業者が取り扱う商品・サービスの計画的品揃え（組合せ）である。前述の商品・サービスに対する市場の需要動向を調査して把握し，市場予測に基づいて企画立案して実行する4Pと呼ばれるメーカーマーケティングのミックスに対し，商業企業の場合は，5Rと呼ばれるマーチャンダイジングミックスという。

　ゆえに，マーチャンダイジングとは，図2－12のように，消費者のニーズとウォンツを中心に，適切な取扱商品，適切な仕入数量，適切な販売価格，適切な販売時期，そして適切な販売場所の原則のもとで，行われる仕入・販売および在

図2－12　マーチャンダイジングの5R

庫管理に係る総合的な活動である。また，メーカーマーケティングを言う製品化計画に対しては，商業・流通業では商品化計画と言う。

次では，メーカーのマーケティングミックスとの違いを意識して，商業・流通企業のマーチャンダイジングミックスについて見てみる。

1）適正な商品（right goods）

メーカーの製品開発は製造業の業務活動の中心とも言われるが，生産する製品の前提条件は生産設備や原材料の安定的供給であると同時に，生産技術に対しても熟練性を求められ，製品の品質に係わるものである。こういうわけで製品の製造や原材料などの急な入れ替えは決して容易にはできない。これに対して，商業企業の場合は，市場の流行や商品の売れ行きなどに合わせて，購買代行や再販売などの業界的特性からも緊急な商品仕入や商品の入れ替え，商品品揃えの調整は可能である。

適切な商品とは，商業企業のマーチャンダイジングの最も重要な要素であり，消費者のニーズやウォンツを満たせるための基本でもある。市場の売れ筋や消費者の要望に応じて新たな仕入先の開発や潜在的な需要が見込まれる新商品の仕入れや入荷は経営上市場での適応能力や柔軟性として必要である。もちろん，自社の経営方針や経営能力，店舗施設とその適応可能性やこれまでの取扱商品との一貫性という限界も実在する。さらに，経営環境の面でみれば，新商品の開発や仕入れに際しては，立地する地元社会の常識や風土・伝統や道徳，そして法規などによる制限もある。

2）適正な数量（right quantity）

製品の製造・販売数量はメーカーのマーケティング戦略において大切な指標であるように，商業企業にとっても，取扱商品の数量が企業自身の身丈に会う必要がある。日々消費者に個単位で商品を提供するモノもあれば，消費者のまとめ買いに対応する必要もある。したがって，適切な数量とは言え，決して単なる取扱商品の数量的問題に限らない。消費者側に対しては，小売業の場合は，

取扱商品は個別顧客が購入しやすく，全体的に見ると，品切れにならないようにするのが原則である。

特に商品供給の安定性が第一と求められる小売業では，競争が日々激しくなって行く中で，品切れは店舗の存続や企業の生死存亡に係わる重大な結果を持たせうることになる。一方，企業自身に対しては，経営コストの低減や利益率の向上を目指す原則のもとで在庫の適正化や仕入頻度の適正化などの意味もある。したがって，適切な数量とは，以上のような諸要因を自店の実態や来店客の購買行動によって決めなければならないことである。

3）適正な価格（right price）

メーカーの製品にも価格の適正さという原則があるが，それは主として原料コストや製造原価などのより客観的な基準がある。価格の適正さはメーカー製品にも商業企業の商品にも売れ行きに与える影響が計り知れないことになる場合がある。しかし，商業企業の場合は，仕入れも販売も基本的に最終消費者の購買代行という性質がある。商業企業の事業活動の利益と言えば，マージンやコミッションと言われるような仲介手数料であって，適切な価格とは言え，調整の範囲はメーカーより幅が狭いと言っても良い。

このために，マーチャダイジングにおける適切な価格は，消費者が認めた価値（使用価値）によって決められる性質が重要視される。もちろん，商品の品質的な裏付けが必要ではあるが，市場競争の実態や消費者の心理的な認知効果は最も注目される。

こういう意味で，適切な価格はいかに適切な商品と密接するものだと分かるのであろう。例えば，ブランド品のマージンや売れ筋商品の利益率などが目立つほど他の商品より利幅がよいが，その価格の高安は消費者の価値判断が決め手になるので，決して高すぎるから売れないということにはならない。ところが，デフレからなかなか脱出しきれない今日では，価格破壊が横行しており，企業間の値下げ競争はほぼモノのコストが無視される境地に突入しているとも言える。これは企業間の価格競争の悪影響がもたらしたものではあるが，今の

消費者の心理的な認知による価値判断の結果でもある。

4）適正な時期（right time）

　適切な時期とは，メーカーのマーケティングミックスにとっても商業企業のマーチャダイジングミックスにとっても重要な構成要素である。前述の生産と消費の時間的ギャップにのみならず，商品そのものには賞味期限もあれば，商品によっては市場投入のタイミングは決定的な要素になりうる。ファッション性の高い商品はさることながら，市場には消費のトレンドや商品売行きのタイミングがある。商品には，耐久財である自動車や電化製品もあれば，非耐久財の食品や生鮮食材もある。さらに，季節や時間帯などの販売のタイミングも重要である。いずれの商品にも販売のタイミングが少しでもずれたら，値引きや値下げ，厳しい場合では，特売やバーゲンなどで利益を削ってまで安売りせざるを得なく，経営上には大きな損失につながることになる。

　さらには，タイミングは商業企業の利益確保にだけ重要にととまらず，メーカーにとっても製品の市場投入タイミングの適切さが製品の売行きや目標とする生産高の達成に直結し，経営目標や利益目標の達成にもつながるものである。したがって，タイミングよく商品を提供することは消費者にとっての大きなメリットだけではなく，メーカーにとっても商業企業にとってもとても重要なのである。消費者は，自分の消費需要に合わせて行動するので，商業企業にとっては，市場の流行や消費トレンドに遅れることなく買い物ができる環境を整備することは消費者の心理的満足度が高まることになる。

5）適切な場所（right place）

　適切な場所とは，メーカーのマーケティング４Ｐの立地（place）あるいは販売経路（channel）と合致するもので，いわゆる商品販売のチャネル的視点である。メーカーにとっては，自社製品は消費者が最も行きやすいところで販売されることを目指して流通経路を構築しそれを維持することにポイントを置く。これに対して，商業企業の場合は，よりミクロ的に見なければならない。卸売

業であれば，再販売先である小売業が商品のターゲットになる消費者の最も気軽に訪れる場所に立地する小売業の選択を最優先に考える。

　小売業の場合は，再販売する商品の売れ行きが店舗の売上高につながるので，せっかく来店した顧客に見えやすく手に取りやすいところに商品を置くことに工夫する。いわゆる店舗のレイアウトや商品の配置・陳列のことである。また，商品のレイアウトは店舗の売場配置や商品棚における商品の具体的な陳列位置，さらには来店客の入店後の動線などの意図的なデザイン効果も考慮して全体的に企画しなければならない。

3　物流とサプライチェーン（supply chain）

　メーカーのマーケッティングミックスに対して商業企業のマーチャンダイジングには以上のような違いがあると分かれば，商業者・流通業者の計画的・戦略的な企業経営や事業展開の実際については少しでも理解できることになるのであろう。商業・流通業の事業実態を見ると，商取引だけではなく，売買が成立したとしても商品が最終消費者の手元に届けられなければ消費はできない。そこで，物流が重要な役割を果たしてくれる。

1）物流とその機能

　物流（Physical Distribution）とは，物的流通の略であり，物販業の取扱商品を距離的・空間的移動である。物流は，個人による少量や小型商品（消費者が小売店で商品を購入して自宅まで持って帰ることも物流）のことはもとより，自動車やトラック，鉄道や船舶（内航または外航），飛行機ないし国際宇宙ステーションへの物資輸送・補充まで，すべて物流である。

　流通経路においては，物流は，生産者やメーカーから卸売業者，卸売業者から小売業者の間に段階ごとに機能している。商品の集荷や運搬，貯蔵や分荷などの日常的に行われる業務的な物流は主流である。一方，我々の日常生活にも物流の存在が欠かせない。小売業者から消費者までの大型商品やまとめ買いを

したモノの配送なども物流である。さらに，国内や海外の旅行先で購入した別送品やネットオークションで落札した物品の配送なども物流である。

商品の物流は第3章の図3－6の商品学による商品分類の中の土地や不動産などの「不動財」そして「無形財」とされる「擬法財」「慣習財」「サービス」のほかに，すべての物財と呼ばれる商品には物流が必要とする。

こうしたどこにも存在する物流には，少なくとも①輸送，②保管，③荷役，④包装，⑤流通加工，⑥物流情報などの機能がある。

輸送はモノの距離的・空間的移動ではあるが，輸送途中に複数の企業や個人の手に取扱われることになる。出発地集荷倉庫での一時保管と目的地分荷倉庫での一時保管もあれば，中継地経由の場合の保管もある。そして，集荷も分荷もそれぞれ異なる輸送機器に載せるか乗り換え，乗り継ぎの際，商品の荷役（商品の積み下ろし）が不可欠である。また，商品の外形や中身を輸送途中で損なわれないために商品の包装も物流の一環である。さらに，卸売業段階の大口取引とは違って，小売業では，消費者に一個や数個の単位で商品を販売するためには，小分け包装や値札付け，商品状態の検品などの流通加工も必要とする。言うまでもなく，一連の物流プロセスにおける商品の配送などに関する情報収集や交換（宅配便の配送物の追跡サービスなど）も物流の機能である。

2）サプライチェーン

要するに，売り手は取引後に物流を利用して買い手の指定した場所に商品を届けるまでに，時間的遅れや商品の損害などの不確実な要素が取引結果に大きな影響を与えている。近年では，従来の生産・流通・消費という異なる分野または業界の壁を取り壊して，流通経路において一元化または一貫して流通経路を統合的に制御・管理しようとする動きが一般化されつつある。それは，サプライチェーン・マネジメント（Supply Chain Management＝SCM，供給連鎖管理，図2－9）と呼ばれる生産・販売・流通を一体化した新たなビジネスモデルである。マーケティングにおいては，流通経路の垂直的統合とも呼ばれる。

注意すべきは，このようなサプライチェーン方式は原材料から商品までの供

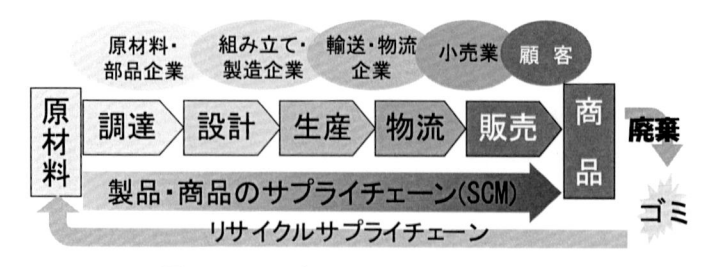

図2−13 サプライチェーンの二つの側面

給安定にのみならず，廃棄物やリサイクル活動に活用されることにもなっている。図2−13に示された廃棄物やリサイクルの物流は，製造者責任法（PL法）の改正もあり，各メーカーは使用済みの自社製品の廃棄回収またはリサイクル回収までに責任を負うことになり，いわゆるリサイクルのサプライチェーンの実在も見逃してはならない。もちろん，環境保護や保全などの環境対策の名のもとで製品の補修や部品交換，廃棄物の再資源化という連鎖も今後一層に重要視されることになる。

3）SCMのグローバル化

　サプライチェーンとは，自社の内外に拘わらず，それらすべての供給に関わる活動の統合化によって生産から消費までの経営成果を全体的に高めるための事業展開におけるマネジメント手法である。サプライチェーンでは，原材料や部品から最終消費者にいたるまでのプロセスにおけるモノやサービスを含むすべての事業活動が含まれる。

　その背景には，主として経済全体のグローバリゼーションにおける企業活動の地球規模展開，大手企業の連携や事業提携，個別製品のライフサイクルの短縮化など企業をめぐる経営環境諸要因の多様化の絶えず進展にある。グローバル的SCMは原材料の供給部門である流通経路の川上（メーカーや原材料メーカー）から川下である小売業を通じて最終消費者に向けての一連の供給活動を，情報通信技術（ICT）の活用などによって経営効率の最大化を図る連鎖的な事業活動を，海外から国内までのサプライチェーンの方式で統合して事業全体の最適

化を狙う複数業界にわたる総合的な経営管理活動である。こうした経営モデルは不確実で急激な変化もあり得る今日の市場環境に対して，市場優位に立ち，市場競争においてより確実に競争に勝てるような，需要動向の変化に迅速かつ柔軟に実行中の経営計画や戦略も変更・調整できるような考え方に基づいた企業または企業グループの戦略である。

サプライチェーンは流通全体にわたってコントロールをしようとするビジネスモデルではあるが，メーカー主導と流通業者主導の2種類に分けてみることができる。

4）2種類のサプライチェーン

メーカー主導型はかつての日本型の流通系列化（第5章第2節参照）に似ているが，生産に必要な原材料にまで手を出すのはその違いである。それは，販売経路の確保が非常に大事だと認識しながらも合理的かつ安定的な原材料の確保は安定的な生産と安定的な商品の供給には不可欠だと意識するものである。

流通企業あるいは商業企業主導型のサプライチェーンにも2種類がある。

1つはかつての日本の流通経路を主導してきた商社主導のパターンである。商社は主に海外との貿易において企業力があるが，近年では，国内流通経路において，特にコンビニエンスストアなどの小売業にも進出している（第5章第4節参照）。もう1つは，大手小売業または小売業グループが市場主導権を握る形態である。経済低迷からなかなか脱出できない日本経済においては，大手小売業グループが自社ブランド商品（Private Brand＝PB商品）の開発に経営資源を投入し，良質かつ低価格の商品を大量に市場に投入して，小売業界に革新的なインパクトを与え，製造業にも巨大な衝撃を与えている。

そのほかに，同じく経済デフレの社会環境において，商品の企画・製造・販売を一手に携わるSPA（＝specialty store retailer of Private label Apparel 製造小売業）と呼ばれる形で流通経路を垂直的に統合する動きも鮮明になりつつある（第4章第3節参照）。しかも，これまでのアパレル業界にとどまらず，従来の菓子やパンの製造販売，弁当や調剤薬局の経営のほか，家具や外食にまで広

がりつつあることは今後注目すべきである。

📖 第2章を読んでさらに考えてみること

1. 日本は昔から町人（商人）の国と呼ばれる。マーケティング的な発想は昔から日本にもあるので，マーケティングには「販売促進」という和訳もあるが，なぜ学界でもビジネス界でも「マーケティング」を好んで使っているのを考えてみよう。
2. 商業・流通業にとってとても大事な戦略であるマーチャンダイジングには，日本語の「品揃え」に対応できるんじゃないか，なぜわざわざカタカナ語を使わなければならないのかについて考えてみよう。
3. マーケティングの4Pとマーチャンダイジングの5Rとは，それぞれメーカーと商業者・流通業者の戦略であるが，その違いを通じて経済システム全体における商業・流通業の役割の重要性を考えてみよう。

> **ミニコラム**　「天下の台所」は集散地か消費地か

　江戸時代までに，大坂（明治維新からは「大阪」）は「天下の台所」と言われている。なぜかと言うと，それは，荘園や問丸発生の原因にもなる年貢米が最大な要因だと思われる。昔は，各地の荘園主や大名が毎年自分の荘園や領地内から集めた年貢米は換金されなければならない。換金したお金の一部は中央政権である幕府や天皇家にも税金を納める必要だからである。

　日本には，本州の北から南までに関東平野や大阪平野をはじめ各地に米作に適する大小諸々の平野が多数あるが，各平野は山脈や丘陵地帯に寸断されるため，鉄道や高速道路もなく，大型トラックなど運搬手段もなかった昔の時代には，陸路での貨物輸送は今日のようにうまく行かなかった。だから，膨大な量の年貢米の輸送は基本的に日本列島を囲んでいる近海を利用して船舶輸送に頼り切っていた。そこで，大きな港湾を臨み，陸路で京都にも近い大阪はまさにその天の時地の利のいずれも備えている場所である。

　大坂には大型の蔵屋敷が多くあるから天下の台所になったという説は本末転倒ではないかと思われる。年貢米の集散地となったため，換金前には，年貢米の一時貯蔵や保管の需要が高まり，合わせて蔵屋敷が増えてきたというのが理にかなうだろう。ともあれ，今日の大阪には，260万人以上が生活しているから，荷物の集散地と言うよりも各種の商品の一大消費地になっている。

第3章
商業の理論と実際

　ここまで読んできたら，今日のような商業はいつ，どこで生まれたのかを知りたくなるのであろう。商業の発生については研究者や著作により諸説があるが，ここでは，ヨーロッパルーツのクレタ島（Creta）発生説とアジアルーツの商王朝発生説を紹介する。

　クレタ島は地中海東部からエーゲ海南部にわたるギリシャ領の最大な島であり，現在はギリシャ共和国ペリフェリア地方の一部ではあるが，ヨーロッパ最初の文明の1つであるミノア文明（紀元前30-12世紀）の発生の地でもある。クレタ発生説によれば，温暖な気候に恵まれたミノア文明の後期，紀元前1600年頃に青銅器時代のクレタ島に都市国家が樹立され，商業のルーツである農業の発展した結果行商が発生した。商人たちが島内での行商はもとより，海を渡り地中海沿岸からエーゲ海の島々，イタリア半島，バルガン半島，エジプト，さらには黒海諸国までも足をのばし，島内特産物のぶどう酒やオリーブなどの行商に出かけていた。その後，ローマ帝国に統治され，その商業文明はベニス商人の誕生につながったとも言われる。

　商王朝発生説では，世界四大古代文明の1つである中国の黄河文明（紀元前70-前16世紀）後期（紀元前1600年頃）に，当時，高度の青銅器文明と古代文字の甲骨文を持つ殷王朝（前1501-前1023年）における農業・手工業など経済活動が発達して結果的に行商が発生したという。商業の発達で殷の人々が「商」と自称していた。「商」という文字は，店を構える形になっている象形文字でもある。その後，殷王朝が周王朝によって滅ぼされたため，国を失った殷の人々が陸地で広くつながっている古代の中国の諸国に流転する生活を余儀なくされた。ところが，各地転々しながら安定しない生活を維持するために，それまで

の商業の技能を生かし，各地の物産交換を生活の糧に行商に回り，商業という新たな職業を古代中国に広めることになった。

後世は，殷王朝を「殷商」と呼び，商業のルーツという記しを今日までに伝わってきている。古くから中国の文化を深く影響された日本にもその商業の流れを引き受け継がれ，遣隋使・遣唐使などに始まり，古代から近代にわたって中国との経済・文化など多面にわたって交流が重なってきた。このために，日本語の商業も中国語の語源にしているのである。

商業は世界各国においても古くからあったものではあるが，理論的に商業を解明したのが近代になってからである。今日世界的に普及されている西欧発の近代文明と同様に，近代商業に関する理論もほとんど欧米諸国に誕生したものである。商業に関する理論には成長理論や機能論，そしてそのたの理論も多数がある。以下では，商業に関して，3つの成長理論と2つの社会機能理論，合わせて5つの理論仮説を紹介する。

1　商業成長の理論仮説

商業成長に関する理論仮説は主として小売業の発生・発展を中心としており，表3－1のように諸説がある。マクロ的には，商業の社会的構造や構造の変化など，ミクロ的には，商業の起業や小売業経営など，また，消費者の購買行動

研究方法＼全体像	小売経営	マクロ小売業	マーケティングチャネル	社会的構造
起業者関係	✓			✓
構造変化関係	✓	✓	✓	✓
マクロ小売業		✓		✓
小売の経営	✓			
小売購買行動	✓		✓	✓

表3－1　小売業理論の全体像と研究方法

に関する研究もある。本書はより実践的な小売業の発生・発展・成長に着目する理論仮説に焦点を当ててみる。もちろん，成長理論仮説は一般的には小売業に関する理論的研究ではあるが，小売業の社会的成長には卸売業の成長・発展をなくしてはならないものである。

　次では，現代小売業の成長に関して最も代表的だと思われる3つの理論仮説を紹介する。1つは，小売業は時代の進展にも関わらず，その構造変化における周期的発展を主張する「小売の輪」理論仮説であり，もう1つは，小売業は時代の進展とともに社会経済の発展を背景に段階的に発展して成長していくと唱える「成長段階論」理論仮説である。3つ目は，社会の経済環境や商業・流通業界の変化にしたがって，特に小売企業は自ら調整してそれらに適応しさらなる発展を遂げていくと提唱する「真空地帯論」理論仮説である。この3つの理論には，いずれも小売業の取扱商品とそれに付随するサービスに着目するのが共通である。

1）小売の輪（The Wheel of Retailing）

　小売の輪という理論仮説は，1958年に，ハーバード大学教授マルカム・マックネア（McNair, Malcolm P.）が19世紀後半，前述のマーケティング手法が誕生してから戦後の20世紀半ばまでの欧米，特にアメリカにおける小売業の業態進化を時系列的に総括して，マクロ的な観点から小売業の社会的構造を研究したものである。

　小売の輪の仮説によると，既存の小売業に対して，新規参入する業者は基本的に低コストに低マージンを最大な武器に，低価格の衝撃的なイメージをもって登場し既存小売業態と競争を仕掛けて，既存小売業から顧客を奪い現有市場のシェアを奪取する。しかし参入後，自社経営を安定させるため，また，他の追随者などの新規参入者を阻むために，次第に差別化戦略を取り入れる。低価格を主張する参入時とは変わり，店舗内装のグレードアップや売場レイアウトの整備などに力を入れ，各種の商品付随サービスの追加や顧客満足度向上への努力などの非価格競争戦略に方向転換し始める。その結果，参入時に比べ，利

益確保できるように利益率を引き上げ，フルサービスに転向する。これらの経営方針の転換は，小売事業に新規参入を狙っている企業にとっては絶好の参入の機会を提供することになる（図3－1）。

この理論仮説で最も説得力ある事例としては，かつての日本のよろず屋に似たような伝統的欧米の中小規模の小売店舗である雑貨店（Grocery）に対し，巨大な店舗かつ幅広い品揃え，低価格で参入した百貨店 → 店舗の豪華化・高級志向になった百貨店に対し，簡単な設備に低価格かつセフルサービスで参入してきたスーパーマーケット（SM）→ 総合化し，フルサービスになりつつあるスーパーに対し，絞った品揃えで簡素な陳列に大量販売を武器とするディスカウントストア（DS）のような小売業態進展のサイクルに見られる。

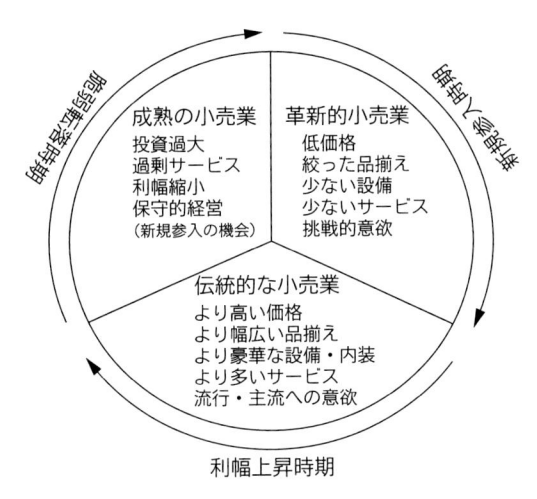

つまり，ディスカウントストアまでの業態進展の流れを見れば，いずれの新業態も参入当初では，低価格・少ないサービスを武器としていたが，事業の安定や経営の成熟につれて，次第に高価格・フルサービスに転換してしまう。それがまた次の新規参入者の新たな登場のきっかけとなり，このような繰り返しは，それまでの社会的小売業の業態進化を周期的にまわる「輪」のような軌跡に見られるという。

以上のような周期的かつサイクルのような進展を見せていた小売業態の成長モデルは欧米にだけあったものではない。戦後日本の小売業態進化においても欧米との時代的な差があったが，ほぼ同じ現象が発生していた。アメリカでは，第二次世界大戦前の1920年代にスーパーマーケットがすでに出現したのに対

し，日本では，戦後の 1950 年代の経済高度成長期になってからであった。

ところが，戦後の高度成長が終了して 1973 年（アメリカでは 1946 年）に，百貨店やスーパーマーケット，ディスカウントストアなどの既存小売業に対して，コンビニエンスストア（CVS）の誕生は，決して小売の輪の仮説のように店舗の規模や品揃えの幅広さなどの規模的経営でもなく，低価格や低サービスなどの競争上の利器も利用せずに小売業に新規参入してきた。コンビニが誕生してから急拡大を成し遂げ，小売業の代表的な業態にまで成長してきて，今日になっても小売業界において最も力強く成長している業態である。これについては「真空地帯論」の節で紹介する。

2）小売成長段階論（The Stages of Retail Development）

小売成長段階の理論仮説は，1964 年当時，サンフランシスコ州立大学准教授のウィリアム・レガン（Regan, William J.）が提唱したものである。この理論仮説によると，図 3－2 のように，小売業は消費者に対して提供する「商品コスト」と「サービスコスト」の 2 大要素の組み合わせの変化・調整に基づいて成長・進化するものである。小売業の発展は一国の経済における消費者所得レベルの向上や市場規模の拡大によって，上記の 2 要素の組合せに基づいてそれぞれ「相対的に高い」，「平均的」，「相対的低い」の 3 つのレベルに分けてみることができる。その組み合わせはさらに次の 3 つの段階にしたがって進展していき，あらゆる小売業態が形成されることになる。

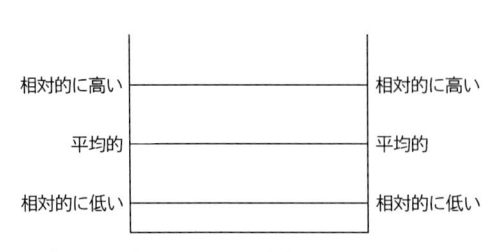

第一段階は「単一結合」レベル（図 3－2）である。小売業はそれぞれ単一に「高品質／多量サービス」，「平均的品質／平均的サービス」，「低品質／少量サービス」の 3 つの選択肢をもって消費者に販売活動を行う。この段階にある小売業業態は，

製造業の商品コスト＋小売業のサービスコスト

図 3－2　小売業発展の要素と組合せ

それぞれのレベルに散在し，専門店，バラエティストア，伝統的雑貨店を事例として挙げることができる。

第二段階は「多量結合」レベルである。消費者に提供する選択肢は拡大され，「複数商品の薄利多売」，「複数サービスの薄利多売」，「複数商品の高利益低回転」，「複数サービスの高利益低回転」，「複数商品高利益低回転・薄利多売」，「複数サービス高利益低回転・薄利多売」，「品揃えの拡張にサービスの拡大」のように，スーパーマーケットやディスカウントストアから専門店や百貨店，通信販売など多種多様な小売業態の出現が特徴的である。

第三段階は「全面結合」レベルである。小売業に提供される選択肢は図3－2に示された2大要素と3つのレベルとの総合的な組み合わせになる（図による説明は省略）。小売業は商品のコストよりも商品の品質とそれに付随するサービスの質における差別化を行い，消費者に対しては，独自の，差別的かつ特徴的な商品販売とサービスの提供に力を入れる。

小売業界の今日の実態を合わせてみると，消費者生活水準のさらなる向上を背景に，消費者は小売業の取扱商品の品質を追求するとともに，小売業の提供できる付随サービスに対しても，各自のニーズやウォンツを基準にして求めることになっている。こういうことは経済が安定成長に定着している今日においては，利便性の提供を主張してきたコンビニエンスストアの成長と進化が止まらない現象の裏付けにもなると考えられる。

3）真空地帯論（Vacuum Theory）

1960年代に入ると，第二次大戦後の欧米社会には，東西冷戦時代において，相対的に安定していた社会情勢が続いており，経済開発に成功を収めた国々の国民収入が大幅に拡大してきた。経済的な豊かさを背景に，それまでの消費者がこぞって低価格にセルフサービスを求めるような消費スタイルに大きな変化が起きた。生活の豊かさによる消費者需要は多様化となりつつ，消費者の生活スタイルにも多様化や個性化が現れつつある。特に，欧米では，1日8時間勤務体制，週休2日制の普及によって夜の自由時間や週末の余暇時間が著しく増

えてきて，深夜まで娯楽を楽しめる若者が大幅に増加して，長時間深夜まで営業するコンビニエンスストアの普及につながった。

　コンビニエンスストアの経営モデルは「小売の輪」の理論仮説で説明することに説得力が欠く事態が生じてきた。こうした社会・経済状況の変化，消費者行動パターンの変化を背景に，理論的な研究においてもそれまでの小売業成長に関する理論仮説の見直しが課題となってきた。1966年に，デンマークのオルラ・ニールセン（Nielsen, Orla）が「小売業の輪」の理論仮説の問題点を指摘し，前述のレガンの「小売業の成長段階」理論仮説を発展して，「真空地帯論」を唱えた（図3－3）。

　真空地帯論の理論仮説によれば，小売形態の発展は社会的経済状況の進展や市場環境の変化つまり消費者の需要や行動パターンの変化に伴ったものである。小売業は消費者ニーズやウォンツを満足させるものであり，経済規模の拡大，売り手市場から買い手市場への進展や消費生活スタイルの変化などにしたがって，消費者の需要も絶えず変わっていく。消費者の新たな需要に対して，従来の小売業形態は決していつでも満足できるように適切に機能を果たせるものではない。消費や市場が変化していく中で，既存小売業が消費者の新たな需要に対応できてなくなることが生じるのが，新規参入者の参入チャンスとなる。そのチャンスはこれまでの小売業態の間に現れた，ニールセンが「真空地帯」と称する隙間によって生まれたものである。

　図3－3のように，小売業界に代表的なA・B・C 3種類の既存する小売業形態がそれぞれの商品価格と付随サービスの組み合わせをもって消費者に対して，各自の選択肢を提供しているが，Bの業

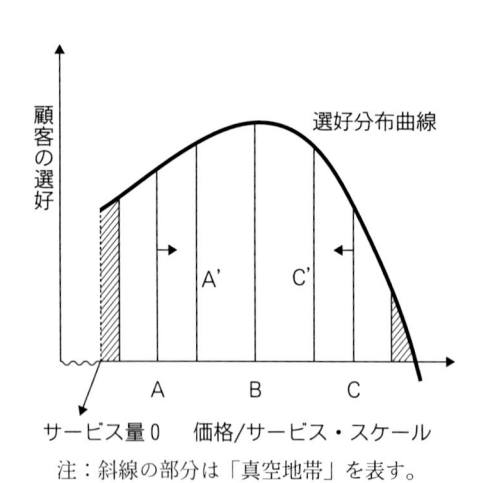

図3－3　真空地帯論概念図

注：斜線の部分は「真空地帯」を表す。

態の小売業は最も消費者の需要に合致して市場の支持を得られている。このために，小売業 A 業態も C 業態も B に近づくように経営の戦略と戦術を転換しようとする。もしも，A は A' へと，C は C' へと移動すると，A の左の斜線部分と C の右の斜線部分には既存の小売業態が提供する商品やサービスの存在がなくなり，「真空地帯」（隙間）が生じ，そこで新たな参入者へのチャンスとなる。最も左の隙間には「低価格に最小限のサービス」のような参入チャンスとなり，最も右の隙間には「高価格に多様なサービス」の可能性が秘めている。またそのほか，「適正の価格に適正のサービス」のあり方も考えられ，新たなビジネスモデル出現の可能性が多く生まれてきた。

　この理論仮説に最も説得力のある事例としては，コンビニエンスストアの出現と急成長である。コンビニは決して低価格でもなく高価格でもない。それに，商品が幅広くもなく，売場面積も決して広々としない。さらに，商品に付随するサービスは専門店や百貨店などより上回るどころか膝元にも及ばないと言える。しかし，コンビニ誕生の当初はまさにスーパーマーケットの巨大化・総合化で総合スーパー（GMS）の業態が進展するため，適正価格に適正のサービスの選択肢が次第になくなりつつある時代であった。

　コンビニは住宅地に近い立地で来店アクセスの利便性に加え，深夜までも営業しているという買い物時間上の利便さの提供で小売業に新規参入して，すぐにも消費者の支持を得ることの出来た最大のポイントであった。今日では，コンビニは一層その利便性を拡大し，一般消費者の日常生活のあらゆる面において，物販業という本業よりその他の生活に必須のサービスを提供することによって利便さの幅がますます拡大している（第 4 章第 2 節参照）。

2　社会機能理論

　一方，商業の社会機能を中心にその存在を理論的に解明しようとするものもある。なお，社会機能の理論仮説は主に卸売業の存続根拠に関する研究であり，「取引総数最小原理」と「集中貯蔵原理」の 2 つがある。この 2 つの理論仮説

はともにイギリスの学者マーガレット・ホール (Hall, Margaret) が1949年に提唱されるものである。目的は大型小売業の出現と市場におけるポジショニングの確立を背景に卸売業の存立が疑われるのに対して，社会的経済循環における生産と消費のかけ橋的な役割を果たしている商業には，小売業に限らず，卸売業の社会的存在価値について説明するものである。

1) 取引総数最小原理 (principle of minimum total transaction)

　商業の社会的役割は決して物作りではなく，また自分の消費のためにモノを買うわけでもない。特に，卸売業の場合は，後述の「問屋無用論」の論調のような認識は社会的にも根強い（第4章第2節参照）。にもかかわらず，卸売業は長い歴史にわたって社会的にその存在価値が認められている。この理論仮説は商業における卸売業の基本的な社会的機能を解明するものである。

　生産者が物を作ってから，それを卸売業に販売して，また，同じものは小売業が卸売業者から購入して，小売店頭に置き，最終消費者が来店してそれを購入して消費してしまうというプロセス全体は，流通機構と呼ばれる（第4章第1節を参照）。言うまでもなく，1つのモノ（製品または商品）は生産者から消費者の手元に届けられるまでには，卸売業と小売業の経費がかかり，両方の利益も上乗せられる。場合によっては，日本の流通構造における卸売業の多段階特質からでは，卸売業だけでも何重もの経費や利益が上乗せられてしまうことになる（第5章第2節を参照）。その結果は，消費者の手元に届いた商品の小売値は平均的に生産者が卸売業に販売した時の出荷原価よりは数倍かもしれない値段になってしまう。

　このような価格の上乗せは生産者の利益減少に加え，消費者にも不利益的ではないかと素直に思われるのだろうが，図3－4を見て分かるように，生産者と消費者の間に流通業者の存在の有無によって，社会的な流通コストに大きな影響を与えることになる。図のように，仮に，1つの地域に生産者A・B・Cと消費者a・b・cが存在する。もちろん，生産者のいずれが自社の製品を消費者全員の手元に届いてほしいというのは事業の最終目的であり，同様に，消

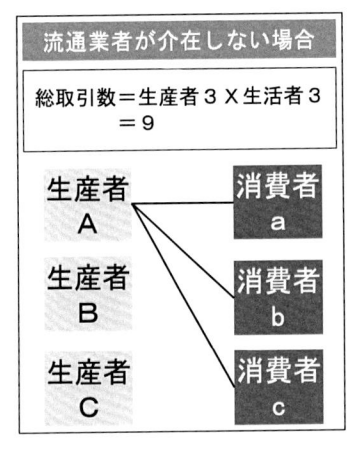

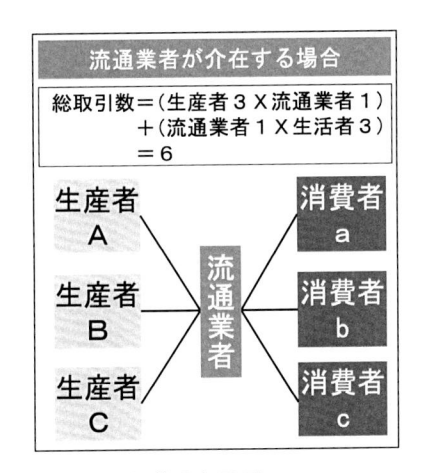

図3−4 商業の機能その一（取引総数最小原理）

流通業者が介在しない場合
総取引数＝生産者3×生活者3
　　　　＝9

生産者A／生産者B／生産者C — 消費者a／消費者b／消費者c

流通業者が介在する場合
総取引数＝(生産者3×流通業者1)
　　　　＋(流通業者1×生活者3)
　　　　＝6

生産者A／生産者B／生産者C — 流通業者 — 消費者a／消費者b／消費者c

費者の全員もすべての製品を手に入れたいというのがよりよい暮らしをしたいという願望である。そこで，生産者と消費者との間に，それぞれ交換あるいは取引を通じて自分の目的を達成しようとする。

さて，流通業者が要るか要らないかを見てみよう。

図の左部分は「流通業者が介在しない場合」である。この場合，生産者と消費者の間にそれぞれ1回ずつの取引があるとすれば，すべての生産者の製品はすべての消費者の手元に届けられるのに，取引全体の回数は9回になる。これに対して，右側の「流通業者が介在する場合」を見てみると，すべての生産者とすべての消費者が1回ずつ両者の間に介在する流通業者としか取引を行わないことになる。この場合は，地域全体の取引総数は左側の9回より6回に減り，全体の3分の1の取引が減少されてしまうことになる。

なお，図3−4は，流通構造を簡単に説明するために，事例を単純化して説明する対象を少数に設定したものである。もしも，1億2千万人超の日本国民に対し，自営業も含めて600万社前後の企業から約30数万社の卸売業を除いても日本全国には，また550万社以上の企業が存在することを考えて，流通段階の仲介業者である卸売業者が存在しなければ，その全体の取引光景はともて

想像できるものではない。さらには，世界全人口の70億人の場合を考えると，その社会的なモノの流通の実態は想像を絶することになるのであろう。

2）集中貯蔵原理（principle of massedreserves）

　卸売業は前述の取引総数最小原理によって社会的流通機能を担っていると同時に，社会全体の商品在庫の最小化あるいは最適化の役割をも果たしている。これは集中貯蔵原理と言い，また不確実性プールの原理（principle of pooling uncertainty）とも称される。この集中貯蔵原理は以下の解説を通じて，理解できるのであろう。

　消費者は各自のニーズがあると同時にそれぞれの都合がある。いつ，どんなものが欲しいに関しては，その都度の都合によって決めるものであり，極端に言えば，人口の数がある限りそれぞれ異なる可能性がある。こうした消費者の個別需要に応えられるのは各地に大量に存在する小売店舗である。それは，小売店舗は消費者の近所に立地し来店する消費者に対して個々の商品を販売するからである。小売業が来店する消費者の買い物が満足できるため，日常生活に必要とする取扱商品をいつでも欠品（売り切れ）がないように備えられているのが商売の前提である。こうした安定して持続的な買い物環境の確立と維持は，小売店舗の取扱商品の在庫（手持ち在庫）に支えられている。

　ところが，企業経営効率の観点からでは，最も理想的なのは「無在庫経営」モデルである。製造業の場合，できあがった製品を在庫せずにすべて卸売業に売り渡せれば，製品の代金はすぐにも回収ができる。利益を確保した上で，次の生産の原材料などの購入や従業員の賃金支払いもできるし，売れ残り製品の一時在庫に掛かる倉庫費用や管理のための人件費も要らない。小売業の場合は，できるだけ取扱商品のすべてを商品棚に陳列して速やかに消費者に販売して，仕入原価と店の儲け分を回収したい。こうすれば在庫費用を持たずに済むし，在庫管理の手間暇も掛かる必要がない。つまり製品あるいは商品の在庫がなければ，流動資金の滞りもないし，在庫のための倉庫の確保や保管経費などのコストも掛からない。

しかし一方、在庫を圧縮してまたは無在庫にしてまで取扱商品を販売する場合を考えてみよう。メーカーの場合は、原材料の調達や製品の製造に時間が必要なので、生産を持続的に行うためには最低限の在庫がなければならない。仮に、卸売あるいは小売から注文を受けてから、現在の製造を一時中止してすぐにも注文された製品の製造ができるとしても、その注文に必要な原材料が手元になければ製品の製造ができない。それに、小売店に来店してその商品を立ち待ちで求める消費者の要望に応えることもあり得ない。一方、小売業の場合は、在庫の圧縮また無在庫経営に切り替えることになれば、消費者が自己都合で買い物するから、予測する商品の売れ行きが実際とのずれつまり小売事業における不確実性があるのもむしろ当然なために、店内商品の品切れの可能性が高くなる。

小売の大事な役目はいつでも取扱商品が切られずに販売していることにあり、品切れと言う事態は決して望ましくことでもなく許されることでもない。そこで分かったのが、流通全体においては、製造業段階での製品であれ商業・流通段階での商品であれ最終消費者の需要に即して応じるためにも、企業自身の事業を成り立つにも、製品や商品の在庫は必要であり、避けては通れない現実な問題である。問題のカギは流通プロセス全体のどこにおいてその在庫を保有するのが最も合理的なのである。

図3-5は流通プロセスにおけるメーカーの段階を除いて、商業・流通段階

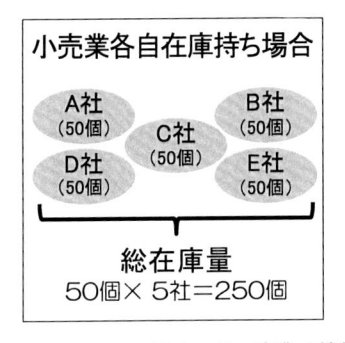

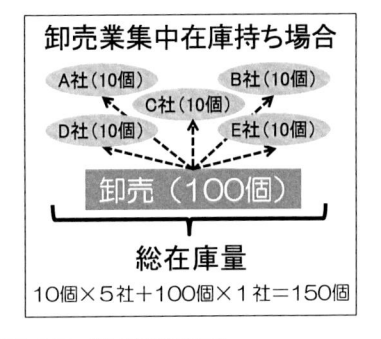

小売業各自在庫持ち場合	卸売業集中在庫持ち場合
A社（50個） B社（50個） C社（50個） D社（50個） E社（50個）	A社（10個） B社（10個） C社（10個） D社（10個） E社（10個） 卸売（100個）
総在庫量 50個×5社＝250個	総在庫量 10個×5社＋100個×1社＝150個

図3-5　商業の機能その二（集中貯蔵原理）

のある地域の商業である川中と川下を見る場合を示している。前述のように，小売店舗には来店客の立ち待ちの要望に応えるために各店舗の手持ち在庫は必要不可欠である。その在庫には，基本的に図の左側の「小売業各自在庫持ちの場合」と右側の「卸売業集中在庫持ちの場合」の2つのケースが考えられる（もちろん，左右2種類の方法を組み合わせて取入れることもあり得るが，ここでの検討分析は割愛する）。

　ある一定の期間中，商品の品切れを防ぐため，図の左側は，小売店は事業の継続性を影響されないようにそれまでの販売実績よりも多めに手持ち在庫を保有するのが一般的である。これに対して，図の右側は，その地域の卸売商圏（例えば24時間内に注文を受け，商品が届けられる可能のエリア）に卸売業が地域内の小売店の代わりに集中的に商品の在庫を保有する場合である。図解の通り，小売業の各自手持ち在庫より卸売業が集中的に在庫持ちをして各小売店への在庫切れを調整するほうが在庫総数は遥かに減ることができる。それがいわゆる集中貯蔵原理あるいは不確実性プール原理であり，これこそが卸売業の社会的必要性と存在価値である。また，第4章の「問屋無用論」の予測に対して，なぜか現実に卸売業がなくならない理由にもなるのであろう。言うまでもなく，卸売（チェーンオペレーションの場合［第4章第3節を参照］は小売企業の本部）が集中的に商品在庫を持つことになれば，全体的な商品在庫総量の減少ができ，社会的流通コストの削減にもつながることになる。

　以上のように，商業（卸売業と小売業）の存在は社会全体の取引総量を最小化する働きを有すると同時に，社会全体の商品在庫総量を減らすこともできると理論的に説明ができた。

　なお，図3－5は，小売業に対する卸売業の在庫調整機能だけを示しているが，小売業の段階でも消費者に対して，各家庭の日用品手持ちの最適化役割を担っている。小売業は店舗の適正な手持ち在庫をもって消費者が必要とする商品をいつでも購入できる買い物環境の整備によって，日常生活を安定して持続するための消費者の買いだめなどをなくすことになる。それが各家庭の生活コストの削減になると同時に，消費者各自の日常的消費のための在庫持ちで起因

する非耐久消費財のような商品の傷みや賞味期限切れなどのリスクの軽減・回避にも役立つことになる。

3　商品分類と商業における意義

　商品とは，本来物質的生産によって作り出され，人々の欲望を満たせる労働生産物である。交換関係が現れてからはじめて商品と見なされる。その後，社会的分業の確立で生産と消費の分離によってもっぱら他人の消費のために商品の交換や取引を行われる市場が形成され，市場経済とも呼ばれる商品経済が確立された。今日では，経済活動は必ず何らかの形で商品と係わってくるように世の中の商品はもう数え切れないほど存在している。そこで，商品の交換や取引に携わる商業企業にとっては，各自の業務に応じて商品を分けて管理することが必要になってくる。

　商品分類とは市場に売買される商品を一定の基準に基づいて整理・分別することである。商品分類には様々な基準や手法があるが，商業者とくに小売業者の事業活動をスムーズに展開するための大前提である。マーチャンダイジングにおいては，商品分類は商品の企画や取り揃えから，仕入管理・在庫管理・販売管理などの各段階においてもすべて重要な意義がある。それと同時に，商業企業の管理やマーケティングにおいても基礎的な条件である。

1）概念的・実務的分類
（1）概念的分類
　経済学では，概念的分類という手法を用いて，主に商品を使う主体によって，生産財と消費財に2分類する。生産財は，メーカーなどの製造や加工に使われる原材料や部品などをはじめ，製造・加工途中の半製品も含む。製造・加工のプロセスを終えて，完成品として市場に投入し最終消費者に手渡して使用されるものは消費財である。消費財には，さらに長い年月にわたっても使え続けられ，長持ちできる耐久消費財と1回の消費で使い切るか，短い年数で消耗され

るような非耐久消費財に分類することもできる。

　一方，よりマクロ的な視野で，一国の経済活動のすべてを監督・管理する行政の立場に立つと，製造され，流通・販売されるすべての商品を統計的角度から分類することもある。このような管理的分類は国によって異なることがあるが，日本の場合は，「日本標準商品分類（JSCC）」を基準に行われることになる。それは統計調査の結果として商品を分類する位置づけではあるが，結果的に商品統計の基準にもなっている。

　日本標準商品分類は，昭和25年3月最初に制定されてから平成2年6月までに五回にわたって改訂された。統計のためのものであって，大分類，中分類，小分類，細分類，細々分類に加え細かく6桁分類までと決められ，かなり実務的な制度的分類として「商品群」に集約している。しかし，価値ある有体的商品で市場において取引きされ，かつ移動できるもののすべてという原則もあるために，電力・ガス・用水などは含まれるが，サービス，土地，家屋（組立家屋を除く），立木，地下にある資源等は含まれていない。

（2）実務的分類

　また，消費の立場に立って，よりミクロ的実用的に，商品の使い道つまりその使途によって分類することもできる。それは消費者用商品と産業用・業務用商品という分け方である。消費者用商品は，前述の経済学での消費財を指し，最終消費者が利用する商品を意味する。消費者用商品は自己の家庭用，娯楽用その他の目的で消費することを基準とし，原則として再加工したり，再販売しないという基準がある。消費者用商品はさらに，マーチャンダイジ

部門	ライン	クラス	サブクラス
食品	生鮮	青果	野菜
			果物
		精肉	鶏・豚
			牛・馬
			加工肉
		鮮魚	生魚
			塩干
		総菜	揚げ物
			煮物
○○	○○	○○	○○
			○○

表3－2　マーケティング分類事例

ング分類，マーケティング分類，管理分類の3つに分けることができる。

　マーチャンダイジング分類は，実務上で特に仕入や販売管理に必要な分類基準であり，さらに商品群・品種・品目・集合単品・絶対単品などに区分される。マーケティング分類は顧客の具体的なニーズを探る分類であり，クラス・サブクラスに分類されることが多い（表3－2）。管理分類は企業や部門の売上・利益の管理単位，つまり組織分類での部門・課・係などの管理部門によって分類されるものである。ところが，特に多数の商品を扱う大型小売業では，自社の取扱商品にそれぞれの特徴があり，独自に商品を分類し，数値管理を行う場合が多い。どの単位で分類するか，なにを管理するかなどについては，かなり実務的なものであるため，業界で統一され明確に定められているものはほとんどないぐらい，企業や店舗の個性的な取り決めによって異なるものである。

2）理論的分類

　以上のような概念的・実務的な商品分類のほかに，商業や流通，マーケティングを研究する学問においては，商品分類に係わる理論もある。本書は諸説の中から次の代表的な2つを紹介する。

（1）コープランド（Copeland, Melvin T.）の商品分類

　経済学的分類や商業・流通の実務的分類には1つの共通点がある。それは生産財であれ，消費財であれ，分類の基準は基本的に製造業者または生産者の視点に立って行われるものである。これらの分類に対して，コープランドの分類は消費者の購買意図や購買行動によるものである。1924年に，ハーバード大学のコープランドはマーケティングにおいて最初にすべての商品を消費者の購買慣習や購買パターンによって分類を行った。それは，今日でも幅広く活用される最寄り品，買回り品，専門品の3分類である。

①　最寄り品（Convenience Goods）

　最寄り品とは，毎日のように購入頻度が高く，手軽くて，できる限り最小の努力で購入しようとする商品であり，消費者にとっては生活圏における最も近

い店舗で習慣的に購入するものである。食料品・日用品・生活雑貨といった購入頻度が高く，消費期間が短く，価格が安い，いわゆる非耐久消費財はそれに当たる。

　小売業にとっては，消費者の最寄り品の購入頻度を高めるため，商品の入手機会を拡大するために多店舗展開の形で販売店を増やし，品揃えを充実させ店頭で商品の露出を高めることが重要である。さらに，欠品が起こらないようにサプライチェーン（第2章第3節を参照）を強化することも重要である。

　②　買回り品（Shopping Goods）

　買回り品とは，消費者が自身の嗜好や価格などを基準にして，買い物をするに当たって自分に納得できるようにいくつかのこれまで購入経験のある店舗を回って，数多くの商品を比較検討するなど行動する末に最終に購入する店舗を決める商品である。このために，1つの商品購入を決める際に，複数の店舗を見て回り，商品の機能や価格，デザインやその他の幾つかの指標を基準に複数の同類や類似商品を比較して決めていくという共通点から，日本語では買回り品という。家電製品や衣料品，家具やインテリアといった最寄り品に比べて購入頻度が少なく，価格が高く，使用期間が長いのがこの商品分類に当たる。なお，購入する際に，商品の価格と商品の機能や品質などを悩みながらじっくり考えて，いわゆる商品のコストパフォーマンス（費用対効果の比較）をもとに購入する傾向のある商品である。

　小売業は買回り品の購買意欲を高めるためには，製品のスペック（仕様）や特質などの詳細情報を消費者に提供することやら，店頭販売員による人的販売による消費者とのコミュニケーションを通じて製品知識を伝え，商品の選好度を高めることが大事である。もちろん，商品の展示や販売実演，試着，試飲・試食などの購買意欲に刺激する手法によって実際の使用で感想を確かめてもらうことへの工夫なども重要である。

　③　専門品（Specialty Goods）

　専門品とは，独自の製品特性やブランド価値を有しており，消費者が購入に当たって，特別な購買努力を惜しむことなく購入しようとする行動に値する商

品である。多くの場合，機能的ベネフィット（利得），消費者に対する価格以外の魅力やこだわりなどのプレミアム（製品の付加価値）を持っており，その製品を所有していることや，その店舗で買い物に行くといったこと自体が一種のステータスや特別な満足感としての価値を有する商品である。高性能や高付加価値，幅広く名の知られる高価なブランド品などが専門品に当たる。

　なお，高級ブランド品のほか，普段，贅沢品と思われる高級カメラや高級時計，住宅や自動車，美術品やジュエリー，といったものも専門品に分類される。専門品の購買欲を高めるには，商品のブランド形成および維持，商品の希少性，同類または類似商品の価格の参照基準などを高く保ち続けることなどが重要であり，ステータスや購入後の優越感など購入者の心理効果も十分に高めるためのマーケティング手法も必要である。さらには，購入後のアフタサービスの確保と充実も欠かせないものである。

　ところが，注意すべきは，今日では，生産技術や人々の価値観の変化によって，個々の個人にとっての専門品は一律してはっきりと分類することはできなくなることも事実である。また，いわゆる専門品メーカーもマーケティング戦略を大いに活用して，一部分の消費者のニーズへの応えにもなるが，自社製品の購入層拡大を目指して，複数のカテゴリーまたは複数のブランド管理を手法に現有製品の幅を広げるに努力している。例えば，車にしては，高級車に対して小型車や軽自動車の発売，カメラにしては高級カメラのほかに，大衆向けの低価格汎用品や使い捨てカメラの市場投入，住宅に至っても敷地を小さくして3階建てにするなど低価格商品の開発がある。さらには，ジュエリーの場合は，人工宝石の開発や加工技術の向上などの手法で，元々専門品と思われる商品を若年層に普及するのも良く見られる。

（2）バックリン（Bucklin, Louis P.）の商品分類

　コープランドの商品分類は，マーケティングにおける最初の試みだが，提唱されてから百年になろうとする今日までもその影響力が続いている。消費者の購買意欲や購買行動パターンが主導する今日の買い手市場では，企業はビジネス業

務の展開において，コープランドの発想のもとに消費者の選好や嗜好，行動パターンの変化に対して最大限に配慮して，製品または商品の開発を行っている。

しかし，コープランドの分類はより消費者行動の実態に合うように修正すべきだと唱える研究結果もあった。1962年に，カリフォルニア大学のバックリンはコープランドの分類基準，つまり消費者の購買行動（買い物行動）による分類に賛成するものの，分類には非合理的な部分があると指摘し再分類とも言うべく次のように主張した。

彼の研究によると，商品を購入する際，消費者には基本的に「買回り」行動をするかしないかという2大パターンがある。「買回り品」を購入する時に，消費者は言うまでもなく複数の店舗を見て回り，商品の購入は比較した結果でもある。これに対して，「最寄り品」の購入では，消費者は習慣的に最も身近の店舗に行くので複数の店舗を回らない。このような買い物行動は実に「専門品」の購入パターンと同じものである。専門品の購入では，消費者は，一般に行きつけの店に行くか，あるいはこれまでの経験で信用できる購入先の店舗に行き，決して複数の店舗を見て回る行動はしない。

しかしながら，バックリンの時代からは，すでに無数の新商品の開発や市場投入，多様な新業態が小売業に新規参入してきたので，消費者の買い物行動を決めるための選択肢がコープランドの時代と比べられないほど増えている。それらの社会的背景のもとで，今日までの消費者にとっては，買い物行動に当たって商品に対する買回りをするかしないかだけではなく，店舗に関しても，買回りする店舗とそうしない店舗がある。したがって，バックリンによると，消費者が商品を購入する際，図3－6に示したように，商品にも店舗にも「買回り」と「非買回り」性質がある。

結果的には，バックリンの商品分類には，図のように，理論的に①最寄り店の最寄り品，②最寄り店の買回り品，③最寄り店の専門店，④買回り店の最寄り品，⑤買回り店の買回り品，⑥買回り店の専門品，⑦専門店の最寄り品，⑧専門店の買回り品，⑨専門店の専門品の9つの分類があり得る。

バックリンの商品分類を理解するには，1960年代の欧米諸国において，戦

商品＼店舗	買い回り店	最寄り店	専門店
買回り品	服・家具など		
非買回品 最寄り品		米・野菜など	
非買回品 専門品			時計・電器など

図3－6　商品分類と店舗分類

後の持続的な経済成長による好景気に支えられる個人消費の好調にその背景がある。商業・流通業における百貨店や総合スーパーマーケット（GMS）なども普及される時代には，小売店舗が続々と新規出店して，個々の店舗とも総合的に幅広い品揃えに競い合うため，消費者の買い物行動に対する選択肢が多種多様に現れることになる。

ところが，コープランドの商品分類にしても，バックリンの修正的分類にしても，共通的な欠落があると言わざるを得ない。それは，いずれの商品分類とも物販業の商品構成に基づいたものであり，サービス商品への適用はできないという現実的問題点がある。もちろん，これに対しては，サービス企業の経営やサービスマーケティングの研究においては，探索財，経験財，信頼財のような研究結果もある。サービスの経済化やGDPにおける広義のサービス業（第3次産業の全体）の巨大化から見て，サービス業に関する議論も必要だが，ここでは，サービス商品の分類に限って紹介することにする。

3）サービス商品の分類

前述もあるように，経済学的には，すべての商品あるいは財を有形財と無形財に分けられている。そして，経済学的な観点に基づいた商品学では，図3－7のような商品分類が行われる。有形財には，また可動財と不動財がある。可動財にはさらに物質的なモノの商品などの実質財と有価証券や商品券などの形式財がある，等など，マーケティングにおいては，前述のコープランドが主張したいわゆる物販業中心に行われた商品分類である。図を見ると，無形財と定

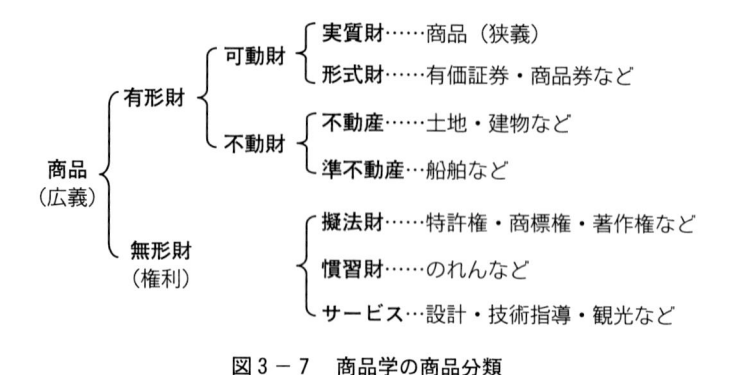

```
                    ┌ 実質財……商品（狭義）
            ┌ 可動財 ┤
            │       └ 形式財……有価証券・商品券など
      ┌ 有形財 ┤
      │     │       ┌ 不動産……土地・建物など
      │     └ 不動財 ┤
商品 ┤             └ 準不動産…船舶など
(広義) │
      │             ┌ 擬法財……特許権・商標権など
      └ 無形財     ┤
        (権利)     │ 慣習財……のれんなど
                    └ サービス…設計・技術指導・観光など
```

図 3 − 7　商品学の商品分類

義されるサービスはまるで付属的なものとして見做されている。

　確かに，第二次世界大戦が終わり，いわゆる東西冷戦が続いていても全体的には世界各国における社会の平和と安定が相対的に保たれていた。日常的に生活の安定ができる社会環境では，国民収入の向上が背景に一般大衆の生活水準向上への欲求は結果的に生まれてきた。そこで，よりよい暮らしができるような物質的充足は真っ先に求められることになる。

　欧米でも日本でも戦後二三十年にわたって経済発展に国力を注ぐ時間と財力があった。日本では，戦後の経済高度成長期においては，テレビ・冷蔵庫・洗濯機のようないわゆる国民生活の「三種の神器」の爆発的な普及で経済成長の起爆剤とも言われていた。その後，3Cとされるカラーテレビ・クーラー・マイカーという「新三種の神器」はバブル経済期まで威力を発揮し，日本が西ドイツを抜き去り，世界第二の経済大国に伸し上げられるまで物財中心の商品が国民経済における重みは否定できない。

　しかし，バブル経済がはじけてから今日までの日本では，国内総生産（GDP）は一向に横ばいしながら低調に増加して今日までに辿ってきた。その間，図3−8に示されたように，最も拡大してきたのは狭義的も広義的もサービス業であった。広義的サービス業と称され，物作りしていない第三次産業のGDPにおける割合が60％から70％を大きく超えるほどになっている。したがって，今後はサービス商品を中心に，少なくともサービス商品をも含めた商品

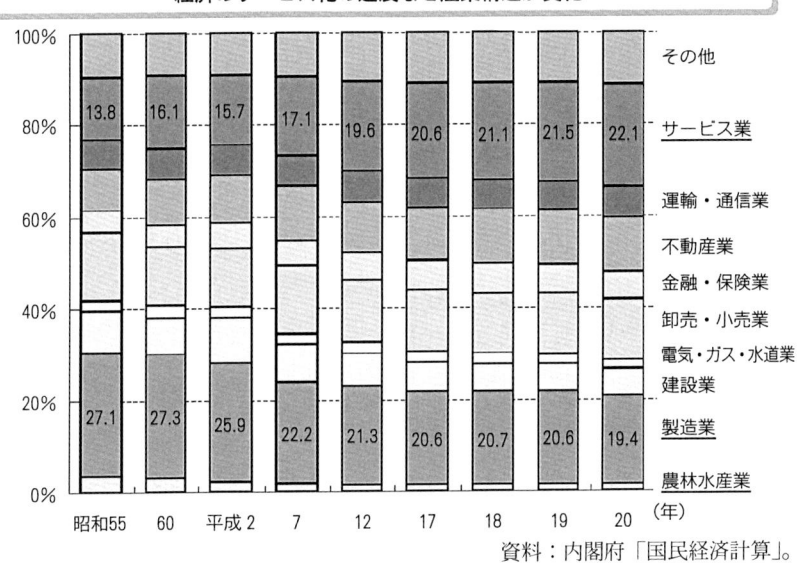

経済のサービス化の進展など産業構造が変化

	昭和55	60	平成2	7	12	17	18	19	20 (年)
サービス業	13.8	16.1	15.7	17.1	19.6	20.6	21.1	21.5	22.1
製造業	27.1	27.3	25.9	22.2	21.3	20.6	20.7	20.6	19.4

その他／サービス業／運輸・通信業／不動産業／金融・保険業／卸売・小売業／電気・ガス・水道業／建設業／製造業／農林水産業

資料：内閣府「国民経済計算」。

図3－8　GDPにおける産業別の割合推移

分類の必要性は研究機関においてもビジネスの実務においても求められている。

経済におけるサービス業急拡大の傾向は欧米では日本より一歩先であり，1960年代からすでに注目され始めていた。1963年に，前述のレガン（Regan, William J）がサービス革命（The Service Revolution）という論文を発表し，サービス業に対する関心を呼び掛けた。その後，多くの研究成果が蓄積されて，初めて物的商品とサービス商品を含めた商品分類を提唱したのは，アメリカのザイタムル（Zeithaml, Valarie A.）が1981年の論文（How Consumer Evaluation Processes differ between Goods and Services）であった。ザイタムルによると，サービスも含めたすべての商品は探索財，経験財と信頼財の3種類に分けてみることができる。

（1）探索財（search goods）

探索財とは，ほぼ経済学的分類の物質的財に当たり，購入する前に，商品に

関する価格や性能・特性，さらに外形や色彩など有形性質もあり，情報はより簡単に入手ができる。また，商品の品質についても，いわゆる口コミのような他人の情報がなくても，自らの目で見たり，手で触ったりすることによってある程度が確認できるものである。図3－9に列挙される衣料品，宝飾品，家具，家屋，自動車などの耐久消費財と呼ばれる高価商品のほかに，食料品や食材などの非耐久消費財である日常必需品いわゆる目に見えやすい物的商品もこの分類に属する。消費者は自分の知識や手にした情報などを手掛かりに，購入時，買回りのような探索行動が有効である。

(2) 経験財 (experience goods)

経験財とは，図3－9に示されているレストラン，レジャー，ヘアカット，託児サービスなどのように，事前情報はパンフレットや説明会，近年では，ホームページやブログなどを通じて入手することができる。また，すでに経験した人々の口コミのような情報も獲得できる。ところが，サービスというモノは規格が統一されにくく，また，提供する企業や従業員の個人差も大きい。そのほかに，演劇やライブ，ホテルや遊園地なども同様に，自ら一度経験しなければその良し悪しはとうとう分からない。いわゆる建物や設備，遊具や道具，料理やその他の物的要素があるが，これらの物質的要素を使い，人的情感や態度，技術や熟練度合いなどの差で品質が変わることになる。

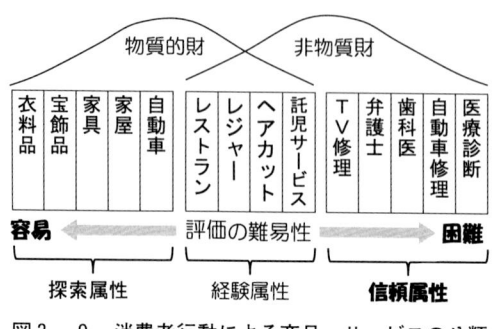

図3－9　消費者行動による商品・サービスの分類

(3) 信頼財 (credence goods)

　経験財の場合は，一度体験したら，個人差があるとは言え，ある程度の良し悪しが判断できるが，図3－9に挙げられたテレビの修理，弁護士，歯科医，自動車修理，医療診断などのサービスは，より高度な技術が必要とされ，仮に一回経験したとしてもその良し悪しははっきりと判別できることもなかなかできないため，信頼財と呼ばれることになる。こうした商品には，いわゆる非物質財の性質が強いため，修理されるテレビや自動車の故障が違ったり，弁護される事案が異なったり，患者の歯の状況や病気の具合などにはほぼ全く同じことがないから，こうしたサービスを提供してくれる企業や個人については，これまでの実績やら，他人の口コミ情報やら，自らの経験でさえ正確に評価することがしがたいと言わざるを得ない。

4）商業における商品分類の意義

　多種多様な商品をある基準によって，共通性を持つ同類または類似する商品と異なる品種や品目に分別することは商品分類である。商品分類は決して産業統計上あるいは学問的研究上においてしか意味のないことではない。商業・流通の実務においては，個別の企業は無数の商品の中から自社の経営資源の活用に適する商品を絞っていくことは順調かつ効率よく業務展開することの大前提である。

　商品分類に基づいた商品の品揃えまたはマーチャンダイジング戦略の企画立案，実施は商業企業経営のキーポイントと言っても過言ではない。卸売業や小売業の場合は，商品の仕入や販売，商品の棚卸や在庫管理，売場のレイアウトや商品棚配置・管理などの日常的な事務展開においては，基本的に商品分類を軸に行われている。そして，商品の物的流通に従事する商品の一時貯蔵や輸送活動などにおける業務管理にも商品分類が活用される。

　一方，商品分類は今日の商業企業のみならず，第4章で紹介する歴史上の日本の単品問屋や総合問屋，また酒屋や八百屋なども実に商品分類の基準によって成り立つものである。商業企業の具体的な事業活動において，それぞれの産

業や業界，個別の企業によって独自の商品分類が実用されるものの，商品の仕入れ管理，在庫管理，販売管理などの事業活動においては，商品分類は共通して欠かせない重要な経営管理の要素である。

📖 第3章を読んでさらに考えてみること

1. 日本の商業・流通業の現実を踏まえて，「小売の輪」,「小売成長段階論」「真空地帯論」のどれかで説明できる事例を1つ挙げてみよう。
2. 卸売業の実際を踏まえて，「集中貯蔵原理」あるいは「不確実性プール原理」について，実例を1つ考えてみよう。
3. 「経験財」と「信頼財」の違いを区別して，「買回り品」と「非買回り品」の関連について，具体的な事例を1つ挙げてみよう。

> ミニコラム　商業活動の理論と論理

　理論とは，これまでの個々の事実や認識を統一的に説明し，今後の変化やあり方の予測もできる普遍性をもつ体系的知識である。このために，「小売の輪」や「小売成長段階論」，「真空地帯論」のような研究結果には，説得力があるもののそれぞれ説明できない部分もあるため商業の理論仮説と呼ぶ。

　論理とは，思考または考え方の形式や法則，またそのつながりである。人間には，社会活動や文化活動，経済活動や日常生活など多くの活動がある。それぞれの活動にかかわる論理つまり人々の考え方は異なるのも当然である。商業活動は経済活動の一部分ではあるが，生産活動や消費活動などとは異なるものである。商業活動は生産者から生産物を取得して消費者にそれを転売して利益を得る仲介業者であるため，商品の仕入原価と販売価格に差益（価格の差）がなければ，その商品の取り扱いはできないという論理がある。それは，生産者が独自の技術や設備によって自社だけができるモノを製造・加工して利益を得るとの考え方とは異なるものである。

　しかし今日では，商業者は単なる生産者から品物を仕入れて消費者にそれを販売するだけでは，生き残れないと言わざるを得ない。生産者に対して消費市場の情報伝達や消費者に対して生産者または製品の製造や加工，使途や使い方，そして苦情や要望など消費全般にかかわる情報の提供は最低限の付加サービスだと思われる。また，市場競争が激しくなる一方の今日では，特に小売業の場合は，消費者の買い物環境整備はもとより，消費者に対する生活提案や生産者に対する消費者要望に基づいた既存製品の改良や新製品開発などのアイデアや助言も商業者の論理として実践して行かなければならないのであろう。

第4章
日本の商業構造と機能

　多くの国において，数千年前にもすでに発生して成長・進化してきた商業は，ある地域における経済構造全体構成の一部分であり，社会においては独自に存在することはできない。世界的には，民族や文化，宗教や社会体制ないし政治構造などによって，商業・流通業はそれぞれ独自の歴史的特徴や社会的慣行がある。いずれにしても，商業はまず，ある地域内における生産と消費の架橋的な存在であるため，その地の生産と消費に密接に関連しながらも，その地の文化や伝統，風土や習慣から強い影響を受けている。この意味で，ある地域の商業構造そのものはその地の文化的，社会的伝統に規定されるものだと言っても過言ではない。

　この章は，日本の商業構造と流通機構について，そしてその構造および機能についてできるだけ細部まで分析して，今日の日本の商業・流通の実態とその歴史的因果関係についても触れるつもりである。まず今日の日本の商業を全体的に見てみる。

1　流通機構における商業の構造

　まず，商業との流通を具体的に区別してからその関連性についてもはっきりしようとする。
　商業も流通も人々の経済活動における重要な部分であり，人々の日常生活を支えているシステム的なものだが，両者の領域と役割には違いがある。流通とは，生産から消費までのモノの流れの全体のプロセス（経路）であり，商業は流通経路を構成する主役的な存在である（図1－4参照）。流通活動に係わる生

産者，卸売業者，小売業者などは流通機構を構成する。

　流通機構は，社会的経済活動の全体的な循環において，生産物が生産者から消費者までにわたる様々な流通経路の社会的構造の全体である（第1章第1節を参照）。流通という言い方はすぐにも空気や水，川の流れを思い出す。川の流れを例えに流通構造を見ると，生産者あるいは製造・加工業者は流通構造の出発点である「川上」と見なされる。モノは生産されてから流通経路を経由して最終的に消費者の手に渡り消費されるまでの流れは経済の循環になる。そして，出発点の「川上」に対して，流通機構の末端にある小売業は「川下」と呼ばれる。また，川の流れを全体的に調節するような役割を果たしているのは卸売業である。卸売業者は流通機構の中間に位置するため，「川中」と呼ばれる。流通機構全体の流れと構造は，図4－1のように示すことができる。

　商品は，日常的に流通機構の「川上」である生産者から送り出されて，「川中」の卸売業を経由して「川下」の小売業に辿るのは一般的な経路である。ところが，図4－1をよく見て分るように，卸売業者または小売業を中抜きにして商品を流通させる経路もあり得る。大規模の小売チェーンの場合は本部が卸売業の機能を果たし，または卸売業者の代わりにメーカーと直接取引するのは決して珍しくないからである（第4章第3節を参照）。また，情報通信（ICT）手段の利用に慣れた消費者であれば，いつでもどこでも世界各地の企業や個人につながることのできるインターネットを活用して情報化社会のネットワーク環境を利用して，直接に国内メーカーのネット販売サイトや海外のメーカーや流通業者のネット販売サイトから直接に買物することもできる（第7章第3節参照）。

　一方，生産者も国内外にかかわらず，こうした情報ネットワークを利用して直接に他の企業や消費者にモノを販売することができる

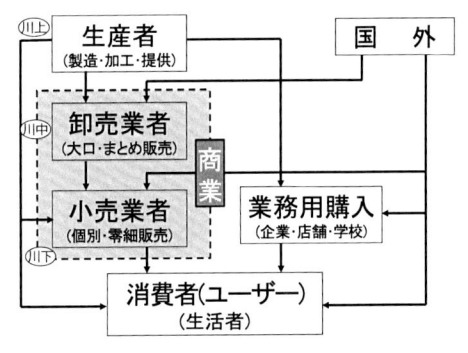

図4－1　社会的流通機構と商業の構造

（第 7 章第 2 節を参照）。この場合は，流通経路に介在する流通業者を完全に抜き去らられるパターンになる。しかし，このようなケースはあくまでもまれなので，日常的には，最終消費者は各自の仕事や勉強などがあるため，毎日のように日常生活必需品を入手するために小売業や卸売業を抜いて直接メーカーと取引するのはほぼ非現実的である。したがって，一般の消費者の買い物はやはり第 3 章第 2 節の「流通の社会機能」を担う卸売や小売のような流通業者に頼ることになる。

2　卸売業（Wholesaler）

　流通機構の伝統的な主役である商業の構成は，主として卸売業者，小売業者そして物流業者からなるものである（本書は経済産業省の商業統計で商業と見なしている飲食業などの他の部分は，サービス業として取り扱うので，ここでの記述は割愛する）。

　次ではまず，卸売業について見てみる。

　卸売業とは，流通機構における商品流通プロセスの一部分で，製造・加工業者（生鮮食品の場合は，生産・収穫業者）と小売業の間に位置し，川中と言われるように，製造業者または生産者から大口で商品をまとめて仕入れて，または卸売市場から食材などを買い付けて，小売業者に対して一定のまとめた数量で再販売（卸し）して，小売の販売活動の応援やサポートを事業とする商業・流通業者である。

1）伝統的問屋と日本の商業伝統

　日本の卸売業の原型は，歴史的に室町時代（1336～1573）に発生した問丸（とんまる・といまる）に遡ることができる。元々年貢米を運搬する問丸は委託人である荘園の領主や大名の要望，そして，市場の需要などを背景に問屋に転身したものである。問丸誕生の社会的な要因は室町時代に最盛期を迎える荘園制度に由来するものとされる。

荘園は，公的支配を受けない（あるいは公的支配を極力に制限した）貴族や社寺による一定規模以上の私的に所有し経営する土地である。日本の荘園は，奈良時代（710〜784）に律令制下で農地増加を図るために墾田私有を認めたことに始まり，戦国時代（1467〜1590）の大名による「一円支配」（領地内の完全支配）が成立したものである。その後，天下統一を実現した羽柴（豊臣）秀吉が幕府への中央集権を推進して，荘園は次第に形骸化され，最終的には全国的な検地（1580年太閤検地以降）によって解体された。

（1）問屋の誕生

問丸とは，鎌倉時代（1185〜1333）や室町時代に，荘園に集まった百姓が領主に納めた年貢米の陸揚地である河川・港の近くの都市や町に居住し，運送，倉庫，委託販売業を兼ねる組織である。平安時代（794〜1192）後期から鎌倉時代初期頃から組織され，取扱うのは主に都市部に輸送し換金するための各地の荘園から送られてきた年貢米である。問丸発生の由来については不明な点が多いが，元々荘園にあった納所（なっしょ）や木守など物資の管理に従事していた人々がその物資を輸送する業務を行ったり，反対に河川や港で物資の輸送を担っていた問職と呼ばれる人々が物資の一時的な管理業務に与えられるようになったりしたことがきっかけだとの説が有力である。

鎌倉時代（一説は平安時代後期）から年貢米の輸送・一時貯蔵・委託販売を兼ねた問丸は，室町時代になると，業務の拡大により，もともとの運送兼卸売の総合機能から運送専門や卸売専門に業種分化して，その一部分は現代の卸売業に相当する問屋という商業組織に転じ，他の一部分は運送専門業者になった。問屋は，今日は，一般に卸売業者を指すことである。

（2）問屋の種類

問屋は，取引が及ぶ地域または商圏，取扱商品の幅や構成によって区分され様々な種類がある。主として全国問屋や広域問屋，地域問屋のような業務の地域別分類，または総合問屋や専門問屋，単品問屋のように取扱商品の幅による

区別がある。一方，流通経路におけるモノの流れの経路における前後順序に従い，1次問屋（卸し），2次問屋，3次問屋などの区別もある。

全国問屋は一般に規模が大きく，資金力もあって，商売の範囲である商圏は日本全国までに行き渡るような能力ができる。これに対して，地域問屋の場合は，文字通り，ある地域に限定して商売を行うものである。全国問屋の1次卸・2次卸に対して，地域問屋は2次・3次ないし4次卸の場合もある。

① 総合問屋と専門問屋

総合問屋は様々な商品を幅広く取り揃え，多くの小売業の注文に対応できるような大手卸売業である。このために，巨大な資金力が必要で，大規模で全国的に事業を展開する。もちろん，このために直接にメーカーや海外からモノの仕入れができ，1次卸の場合は多い。江戸時代には大阪の二十四組問屋や江戸の十組問屋があり，そして，後述する大手商社はその現代版である。一方で，規模も資金力も限定的で，取扱商品にも制限があるのは専門問屋である。専門問屋は地域限定の形態が多く，2次卸，3次卸の機能を担う。

② 単品問屋

最も小規模の問屋は単品問屋であり，1つの商品あるいは絞られた数種類の商品を中心に専門的にメーカーと小売業の間のつなぎとして存在する。特に，戦前までは，日本には，中小メーカーが多く，小売業も主として従来の商店街に存続する伝統的な小売店舗が圧倒的に多数を占めていたため，こう言った専門的な商品しか取り扱わない単品問屋は多く存在し，今日の流通機構においても存分に活躍している。

2）流通革命と問屋無用論

中小規模の企業が圧倒的に占めている問屋は第二次世界大戦の終結まで日本の商業・流通業の主役であった。その後，昭和30年代から50年代（約1955-1975）の間に，「アジアの奇跡」とも呼ばれる戦後日本経済の高度成長期が20年も及んだ。国内経済の高度成長は，今日の日本経済を支えている各産業や分野における機関車的な役割を果たす大規模製造業が育てられ，モノの大量生産

は体制的にできあがった。

　川上である生産段階では，かつて存在しなかった工業製品が大量に作り出されていた。これに対して，国民の消費需要は経済成長で高まった生活水準に合わせて，国民生活の「三種の神器」（テレビ・冷蔵庫・洗濯機）をはじめ，あらゆる物質的需要が好調であった。ところが，生産地と消費地の分離の視点から見て，地元の商店街や中小小売店舗が中心とする従来の細くて長い日本型流通経路はこうした川上からの洪水のような商品に対しそれまでの川下に流す能力を超えた。さらに，川の入江にある消費者の大量なモノが欲しいという要望にも応えられなくなった。そこで，従来の日本型の流通構造に変革が始まった。これが今日小売業の主役の1つであるスーパーマーケットの発生とその後の急速な成長の原動力となった。

（1）流通革命

　戦後まもなく，商業・流通産業の実務家たちも日本の商業・流通業の構造に問題があると認識し，戦前からスーパーマーケットなどの大型小売店舗が誕生し，戦後ではさらに普及していたアメリカに視察団を派遣した。日本の商業・流通業の代表的企業によって構成された視察団は当時のアメリカの商業・流通の実態を考察し，スーパーマーケットのような大型小売形態の日本への導入に意欲的だった。一方学界では，田島義博がアメリカのウォルター・ホービングの著書『流通革命（Distribution Revolution）』（1962＝昭和37）を翻訳し，自らも「日本の流通革命」（1962）という論文を発表した。そして昭和38（1963）年，林周二の『流通革命』（図4－2）が出版されたのがきっかけに，日本の商業・流通業界においては流通産業の構造改革を目指した「流通革命」が叫ばれた。

　流通革命は，元々それまでの日本の流通経路　**図4－2　流通革命のきっかけ**

は戦後に確立して急成長を遂げた製造業の大量生産体制に対応し切れない現実，それに，経済成長とともに拡大してきた日本国民の収入増加による物質的な需要が急増した要望に対する応えであった。しかし，『流通革命』の出版がきっかけに，商業・流通業界の時代遅れが浮き彫りとなり，その矛先は伝統的な問屋に向かった。

（2）問屋無用論

　問屋は前述のように，歴史的に日本の商業・流通業界の要として日本の流通経路を主宰し，戦前までの中小メーカーおよび中小商業が中心とする製造業，商業・流通業の産業全体をけん引してきた。しかし，伝統的な単品問屋の商品企画力と仕入・販売力に加え，個人経営や家族経営が主な形態になっていた中小小売業の経営力には限界があった。企業の規模に見合うように絞った品揃えと小規模店内の狭小な売場が決して国民生活の向上に欠かせない「三種の神器」の大量仕入・大量陳列・大量販売に適応できないのである。

　また，図4－1のような伝統的な流通経路（「生産者→卸売業者→小売業者→消費者」）においては，特に問題視されたのは卸売業（問屋）に存在する1次，2次，3次ないし4次までの多段階流通であった。「流通革命論」では，当時日本の流通業界における卸売業の時代遅れが指摘されると同時に小売業に新規参入して急成長を成し遂げたスーパーマーケットの勢いに未来を託した。1953（昭和28）年に日本に誕生し，経済高度成長の波に乗り，急成長してきた大手スーパーマーケットは流通業界において究極的な革命をおこし，問屋を排除してメーカーから直接商品を仕入れる新たな流通経路を確立しつつある。こうした流れの中で，『流通革命論』は，当時の商業・流通業界では，「問屋斜陽論」や「問屋滅亡論」のような論調が支持され，将来的には中小卸売業が倒産し，吸収合併されることにより，大量に淘汰されてしまうと予言した。そして翌年，『流通革命新論』も出版され，スーパーマーケットの出店ラッシュを表す統計データを図4－3でもって証明していた。この流れはいわゆる「問屋無用論」として今日までに言い伝えられてきた。

わが国のスーパーマーケットの軒数
（設立年次別表示）

設立年次	化繊協会調査による「スーパーマーケット」の数[1] 第1次調査[2]	第2次調査[3]	日商調査による「スーパーマーケット」の数[4]	セルフサービス協会調査による「セルフサービス店」の数[6]
昭和30年以前	24	23	22　(13)[5]	40
31	9	16	20　(11)	99
32	15	29	55　(25)	144
33	40	54	108　(44)	313
34	57	75	202　(74)	440
35	57	80	187　(78)	429
36	120	156	301　(118)	590
37	(55)	182	455　(160)	627
38	—	(100)	(37　(9))	—
不明	6	—	17　(11)	0
調査時合計	383	741	1,404　(543)	2,696

1）人口10万以上の都市における年商1億円以上のスーパーマーケット，スーパーストアおよび同類似店。
2）昭和37年8月現在。
3）昭和38年6〜7月現在。
4）売場面積100 m² 以上のセルフサービス方式を採用している小売店で，かつ日商の手により調査可能なもの（農協，購協などをふくまない）。
5）括弧内は年商1億円以上であることが確実なものの店数。
6）セルフサービス協会の加盟店。
出所：林周二『流通革命新論』147。

図4－3　スーパーの急成長

ところが，実際では，昭和37（1962）年当時22万軒余りの卸売業（『我が国の商業』1985年版）がその後の工業生産のさらなる拡大，それに伴って現れた消費者ニーズの多様化などにも支えられた。結果的には，卸売業全体は減ることなく，増加し続いた。最盛期の平成3年（1991）には47万軒も超えるまでに拡大していた。また，長期的なデフレに苦しめられている今日においても37万軒以上（2012）の卸売業が活躍している（平成27年版『日本統計年鑑』）。それは，日本のGDP総量が引き続き拡大してきて，昭和43（1968）年には世界第二の経済大国にのぼりつめたなどの社会的背景に，消費者ニーズの多様化や高度化なども加えたからである。もちろん，後述のような卸売業の社会的機能

がその生き残る根本的な原因である（第3章第2節も参照）。

3）卸売業の構造と分類

　卸売業者の種類や形態は多岐にわたって存在しており，川上から商品を仕入れて川下に売り渡すことには共通的である。日本の場合は，中小小売業が多いため，卸売業は大量存在しており，その機能や流通段階における位置づけなどによってさらに分類することができる。

　機能的に分類すれば，卸売業は総合卸売業と専門卸売業に分けてみることができる。また，流通段階による分類では，1次卸・2次卸・3次卸，また4次卸までにも存在している。1次卸は元卸とも言い，メーカーからあるいは海外から大口で商品を購入して2次卸などに再販売する。2次卸は中間卸や仲卸とも呼ばれる。その存在感が最も感じられるのは，後述の卸売市場の場合である。3次卸または4次卸の場合は，卸売業の末端にあり，中小・零細小売業を相手に，流行性の高い商品や高価商品を取り扱う業者が多い。

　そのほかに，卸売業はさらに次のような多種多様な分類がある。

（1）産業分類基準による分類

　産業分類は一国の行政や自国の経済・産業の実態を調査統計（日本では，集計されたデータを「商業統計表」で公表）して，マクロ経済政策の立案や実施・調整するために必要である。このために，卸売業の分類についても，前述の経済学による商品分類の概念から生産財と消費財に大別している。こうした分類は製品の製造・加工の立場に立っているものである。

　①　生産財卸売

　生産財は主として製造や加工のために売買される原材料や部品あるいは部品のユニットなどの半製品である。このために，生産財卸売業もこうした生産財を取り扱う業者である。しかしながら，ビジネスの実際においては，生産財と消費財の分類ははっきり区別されない場合もある。例えば，米や肉・魚のようなモノは，食品加工企業や飲食店・弁当屋の立場だと，生産財であるが，国民

が毎日の生活における炊事の場合は，紛れもなく消費財である。

　②　消費財卸売

　消費財は最終消費者によって使用され，消費されてしまう商品である。前述のような最寄り品から買回り品，専門品まで，人々の日常生活の必需品から贅沢の欲求に応えるための高級品や贅沢品まで多岐にわたる。しかし，メーカーや流通業者がいつも新製品や新商品を開発し販売するために，消費財の種類は統計し切ることはほぼできない。同様に，米や果物，魚介類などは生産財と消費財との境界線は事実上はっきりと引き難いことは言うまでもないという問題点もある。

（２）商品構成による分類

　商品という考え方はもちろん消費者の立場に立ち，商業・流通業における個々の企業の業務実態に沿うような基準によるものである。

　①　総合卸売

　総合卸売業は問屋の節で紹介した総合問屋と同様に，総合的に多種多様な商品を取り揃え，日常の業務も商品の仕入れ・販売から，貯蔵・輸送まで幅広く事業を展開する。また，マーケティングにおける流通経路の垂直的統合方式で生産から卸・小売業まで，国内に止まらず海外までにも事業活動を展開する規模が非常に巨大な卸売業グループである。日本の場合，その究極的な形態と言えば，第５章の日本の商社として例を挙げることができるが，そのほかに，国内の広域で幅広い商品を取り扱っている総合卸売業も少なくはない。

　②　複合卸売

　近年，もともとメーカーから取扱商品を大口で仕入れて，それらを小売業に転売あるいは再販売する卸売業が，海外進出するものもあれば，小売業業務に拡張するものもある。これらの卸売業は複合卸売業である。産業分類上は，「異業種卸売業・小売業」としている。その要因としては，経済成長の低迷や商業・流通構造における競争の一層激化，また小売業からの返品対処などのほか，自社の生き残りや企業のさらなる成長を目指すものもある。業種的には，

アパレル産業に止まらず，ジュエリーや化粧品，食品やレストランまでに多岐にわたる。一方，小売業が卸売業に進出しまたは買収して，卸売と小売業の複合化を図る企業もある。

　③　専門卸売

　専門卸売業は，前述の専門問屋のようなもので，一部分の品種・品目を絞ってあるいは限定的な商品に絞って卸売事業を展開する業者である。日常生活用品においては，衣料品・繊維製品，文房具やおもちゃ，書籍の取次や出版関係などの企業が多く見られ，食材・食料品関係の業界では，鮮肉や鮮魚，野菜・果物・かきなどの専門卸売業が多い。

　④　単品卸売

　単品卸売業は前述の単品問屋の名残と見てもよいが，専門卸売よりも品種や品目を絞って，取扱商品の幅は非常狭く，職人的な商品知識まで有し，名実ともに専門的な商品だけで卸売事業を続ける企業である。伝統的には，紳士服や婦人服，きものやはきものなど専門品的な商品の取り扱い業界に多い。現在では，東京・大阪・京都など歴史的にも大都会である巨大な消費地において，老舗や御用達などの形態で活躍し続けている。

（3）立地による分類

　立地は，個別企業が事業展開するために社屋あるいは店舗を置くには最も適すと思われる場所である。第一次産業と言われる農業産品の取引に携わる卸売業の場合は，立地によって次の3種類に分けてみることができる。

　①　産地卸売

　ある特定の農産物の産地に立地し，その地の商品を集荷して遠く離れている消費地や海外にもその特産品を再販売する卸売である。機能的には1次卸売業が多く，取扱商品は専門卸売業ないし単品卸売業のほうが多い。各地に強力な支店・支社ネットワークを持てない中小規模の産地卸売業は消費地卸売業と協力して事業を展開する場合も少なくはない。後述の農協も産地卸売業の1つと見ることができる。

② 集散地卸売

　集散地とは，産地から物産を集めて，これらを他の地方に送り出す場所であり，多くは交通要所や港湾のある町である。例えば，現在は立派な消費地にもなっている大阪ではあるが，昔は「天下の台所」と言われ，都の京都にあらゆる物産を中継する集散地でもあった。集散地卸売業は主として立地周辺の広範囲から物産を集荷して，これらを消費地の卸売業や小売業に再販売する。機能的には１次卸売業や２次卸売業が多い。もちろんそのほかに，総合卸売業もあれば，専門卸売業や単品卸売業もある。集散地卸売業は前述の「問丸」や「問屋」の伝統を引き継いでいる卸売業でもある。

③ 消費地卸売

　消費地は一般に人々が多く集まる規模の大きい都会を指す。日本の場合は，東京都及びその他の政令指定都市がそれに当たる。消費地の卸売業は流通経路においては２次・３次卸売業が圧倒的に多いが，総合卸売業や専門卸売業，単品卸売業も少なくはない。消費地卸売業は直接に小売業に取扱商品を販売する場合が多いが，近年では，後述の問屋街に立地する卸売業は最終消費者に直接に商品を販売することも増えている。

（４）商圏による分類

　商圏は企業の取引業務が及ぶ地域的範囲であり，小売業のイメージが強いと思われるが，卸売業にも各自の商圏がある。卸売業は商圏によって分類すると，次のような３つに分けられる。

① 全国卸売

　全国卸売業は文字通り日本中の各地や海外において卸売業務を展開する業者である。各地に支店や支社を置き，総合的に幅広い商品を取扱い，規模の大きい企業もあれば，専門卸売業のような中規模の企業もある。一般に１次卸売や２次卸売の形態が多いが，和服や宝飾品，ブランド品のような専門性の高い商品の場合は，小規模で老舗のような単品卸売業の活躍分野でもある。

② 地域卸売

　全国卸売業よりは取引範囲が狭いが，関東や関西，中部や東海，九州や北海道のように，地域的卸売業を展開する業者である。立地的に言えば，産地卸売や消費地卸売もあれば，集散地卸売もある。取扱商品は総合的な大規模企業もあれば，中小規模の場合もある。地域卸売業はある都市に立地して，その周辺ないしより広域に業務活動を行う企業である。産地や集散地の場合は１次卸売が多く，消費地の場合は２次・３次卸売が多い。

③ 地方卸売

　より小さい都市に立地し，地元あるいは近所・周辺地域に事業活動を展開する業者は地方卸売である。産地の場合，一般に直接に中小生産者から集荷して集散地や消費地に運び，これを再販売する１次卸売業の場合が多い。消費地の場合は仕入れた商品をそれぞれの小売業に再販売する２次・３次卸売業が多い。取扱商品は企業の規模によっては総合卸売業もあれば，専門卸売業もある。もちろん，商品の性質によれば，単品卸売業も存在する。さらに，地産地消という経営哲学で地元の物産しか取り扱わない業者もある。

（5）機能による分類

　卸売業は後述のような多くの機能があるが，卸売業のすべての機能を担って事業活動を行うには限らない。このために，卸売業は全機能と限定機能に分けて見ることができる。

① 全機能卸売

　企業の成長と事業活動の拡大により，できるだけ卸売業のすべての機能を担うように拡張し巨大化するのは全機能卸売業である。所有権移転にかかわる商取引に止まらず，取引後の商品の一時保管や配送など物流機能も果たし，さらに，情報流通の機能も担う。全機能卸売は大規模で全国範囲ないし世界範囲で事業を展開するのが多く，一般には豊富な資金力に数多くの有能な人材を有する総合卸売である。また，生産地や消費地など立地にかかわらず，集散地においても自社の支店や支社が活躍している。後述の商社はその典型例と言っても

過言ではない。

しかし一方，地域限定卸売の中でも，特定の地域や特定の取引先を限定して卸売の全機能を果たす場合もある。さらに，中小卸売業の場合も，中小小売業を相手に銀行や物流業など他の企業と協力して卸売の全機能をもってフルサービスで自社の生き残りを確保することができる。

② 限定機能卸売

自社の経営資源に合わせて，卸売機能の一部，特に商取引だけを業務とする卸売業である。業務活動の範囲は全国的も地域的もあり得るが，取扱商品の一時保管や配送などの業務は行わない。特定の機能に集中するため，業務活動の効率や事業のコストパフォーマンス（収益とコストの対比）を高めるには有効的である。例えば，現金持ち帰り（キャッシュ・アンド・キャリー）販売方式に絞った安売り卸売業，事業の仲介やつなぎだけを事業とする仲立ち業者，また，国際貿易によく見られる代理商や通関業者などがある。また，国内では，ブローカーと呼ばれるような商品の委託販売を引き受け，再販売された商品代金の一部をコミッション（手数料）として受け取って事業とする中小零細な卸売業も存在する。

さらには，その他に，次のような業者も卸売業として見做される。

（6）製造卸売

製造卸売はモノを製造すると同時に販売も行う業者である。商業内部の卸売・小売業のような分業がなされていないような形態とも言われるが，商品販売の付加価値を高めるために，自社企画商品（プライドブランド＝PB）を開発・発売することが多い。これに対して，メーカーでも売行きの良い商品や生産規模の大きい商品を自社の販売部門を設立して卸売機能を担うケースもある（第5章第2節を参照）。

もちろん，いずれの形態でも製造によって追加された付加価値と販売によって追加された付加価値の両方とも獲得することができる。このために，市場のニーズに合致するとともに消費者に対しては，商品の浸透にかかわる販売促進

活動も必要とする。さらには，ハイリスク・ハイリターンと言われるように，商品の売れ行き，商品開発の失敗による在庫やブランド所有者への返品対する対応能力なども必要とされる。

4）卸売業の集積

　卸売業は社会的流通構造において，生産者と消費者の中間に位置し，流通経路の川中にある。しかし，昔から流通構造においては川上のメーカーと川下の小売業が手を組んでいれば，特に中小規模の問屋が中抜きにされる危機感があった。このために，昔から多くの中小規模の問屋が一か所に集中して互いに助け合うような対策もあった。同業者が競い合いながら集団のように固めれば中抜きの危機感は解消できるという背景で卸売業の集積が形成された。卸売業の集積には主に問屋街と卸売団地がある。

（1）問屋街

　問屋街は，同業種の問屋が自発的に集中して自然に形成された街とその周辺地域を指す。その背景には，歴史的に人々が集まる町では，城下町を築城する時に，鉄砲，吹き矢，刀鍛冶などの同業者を集めて一カ所に住まわせる伝統もあれば，戦後の闇市時代での同業者の助け合いというものもある。

　同業種の卸売業者が問屋街に集まると，取引の効率化，取引の安定性，リスク分散，物流コストの削減などが可能になる。問屋街に行けば繊維製品や小物，おもちゃや人形など，それぞれの専門分野に関するすべての情報，材料から製品までの入手ができる。特に中小規模の小売業にとってはワンストップで目当ての仕入れがほとんどできるメリットがある。また，業界ごとの問屋街は昔からの単品問屋が今日まで生き残られる大きな支えにもなっている。

　江戸時代では，大阪は天下の台所として全国から大量の物資が集まる流通の集散地であり，卸売がその中心的な役割を果たしていた。今でも有名な船場地域に問屋街が物資の集散機能を担っている。船場は船が着いて各地へ物資を分配する集積地であるため，地名の由来にもなっているが，今日では，大阪には，

船場以外にはまだ梅田，谷町，松屋町などの問屋街が存在している。一方，東京にも日本橋横山町や馬喰町，浅草橋や神田岩本町などの問屋街が中小企業を主な相手に取引を続けている。

前述の問屋無用論が半世紀以上も叫ばれてきたが，現実では，問屋の存在は未だに商業において大きな役割を果たしている。また，問屋街の存在も中小零細な問屋の今後の存続の土台にもなっている。

（2）卸売団地

自然に形成してきた問屋街とは対照的に，卸売団地は高度経済成長以降，中小卸売業経営の近代化，地域流通機構の機能の高度化，地域内物流の改善を図るために，日本政府が主導して促進する事業の一環として人工的に整備された卸売業の集積である。また，問屋街は，一般に東京，大阪，京都，名古屋のような歴史的な大都市あるいは近代的な大都会に立地しているのに対して，卸売団地は基本的に地方都市の流通機構整備として形成されたものである。

昭和38（1963）年に，当時の通商産業省が主導する卸売団地制度（中小企業卸売業店舗集団化助成制度）の発足はその始まりであった。これは，それまで市街地に分散している中小規模の卸売業を地域ごとに集団化移転させ，20社以上で共同組合を設立して，中小企業振興事業団の店舗などの集団化事業に基づいた助成を受けて新規造成した場所に入居させる官制問屋街のようなものである。これは，当時の国が主導した住宅団地開発事業の中小企業版でもあり，こうした集積は卸売団地と呼ばれる。

最初の卸売団地は群馬県高崎市の高崎卸商社街協同組合であった。その後，全国に推進されていた。最盛期には，全国で160か所に拡大し，8,000を超える中小卸売業が入居していた。現在では，商業・流通の構造的な激変の中で，数量的には大きく減ったものの，地域の中小卸売業の事業遂行および生き残り対策としては未だに機能している。

5）卸売市場

　卸売市場は卸売市場法の規定に基づき，農林水産大臣（農林水産省）が認可し監督する市場である。重要な都市及びその周辺の地域における野菜や果物，鮮魚，食肉，かきなどの生鮮食料品などの円滑な流通を確保するための生鮮食料品などを卸販売する中核的拠点となるとともに，当該地域外の広域にわたる生鮮食料品などの流通改善にも役立つものとして，地方公共団体などが農林水産大臣の認可を受けて開設される卸売市場である（卸売市場法第2条）。開設者となれるのは都道府県で，人口20万人以上の市，またはこれらが加入する一部事務組合もしくは広域連合である（卸売市場法第2条第3項）。

　卸売市場には中央卸売市場と地方卸売市場がある。地方卸売市場は，地方すなわち都道府県知事（都道府県）が認可して監督するものである。

（1）中央卸売市場

　中央卸売市場は法律により，原則としては人口20万人以上の都市において，都道府県などの地方公共団体（自治体）が開設して管理・監督するため，公設市場ではあるが，場内の取引は公正な取引を維持するために，複数の株式会社である民間企業の卸売業によって行われる。市場の構造と具体的な運営方法は図4－4に示されている。取引の種類は品物の特性により，大勢の買い手を前にして公開で価格を決める「セリ」取引（一部の商品は「入札」）と，卸売業者と買い手の協議によって価格を決める「相対（あいたい）取引」の2種類ある。取引を行う卸売業者は農林水産大臣の認可が必要で，場内取引に参加できる仲卸業者，小売業者などの売買参加者はすべて市場開設者である地方公共団体の認可が必要とする。

　一方，地方卸売市場の卸売業者も参加者として来場し，セリで購入した商品を地方卸売市場に運びそこで再販売するか，あるいは地方の小売業者に転売することもある。近年では，チェーン展開の大手小売業者などがかなりの量の大口で商品を購入するため，入札や相対取引の方式でのセリの前に商品を購入するという「場外取引」形態が増えてきている。

===== 二重線内は卸売市場

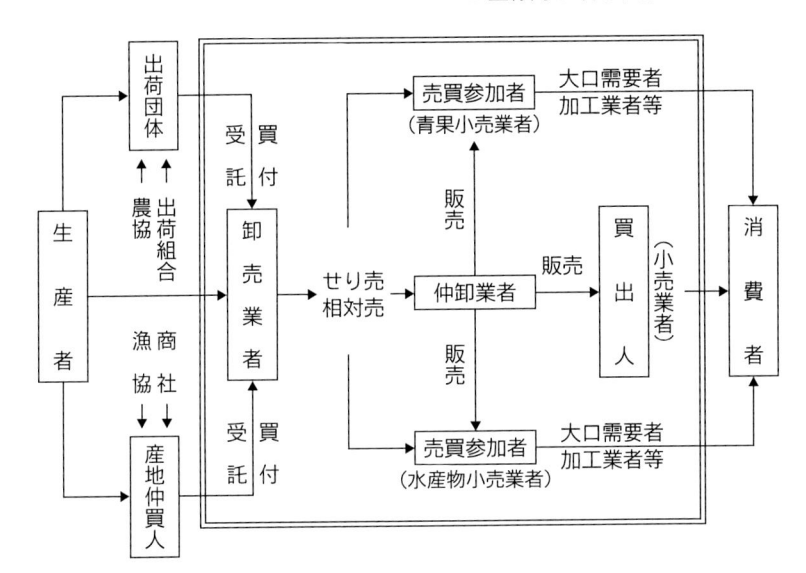

図4-4 中央卸売市場概念図

2013年末現在，全国44都市に72カ所の中央卸売市場がある。中央卸売市場は仲卸あるいは認可を受けた小売業を相手に大口の取引を行うため，消費者である一般顧客への小売販売行為が厳しく規制される。このために，東京都の中央卸売市場築地市場では，卸売市場に隣接する場外市場において観光スポットも兼ねて，一般顧客に対して小売販売が行われている。

(2) 地方卸売市場

地方卸売市場は都道府県知事の許可制で開設され，取引は地域限定の小規模卸売市場である。開設の規定とは，中央卸売市場以外の卸売市場として，売場面積は一定以上（青果市場は330 m^2，水産市場は200 m^2。また，産地市場は330 m^{2}など）である。市場形態とは，中央卸売市場と同様な公設市場ではあるが，地方の中小都市の自治体が開設する市場，それに，地方自治体と民間企業やその他の営利・非営利団体が共同出資して経営や管理などを協力して運営する第三

セクターが開設した市場，または地元の農協・漁協などの公的団体が開設した市場，さらに民間の株式会社である卸売業者が都道府県知事の認可を受けて完全に民営で開設・運営する市場など様々がある。

平成16年卸売市場法の改正で地方卸売市場の開設・運営が大幅に規制緩和され，民間企業の参入は急速に拡大してきた。2013年末，全国に1,169ヵ所ある地方卸売市場のうち，公設市場はわずか13％の153ヵ所にとどまり，そのほかのすべてはその他の形態で運営・管理される。

卸売市場の機能としては，中央卸売市場も地方卸売市場も同様で，①集荷・分荷機能，②価格形成機能，③代金決済機能，④情報受発信機能，という4つに規定されている。

6）現代卸売業の機能

卸売業は，流通構造あるいは消費市場においてメーカーと小売業の間に位置し，歴史的に日本の商業・流通の中心的な存在でありつつも，前述の「問屋無用論」も含めて，しばしば社会的にその存在さえ脅かされる。しかし，戦後の商業・流通産業の近代化を見ても，また，第3章第2節で紹介した取引総数最小の原理や集中的貯蔵の原理などの理論仮説などの視点から見ても，卸売業は苦しくでも生き残っていくことには間違いないであろう。

要するに，卸売は少なくとも次のような6大機能を有する。それは，①交換機能（市場での商品取引・交換を仲介する），②集散機能（生産地での商品を集荷して消費地での商品を分散する），③物流機能（商品を生産地から消費地まで移動させる），④貯蔵機能（小売業の代わりに商品を一時在庫・保管する），⑤決済機能（メーカーと小売業の間に商品代金を一時立て替える），⑥補助機能（流通加工や商品の保険など），があげられる。

しかし，経済の長期低迷の中で，流通構造の再編，流通経路の短縮化，さらにインターネットの登場と普及や情報化社会のますます進展によって卸売業全体にとっては，問屋無用論よりも大きなダメージを与えられている。さらに，ネットビジネスの拡大により流通経路の中抜きはますます進み，従来の卸売の

存在価値が問われている。

　このために，今後，卸売は生き残りを掛けて，品揃えの強化や物流機能の強化，そして，特に中小小売業に対してあらゆるサポート機能の強化が必要とされる。具体的に言うと，以下のような戦略的転換である。それは，① 小売業の多様なニーズに対応して，取扱商品のより一層の拡大や取扱商品の品揃え強化である。② 商品の在庫や一時貯蔵も含め，物流機能の強化とともに，多品種少量取引の拡大，高頻度少量の取り扱いなど柔軟な対応などが卸売業離れの有力な対策と考えられる。③ 特に中小小売業を念頭に多様な小売サポート機能の強化は，小売業にとっても生き残りの重要な方策であるため，卸売業自身の存在価値も高まることになる。

　特に，補助機能としての小売サポートについては，卸売自身の集荷・分荷機能とは別に小売業に対するサポートであり，小売業に品揃えの拡大や，新たな経営手法の導入，消費者への新付加価値のアピールなどのコンサルティングを通じて自らの新事業になれるのではないかという大きな意義がある。

　近年では，卸売全般の現状をみれば，これまでの小売業事業へのサポートなど従来の卸売機能を果たしながらも，消費者のニーズやウォンツを含めて小売業などの川下の情報やノウハウを吸収して，新たな卸売機能を作り出そうとしている動きが見られている。また，総合商社が小売やコンビニに対し，単なる小売事業への応援やサポートではなく，資本参加して経営まで携わることも珍しくはない。

7）卸売業のマーケティング

　現代マーケティングでは，一般に，中堅企業以上のメーカーの立場に立ってみれば，モノを製造・加工する前に，まずは，消費者の需要や市場のトレンド，市場の潜在規模や将来性，そして，製造・加工に必要な原材料の調達や生産設備の確保などを含めたあらゆる側面におけるリサーチを通じて市場全体を調査する。そして，これらのリサーチで集めたそれぞれの情報を整理・分析・加工して，マーケティング戦略の企画立案に役立つようなデータベースを形成し，

メーカーのためのマーケティングができあがる。

　卸売業の場合は，メーカーのマーケティングとは異なることがある。卸売業はメーカーのように実際に商品の生産には携わらず，小売業のように消費者に対する商品を個別単位での販売もしていない。卸売業は小売業の代わりに求められる商品をメーカーから取り揃えるとともに，これらの商品の販売に係わる総合的なサポートサービスを提供するだけである。一言で言うと，卸売業の位置づけによるメーカーと小売業のつなぎ的な必要性が存続の根拠になる。

　したがって，卸売業のマーケティングは前述にもあった卸売の機能を発揮できるような企画立案が必要とされる。卸売業は前述の分類を見て分かるように取引の商圏では，全国卸売，地域卸売，地方卸売があり，機能的では，総合卸売（商社も含む），専門卸売がある。ここでは，主としてそれぞれの卸売業に共通しているマーケティングのポイントについて紹介する。

　卸売業のマーケティングには，構成要素のミックスと言えば，以下の5つの側面において戦略的に企画立案して実行統制することが必要とされる。それらは，品揃えの強化，PB商品の企画，物流・配送サービス，プル型販売促進，小売業の業務サポートである。

（1）品揃えの強化

　卸売業の最も重要な使命は小売業（場合によっては消費者）の代わりにメーカーからあるいは海外からあらゆる商品を取り揃えることである。総合卸売業の場合は，商品品種の幅広さが最も大事であり，顧客である小売業にとっては「なんでも屋」的な存在である。専門卸売業では，特に品目の奥行き，つまり個々の商品の種類のバラエティに工夫する必要がある。このために，品揃えの強化は，卸売業のマーケティングの第一の要素である。

　取扱商品のカタログの充実はもとより，商品に関する説明や使途などについても消費者にも分かり易くデザインする必要がある。品揃えの豊富さだけではなく，小売業に対して，仕入先や商品価格については同業他社より魅力を感じさせなければならない。小売業は店頭において安定かつ持続的な商品販売は事

業展開の生命線とも言われるが，卸売業にとっても，商品のカタログに掲載される商品の安定かつ持続的な提供が不可欠である。

（2）PB商品の企画

　品揃えは基本的にメーカーの既製商品の中から取り揃えることに過ぎず，市場の消費傾向や小売業の特別な要望には必ずしも応えることができない。特に専門卸売業の場合は，特殊の商品について専門的な小売店舗と取引をしており消費者の特殊な需要もしばしば反映される。こうしたような特殊なニーズを満たせるのは卸売業のPB商品の役割である。

　現在では，日本の大手スーパーマーケットやコンビニエンスストアチェーンも各自のPB商品を企画して販売しているが，卸売業にとっては小売業のPB商品開発は決して自社の事業にもよいことには限らない。小売業のPB商品のヒットにより卸売業が中抜きされるリスクが高くなるからである。したがって，卸売業は特に中小小売業を相手に自らのPB商品の開発・販売はマーケティング戦略にとっては存亡に関わる重要なことでもあれば，卸売業のPB商品開発は差別化戦略にもつながることになる。卸売業のPB商品開発の代表的事例と言えば，家具・インテリア輸入して卸売を行う東京巣鴨のミヤコ商事，また，国際的に展開しているお菓子卸売業である大阪の（株）エネエス・インターナショナルなどが挙げられる。

（3）物流・配送サービス

　卸売業は小売業の代わりに商品の品揃えを行うことには止まることはない。第3章の「集中貯蔵原理」にもあるように，卸売業存立根拠の1つは小売業の代わりに商品の在庫を持つことである。特に，中小企業が圧倒的に占める小売業にとっては，卸売業の重要な機能はやはり小売業への商品の迅速な配送である。なお，今日では，小売業各店舗は多品種少量の品揃えで営業するため，卸売業も多頻度小口での配送が求められている。

　ある程度の規模があれば，卸売業は自社の物流センターや配送専用車両を保

有することができるが，中小規模の卸売業の場合は，自社の輸送力よりも運送会社や宅配便などの活用が経営効果を高める重要な一環でもある。商品取引が終わり，卸売業からの物流サービスがあるこそ小売業店舗が卸売業を経由して仕入れる大きなメリットだと考えられる。

（4）プル型販売促進

　小売業に対する販売促進活動は卸売業のマーケティングに欠かせない重要な要素である。販売促進というマーケティング手法はメーカーにも小売業にも取り入れているものである。ところが，販売促進の手法と言えば，プッシュ型とプル型がある。小売業に対する従来型の卸売業の販売促進は基本的にプッシュ型の従業員の小売店舗訪問による販売支援である。

　プル型の販売促進と言えば，元々小売業の消費者参加あるいは顧客参加型の形態である。主に展示会や展覧会，各種のセミナー，ショールームの演出などが考えられる。例えば，自社主宰の展示会に複数メーカーを要請して，そこに自社の顧客である小売業が参加してメーカーとの情報交換を行うことができる。または，小売業者に自社主宰のセミナーに参加してもらい，経済情勢や消費動向，自社のPB商品の販売につながるような小売業啓発活動もできる。そして，自社のショールームに小売業の仕入れ担当者を招いて，特に自社のPB商品に関連して販売から用途までの実演を行うことも可能である。

（5）小売業事業サポート

　特に，中小規模の小売業または地方都市や商店街に入居している零細小売業にとっては，家業的あるいは生業的な商売であるため，近代的な店舗のレイアウトから具体的な商品陳列までの専門知識がなく，成り行き的な経営で営んでいる。こう言った小売店舗を相手にして商品を販売するにはきめ細かな事業支援が必要不可欠である。

　メーカーの新商品情報の伝達や売行き商品の情報交換，商品の品揃えや商品の入れ替え，店舗内のレイアウトや消費者入店後の動線設計，商品棚の配置や

特定商品の販売促進，等々，すべて卸売業の持っている情報やノウハウが活躍できるところである。また，前述の卸売業の自社 PB 商品の販売促進にも細やかな業務支援が必要となる。こうした小売業に対する事業支援こそが卸売業今後も生き残って行ける重要な方策と考えられる。

3　小売業（Retailer）

　流通の終着点である川下に位置するのは小売業者である。小売（retail）とは，生産者またはメーカー，問屋または卸売業者から大口取引と言われるように，ロットやパレット，またはカートンなどのある程度のまとまった商品を仕入れて，仕入れた商品を「小分け」にして最終消費者に1個や数個単位の小口で販売することである。小売業者は世界的に見ても企業数の最も多い商業企業である。今日では，大規模でチェーン展開の企業経営と個人や家族（自営業または個人事業主）で生業的な経営の二極分化が見られている。

1）原始的行商と日本小売業のルーツ

　日本における小売業が発生するルーツが分かれば今日の小売業のあり方についても理解しやすくなる。もちろん，小売業は世界各国にも行商から始まったとは言われるが，日本の行商には，独自の特徴がある。

(1) 行　商

　行商とは，商品を携えて各地を売り歩く商いであり，それを業とする人々は行商人と言う。日本の場合は，近距離間を往来する小規模な呼売り（大声で商品の名を言いながら売り歩く），振売り（荷物を提げまたは担って，声を上げながら売り歩く）も居れば，近江商人，伊勢商人，富山の薬売，越後の毒消し売（夏季の食中毒や暑気中りなどの薬を売る）のような全国的に足跡を残した大規模なものもあった。

　前述もあったように，行商の出現は，ヨーロッパにも中国にも紀元前1600

年頃からであった（第3章冒頭を参照）。日本の記録では，6世紀に行商と市商を区別する事実がみられ，店商は12世紀からである。行商には基本的に2つの形態がある。1つは直接に消費者のもとへ行き商品を販売するもの，もう1つは各地に開催した市を回るもの（市商）である。

　江戸時代には都市の発達に伴い都市の消費需要を満たすため商職人が発達し，行商が盛んとなった。行商は天秤棒を担いだ業態では棒手売・背負商人などの呼称で呼ばれ，扱われる商品は魚介類（シジミやアサリのような貝も）から豆腐・飴といった食品のほか医薬品など生活物資，朝顔や金魚・風鈴といった生活に潤いを与える物品もあれば，大きな箪笥などの家具を扱う業態も存在し，果ては水を行商する者もいた。その様子は浮世絵などに描かれて，江戸時代の風物詩として今日に伝わっている。

（2）店舗型商業と無店舗型商業

　小売業は取引の外形から見ると，基本的に店舗型の有店舗販売と無店舗型の無店舗販売の2種類がある。有店舗販売小売業は昔の日本では，前述「店商」と呼ばれる。今日になると，後述の百貨店からコンビニエンスストアまで多種多様があるので，詳細については後述に譲る。一方，無店舗型小売業の形態も少なくはない。一般には，行商の名残とも言える訪問販売，通信販売と自動販売の3種類がある。

① 訪問販売（door-to-door sales）

　訪問販売とは，小売業者の販売員が無差別に消費者やユーザーの住居や職場などに訪れて，商品の見本あるいは商品カタログを持参して商品を販売し，後日購入者の指定した場所に商品を送付することである。日本では，富山の置き薬がその代表的な事例とされる。第二次世界大戦後，所得向上による購買力の向上から，顧客と直接に顔を見合って販売する方法として注目され，自動車から，化粧品や各種薬品，書籍，保険や証券などの訪問販売が普及されてきた。その他に，百貨店などが良く見られるような小売店舗の売場ではなく，購入者の自宅か，または指定した場所に出向いて，その場で商品の注文を受けて販売

する「外商」という形もある。訪問販売は，悪徳商法に連想されやすいが，消費者の利益を守るために，訪問販売法（1976年第77回国会にて成立）やクーリングオフ制度がある。

② 通信販売（mail order business）

通信販売は，19世紀後半のアメリカに誕生したもので，地方都市や農村地域向けの販売方法である。日本では，1876（明治9）年に，アメリカ産のトウモロコシの販売（西洋農学先駆者である津田仙が創刊した『農学雑誌』において）から始まったとされる。以前では，小売業者が新聞や雑誌に広告と注文用紙を掲載して，購買者が記入した注文用紙を小売業者に郵送すると同時に商品代金と商品の送料を振り込む。小売業者が購買者の振り込みを確認して，購買者自宅や指定された場所に郵便物として購入した商品を配送する。その後，ラジオやテレビの出現と家庭用電話機の普及によって通信販売はさらにレベルアップしてきた。現在では，郵便物に限らず，宅配便など利用して商品を配送することになっている。また，販売方法はラジオやテレビショッピングはもとより，インターネットを活用した無店舗販売は百貨店からコンビニエンスストアまでも活用している（第7章第3節を参照）。

③ 自動販売（automatic vending）

自動販売は，古くから紀元前215年頃，古代エジプトの神殿に置かれた聖水（いけにえの水）の自販装置が最古のものだとされている。日本では，1888年の煙草の自動販売機が最初である。現在のように，ボタンの選択によって複数の商品が取り出せる自動販売機は，1925年にアメリカで開発されたものである。日本では，1960年代以降から自動販売機の普及はあらゆる業界で進み，様々な自動販売機による商品販売が現れてきた。（社）日本自動販売機工業会のデータによると，2013年末，全国自動販売機は500万台を超え，年間売上は5.2兆円にも上っている。自動販売機による商品販売は実に多種多様である。都市部で日常的に最も見られるのが飲料やタバコ，切符や食券などであるが，地方都市や農村部に行くと，さらに多彩な自動販売機が見られる。米や精米，取れたての野菜や生みたての卵，さらに温泉水やミネラルウォーターも自動販売機

で販売されている。

2）現代小売業の構造

小売業は外形から見ては上記の有店舗と無店舗に分けてみることができるが，有店舗小売業の経営構造や組織形態，商業の集積そして業種や業態によっては様々な分類もある。

（1）経営構造と組織形態

今日の小売業経営は多種多様があるが，経営構造や組織形態から見れば，基本的に独立型の伝統小売店と組織型のチェーン展開する小売業がある。

① 独立型小売業（伝統小売店舗）

有店舗型の小売業にはまず商店や店舗がある。日本語では，一般に「店（みせ）」と言う。店とは，7世紀〜8世紀の律令伝来とともに中国から入ってきた言葉である。日本での店の由来は，鎌倉時代の「見世棚」とされ，それは商品が高い台に載せて顧客に見せることだそうである。

もちろん，昔から店の商売はそれぞれの個人が独立していて，家族や親せきぐるみで経営を営んできたものである。今日では，このような商売は伝統的な小売業あるいは独立店と言われ，その中の1〜4人までの小売店は零細店舗とも呼ばれている。ところが，戦後以降から経済高度成長期に急速に増えきたこうした零細な「パパ・ママ店」（今は経営者の年齢で「ジジ・ババ店」とも呼ばれる）が1982年には，144万軒超にも達し，当時小売店舗数史上最高記録の172万店強の83.7％も占めていた（これは俗に「だめだったら商売でもやろう」という言い伝えの裏付けにもなる）。バブル経済崩壊後，経済の長期低迷を背景に商業者・流通業者も経営不振に苦しまれ，また，後述の後継者難など（第6章第2節を参照）に直面していた中小零細企業と同様に，個人経営の独立型小売店も減りつつある。にもかかわらず，2012年の小売業店舗数103万店強のうち，52万店を占め，依然として50％を超える占拠率（シェア）もある。

今日では，日本の商業・流通業の主役であるチェーンオペレーション方式で

日本全国ないしグローバル的に展開するスーパーマーケットやコンビニエンスストアなど大型小売業の強力的な進撃にもかかわらず，長い歴史の伝統が引き継がれる独立小売店舗は今後とも日本の商業・流通業界において活躍することが期待される。

② 組織型小売業（チェーンオペレーション）

チェーンオペレーション（chain operation＝連鎖的店舗経営）とは，多店舗（日本では11店舗以上）で事業展開する企業（卸売業もある）が，出店や撤退，商品企画や市場投入，仕入れや販売管理，商品の宣伝や販売促進，そして人事採用などまでにすべて本部で集中的あるいは関東や関西などの地域本部による管理システムで効率的に国内または国外に展開する多店舗を総合管理する経営手法である。

「経営集中」と「売場分散」の方針に基づいて展開されるチェーンオペレーションは，商品販売と付随するサービスの提供について，単一の本部（巨大企業グループの場合は地域本部あるいは分社の形での地域分散の形態もある）のもとに多店舗化を図り，仕入と販売の分業を通じて規模の経済性を追及しようとする。その組織形態は，単一の企業資本によって展開されるチェーンストアのようなレギュラー・チェーン，本部と加盟店が締結した契約に基づく協力関係を基盤としてのフランチャイズ・チェーン，そして複数の独立企業による事業協力や協業である各種ボランタリー・チェーンの3種類がある。

(1) レギュラー・チェーン（regular chain）

本部が各地の出店に必要とする資金の全額を単一資本で投じて直営店だけで構成されるチェーン展開の店舗は，レギュラー・チェーンと呼ばれるが，正式名称はチェーンストア（chain store）であり，アメリカではコーポレート・チェーン（corporation chain）という。これは本部企業が完全に自己資金を調達して店舗を建設し，従業員を雇用して自社の社員が営業する経営手法である。単一法人格で本部も店舗も同一資本の同一会社であり，社員やパートなど従業員はすべて自社の従業員で，売上や経費もすべて自社が管理する経営形態である。各店舗の責任者は本部が任命するか，または本部より派遣される。

チェーンストアの経営については，仕入管理，在庫管理，販売管理などはすべて本部が一括して行い，広告などの販売促進も本部によって行われる。本部の集中的な一括管理によって，仕入原価の低減や在庫コストの削減ができ，広告などの販売促進経費の節約もできる。また，まとまった数量での仕入れは仕入先の卸売業ないしメーカーに対して取引交渉上の発言権であるバイイングパワー（buying power）が強くなり，より有利な商業活動ができるというメリットがある。もちろん，組織が大きくなればなるほど社内制度の硬直化や部門間の縄張りなどのデメリットが注目される。このために，一定の地域を決めて地域本部の導入や分社化などの方策を取入れるのが一般的である。代表的事例と言えば，大手百貨店チェーン，大手スーパーマーケットチェーンなどがある。

(2) フランチャイズ・チェーン（franchise chain）

フランチャイズとは英語の franchise（特許・許可）という単語がそのまま日本語として使用されるカタカナ語である。差別化する製品やサービスをもって市場開拓しようとするフランチャイザー（本部）がフランチャイジー（加盟店＝資本的に独立するそれぞれのオーナー）に対して，フランチャイズパッケージ（franchise package）（図4-5）と呼ばれる自社の商標やサービスマーク，販売

フランチャイズパッケージの仕組み		
パッケージ		
システム		
ノウハウ		
フランチャイザーの商標，チェーンの名称，フランチャイザーの事業を示す標章（ロゴマーク）	フランチャイザーが開発した生産，加工，販売，その他，経営上の技術（ノウハウ）	フランチャイザーのイメージを維持し，高めるために，フランチャイザーが行う指導，援助

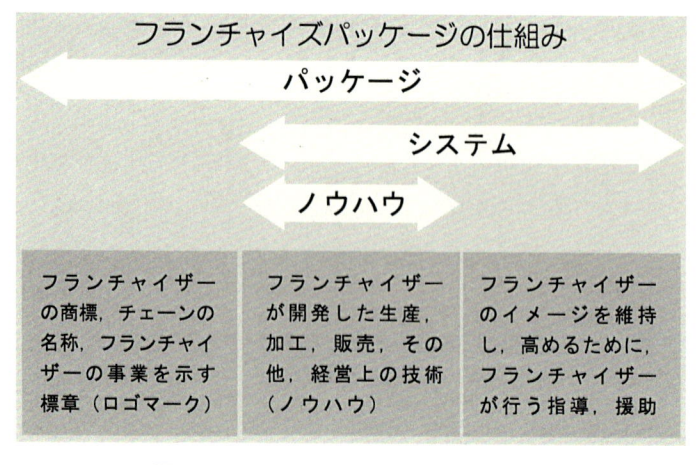

図4-5　フランチャイズパッケージの内訳

方法などの販売権を契約に基づいて与え，その見返りに一定のロイヤルティ（royalty＝フランチャイズ使用料。元々は印税，使用料，特許権使用料などの意味）を求める経営管理の手法である。日本では，後述のコンビニエンスストアチェーンにはよく見られる形態ではあるが，プロ野球やサッカーチームの本拠地や興行権といった意味でも使われる。フランチャイズのビジネスモデルはアメリカで開発され，日本にも普及した形態である。一般的には次の内容がある。

①フランチャイザーの商標，サービスマーク，チェーン名称を使用する権利，②フランチャイザーが開発した商品やサービス，情報など，経営上のノウハウを利用する権利，③フランチャイザーがフランチャイジー（加盟店）に継続的に行なう指導や援助を受ける権利である。

なお，フランチャイズビジネスモデルは小売業に限らず，その他に，医薬品，書籍，飲食店やサービス業にも広く導入されている。メリットと言えば，本部にとっては初期投資負担の軽減ができ，経営管理経費も低減できる。また，加盟店が本部の指導でチェーン全体の売上拡大が可能である。一方で，加盟店にとっては，仕入先がなく経営のノウハウがなくても，すぐに本部のフランチャイズパッケージを利用して事業の展開ができ，一定のロヤイリティの支払いに対して，経営に関する継続的な情報の提供や各種の経営指導，商品の開発など一連の経営支援が得られることは何よりも大きなメリットである。

デメリットとしては主に加盟店にあると考えられる。まずは，経営に関する自由度が少なく，地元や店舗周辺の顧客のニーズに応えようとしても本部の決定に従うのが優先である。また，ある程度の経験が積んで独立開業しようとすると，これまでの店舗ブランドは使用できないなどの指摘がある。

(3) ボランタリー・チェーン（voluntarily chain）

ボランタリー・チェーンは，アメリカにおけるチェーンストアの急成長に対抗するために生まれた小売業主宰あるいは卸売業主宰する中小小売業の協業組織である。「任意連鎖店」や「自由連鎖店」とも呼ばれることがある。各地に散在する中小小売店が主に商品の共同仕入を目的として，結成した協同組織はボランタリー・チェーンである。

加盟した小売店が，まとまって大量の商品を仕入れることができ，個々の小売店では不可能であったメーカーとの直接取引や，仕入先との価格交渉が可能となる。各小売店の独自性が尊重され（それぞれが独自の屋号・商号や自店の看板などで営業できる），組織は小売店の各自の意思決定の下に運営されるため，加盟店にとっては自由度が高く，都合のよい協同組織でもある。

　主に地域密着型の小売業だけで組織されるのはコーペラティブ・チェーン（cooperative chain）というが，日本では小売商主宰ボランタリー・チェーンと呼んでいる。このタイプのチェーンは食品スーパー（ミニスーパー），眼鏡店，文房具店，寝具店など多岐にわたって存在する。一方で，卸売業者が主宰し小売業などが参加するボランタリー・チェーンもある。このタイプのチェーンは卸売業が中心となって，各々が独立性を保ちながらチェーンストアと同じような規模の経済性など，大規模化に伴う経営上のメリットを追求することを狙いとする。特に，共同での仕入れや販売，商品の共同保管や配送，共同の販売促進なども可能となる。

　ボランタリー・チェーンのデメリットと言えば，あまりも自由度が強調され

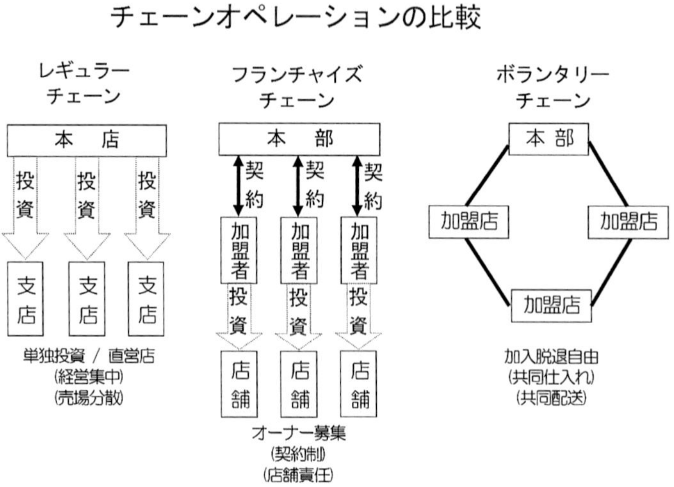

チェーンオペレーションの比較

レギュラーチェーン
本店 → 投資 → 支店
単独投資／直営店
（経営集中）
（売場分散）

フランチャイズチェーン
本部 ⇔ 契約 ⇔ 加盟者 → 投資 → 店舗
オーナー募集
（契約制）
（店舗責任）

ボランタリーチェーン
本部―加盟店―加盟店―加盟店
加入脱退自由
（共同仕入れ）
（共同配送）

図4－6　チェーンシステムの異同点

たゆえに，一体化して連携的あるいは統一的な経営活動が推進されにくい。市場の変化に対して迅速な対応もでき難く，標準化や経営的合理化も図りにくいというのである。

　この3種類のチェーンシステムの異同点は図4−6でまとめてみることができる。その他に，資本的に独立する事業者が本部との契約で，本部の供給する商品を独占的に販売する代理店（agency）の形態もある種のチェーンと言えるが，後述の日本的な流通系列と思われるのが一般的である（第5章第2節を参照）。具体的には，一定地域をテリトリーとして定め，その範囲で独占的に販売する権利を与えられる。本部と同一のマーク，同じ企業イメージで営業を行なうものもあるが，本部から店舗運営や販売についての指示は少なく，継続的な指導もほとんどない場合が多く，業種も様々である。

（2）小売業の集積形態

　組織化は個々の卸売業や小売業が規模の経済，経営効率化などにおいては可能になるための協力的・協業的な経営手法である。一方，集客力の視点からでは，前述の卸売の集積である問屋街のように，小売業の場合は商店街をはじめ，ショッピングセンターやモール，近年では，アウトレットモールなどが多く見られるようになっている。

　① 自然形成型小売業集積——商店街

　商店街とは，商店が集まっている地区を言い，または，地域の商店主の集まりを指す場合もある。商店が街路状に集積している一帯というのが一般的な形態である。「商業統計調査表」の定義では，20店舗以上連続して集積している一帯を商店街とし，一般的には専門店を中心に構成される。

　商店街は，歴史的には長い時間の経過で自然発生して盛んできたものではあるが，戦後では，都市の再開発を推進され，人工的・計画的な商店街（地下商店街，ファッションビルなど）が多く誕生してきた。類似ものとして寄合百貨店，共同店舗，小売市場などもある。商店街は，アーケード設置，チケット販売，共同催事，共同広告，共同顧客カードの発行，駐車場設置などの共同事業を行

ない，顧客誘引（集客）に実効性があり，地域住民の日常生活の安定と維持には必要性がある。

日本の商店街の起源は，古くから楽市・楽座まで遡ることができる。また，江戸時代に街道沿いに発達した宿場町や寺院などが集まる門前町や，江戸時代までの港，明治時代以降の鉄道駅周辺などがある。寺院の門前町などでは，商品の中身を見せて（展示して）販売する商店街は仲見世（仲見世通り）とも称され，東京浅草寺の仲見世通りが全国的に知られる。

商店街は，自らの取引がおよぶ商圏や消費者が日常的に回れる生活圏に着目すると，以下の3つの類型がある。

1. 近 隣 型：日常生活圏内（東京都下の市や地方の市・町・村）の集客
2. 広 域 型：日常生活圏を越えて（東京区部や県庁所在地・市・郡）の集客
3. 超広域型：さらに広い範囲からの集客
   例：東京の銀座や戸越銀座商店街，秋葉原電気街など（遠方の地方や海外の観光客をも取り込み集客できる）

一方，商店街の立地について見てみると，都心型，駅前型，門前市型，観光地型などの類型がある。もちろん，商業地域の立地変化，マイカーの普及に伴うモータリゼーション（自動車会社）の進行，バイパスや高速道路などの交通網の整備が駅前や港周辺の衰退をもたらし，商業集積の郊外化を加速した。

戦後の経済高度成長や所得の向上と共にモータリゼーションが進展し，消費者の購買行動の変化をもたらした。消費者の生活圏も，「徒歩 → 自転車」へ，「自転車 → 自動車」へと交通手段の変化につれて拡大し，商業者はより広い範囲での競争にさらされることになる。自転車が主な交通手段であった時代までは商店街の時代とも言えるが，自家用車の時代になると，駐車場のない商店街には集客的にかなり不利となる。さらに，消費者の生活スタイル・意識の変化や大型スーパーマーケットが核心店舗とするショッピングセンターの各地の進出も商店街の衰退に拍車をかけた。商店街の存続は日本の商業・流通業界にとどまらず，日本国民の生活に直接に影響を与えることになる。

ところが近年，地域再開発あるいは集客力を持つ店舗の登場で立地環境が変

化し，新たな商店街が形成される場合もある。例えば，東京の渋谷駅の再開発，集客率の高いファッションビル PARCO の建設，青山通り沿いのラフォーレ原宿周辺など新名所として都心の商店街を形成して活況をもたらしている。

② 人工造成型小売業集積

1 ショッピングセンター（モール）

ショッピングセンター（shopping center＝SC）とは，多数の小売業者が1つの場所に集まった人工的な小売業集積である。用地不足の日本では，都市型であれば，1つのビル（東京渋谷のヒカリエや大阪阿倍野のアベノハルカスなど）に集約し，来場（来店）顧客にとっては，ワンストップショッピング（1回の駐車で必要な買い物をすべて済ませる）ができるような買い物環境を提供するために，開発業者（developer）が計画して造成し，管理・運営する商店街のような人工的な小売商業施設である。

ショッピングセンターとショッピングモールとは，名称には厳密な使い分けはない。「ショッピングモール」も「ショッピングセンター」の1つであり，「ショッピングモール」は「モール型ショッピングセンター」とも言われる。違いがあるとしたら，主に買い物の場として提供される SC を緑化して，場内に休憩場所や子供の遊び場，さらには，映画館や遊園施設も併設して，来場の顧客は1日中でも過ごせるものがショッピングモールと呼ばれる。

ショッピングセンターの発生は1922年のアメリカではあるが，本格的に普及したのは，第二次世界大戦後である。戦後のアメリカでは，都市人口のドーナツ化（郊外あるいは周辺都市への人口移動）に伴う自家用車による購買行動の変化に合わせるため，1948年，オハイオ州コロンバスの不動産業 Doncaster が開業したタウン・アンド・カントリー・ショッピングセンターを皮切りに本格的に展開してきたのである。

日本では，大規模小売店舗の進出に対抗するため，小規模店舗が共同して駅ビルや地下街を利用するものが多かったが，次第に，池袋のサンシャインシティのような大規模店を核として，各種専門店や付帯施設を計画的に配置し，総合的サービスを提供する商業施設に変わった。そして，東京や大阪などの大都

会では，公共交通機関のアクセスの便もあって，日本では，都心型ショッピングセンターが多いのが特徴的である。

一方，日本では，バブル経済前後の地価高騰で住宅地の郊外移転を背景に，日用品を近所で買い，買回り品や専門品をも楽しみながら買い物できるような消費者の要望に応えて，大都会の郊外住宅地に隣接するショッピングセンターも増えてきた。

ショッピングセンター（SC）は，立地によっては日本型の都心型とアメリカが主流である郊外型がある。アメリカでは，世界最大な小売業であるウォルマート（Wal-Mart Stores）が代表的であり，日本では，イオングループ（ÆON Co., ltd）が企業の成長戦略の柱の1つとしている。

また，商圏（集客できる地理的範囲）に応じて，主として専門品と買回り品を取扱う大規模なリージョナル（広域）型，買回り品を中心にする大・中規模のコミュニティ（地域）型，食料品や日用品を主体にする小規模のネイバフード（近隣）型の3種がある。

2　リージョナル型ショッピングセンター

広域の商圏から来場可能な消費者を狙う複合的な施設を運営する大型ショッピングセンターであり，略称は「RSC」である。総合スーパー（GMS）や百貨店などを核店舗にした「1核1モール型」や，それらの核店舗に映画館や家電量販店など，集客性の高い大型専門店を加えて副核店舗へ集約し，中間にモールを設置する「2核1モール型」などがある。入居するテナントには，有名専門店，飲食店，サービス店，アミューズメント店など多種にわたり，来場客がその中で1日中にも買い物を楽しめる時間消費型の小売業集積である。

近年では，気候や天気に左右されないように，場内通路が建物内にあるエンクローズドモール（enclosed mall）が主流で，モール（通路）の中央を吹き抜けにして圧迫感を減らし，見通しを良くすることで回遊性を上げるため，透明で天井高いガレリア式（galleria）アーケードを採用した「モール型SC」が増えつつある。因みに，埼玉県越谷市のイオンレイクタウンなどは，リージョナル型SCよりもさらに広範囲を商圏とする超大型というので，「スーパー・リー

ジョナル型ショッピングセンター」と呼ばれる。

③　コミュニティ型ショッピングセンター

　主に地域商圏に絞り，総合スーパー（GMS）やディスカウント・ストアなどに専門店が出店する中規模のショッピングセンターで，略称は「CSC」である。専門店は食料品などの最寄り品店やサービス店などが中心である。日本では，2000年の大店法廃止以前の総合スーパーの多くはこの形態であり，リージョナル型SCの増加とともに新設が少なくなってきている。一方，旧来型のSC店舗に増築を行いリージョナル型SCに格上げする施設も出てきている。

　また，この規模でのリージョナル型SCのように専門店を取り入れた施設は「ライフスタイルセンター」としてアメリカでは富裕層が多い地域に進出して新しいジャンルを形成しているが，日本ではまだ多くはない。さらには，総合スーパー単体店に専門店が入居させるようなGMS型SCが，近年では，リージョナル型SCのようにモール型に転換する施設もある。

④　ネイバーフッド型ショッピングセンター

　近隣地域を商圏とした生活圏の消費者をターゲットとするショッピングセンターであり，施設なども比較的小規模的で，略称は「NSC」である。食品スーパーやホームセンターなどを核店舗にして，わりと実用的な商品を取り扱う専門店に加え，消費者の身近な買回りができる利便性を提供する。

　構造的には，各店舗を結ぶ通路が屋外にあり，オープン型モールが主流である。このタイプのSCでは，平屋の建物の場合はそれぞれの店舗の入口の前に駐車場が備えられ，駐車場から目的の店が近いため歩行距離が短くて済むというメリットがある。複層階建物の場合は，各店舗を結ぶ通路を屋外のペデストリアンデッキ（車道と歩道を分離する形）によって結ぶことで，買回りの利便性を増すことになる。

⑤　アウトレットセンター（モール）

　アウトレットとは，元々水や煙などの排出口を意味するので，メーカーや小売業が処分品を出す場所である。アウトレットセンター（outlet centre）またはアウトレットモール（Outlet mall）とは，1980年代にアメリカで誕生した新

たな小売商業の集積形態である。いわゆるメーカーのブランドが付けている「メーカー品」や，百貨店などで高収入者向けに取扱う通常高価格の「高級ブランド品」を低価格で販売するアウトレット店舗を複数に集め一ヵ所に集合するモール型の低価格販売のショッピングセンターである。

アウトレットで販売されているのは，主として製造業者や小売業者の売れ残り品や旧モデルの在庫品，傷もの，規格外品，サンプル品などである。このために，アウトレット店舗には，製造業者の工場直売店のファクトリー・アウトレットと小売業者が経営するリテール・アウトレットがあるが，いずれも正規の販売経路や小店舗での販売に影響を与えないことが開設の条件とし，消費者のアクセスには不便ではあるがコストの低い立地に開設されるのが一般的である。集客のために，アウトレット店舗を集積した上，「遊歩道」や「並木道」，車両乗り入れ禁止の「歩行者天国」のイメージを取り入れ，周囲の緑化や内部に娯楽やアミューズメント施設の導入によって「モール型」にして買い物の環境を改善する。

アウトレットモールは，顧客にとっては有名ブランド品を破格の値段で購入できるという魅力があるため，1980年代にアメリカで急速に発展して，日本でも，1990年代から本格的に展開してきた。ファッション性の高いアパレルメーカーにとっても，SPA（製造・販売小売業）にとっても，ブランドイメージを損なうことなく余剰商品を処分できるというメリットがある。

3）小売業の業種と業態

小売店舗は独立型でも，組織型でも，個々の店舗の経営や取扱商品には必ず違いがある。その違いを分けてみると，業種と業態の分類がある。

（1）業種（type of industry）

業種とは，小売業の取扱商品の種類による構造的分類ではあるが，川下である小売業の取扱商品は川中の仕入れ先に決められるものであるため，卸売業者による分類とも言える。例えば，八百屋や米屋，弁当屋や総菜屋，酒販店や電

器店，薬局などが業種に該当する。業種は，前述の日本の単品問屋の歴史もあり，日本には古くから存在する小売業のあり方で，日本的な分類とも言われる。しかし近年では，消費者ニーズとのズレや後継者難などもあって，どの業種にも商店数は減少傾向にある。

(2) 業態 (kind of industry)

業種に対して，業態は欧米から入ってきた考え方であり，小売業の販売方法や経営方針など，さらに顧客のセグメントやその来店頻度などに基づいての分け方である。百貨店やスーパーマーケットの場合は，商品の販売方法が違って，コンビニエンスストアでは，長時間または24時間・年中無休で開店する。また，ディスカウント・ストアの販売方はスーパーとは似ているが商品の品揃えや店舗のレイアウトで差別化している。これらは小売業の業態である。

なお，証券コード協議会における業種分類では，一般的な物品を販売する物販小売業のほか，レストランや居酒屋などの飲食店，ファストフードチェーンといった外食産業も，小売の業態として分類される。特にチェーン展開する外食産業の場合，立地戦略など小売業と共通する部分も多いが，本書はサービス業として見做すため，ここでの議論はしない。

次では，業種と業態の分類に基づいて個別小売業を紹介する。

(3) 伝統小売業

伝統小売業と言えば，基本的に古くから家業として引き継がれてきた小規模や零細小売店である。また個人事業主としての自営業も少なくはない。その実態についての議論は，第6章に譲るが，ここでは，業種の角度から伝統小売業を見てみる。伝統小売業の多くは商店街や住宅街の近くに立地して，最寄り品を中心に個人や家族経営の方式で営まれている。取扱っている商品は食料品とその他の生活必需品が多い。

① 食料品関係伝統小売業

衣食住は一般消費者の日常生活にとっての最低限の商品であるため，伝統小

売業は食品関係の店舗が多い。八百屋，弁当屋，総菜屋などがその代表例である。八百屋は，青物屋とも呼ばれ，野菜や果物などの新鮮食料品を専門的に取り扱う小売店で，住宅地の隣接する商店街に多く存在する。八百屋は商圏内の消費者とは顔を知っているほど密接する一方で，地元の卸売市場の仲間や売買参加できる小売業とのつながりも強い。八百屋と似たような伝統的な食品関係小売業にはまた精肉屋や鮮魚屋などがある。そのほかに，酒屋や味噌屋，乾物屋，等々数え切れないほどがある。

弁当屋は持ち帰りの弁当を専門的に取り扱っているので，小料理屋や食事処のような飲食サービス店ではない。しかし，弁当屋は八百屋などのように食料品や食材のような商品を販売していない。食材などを加工して付加価値をつけた商品を消費者に販売し，食事そのものの提供なので最も我々の生活に密着する小売店である。また，総菜屋は基本的にご飯のお数を販売しており，食卓にちょっと花を添えることもできるから，主婦たちにも人気がある。もちろん，総菜屋の場合は，ご飯とお数を組合せるだけで即興的にも弁当ができるので，弁当屋にとっては脅威的存在でもある。

② その他生活必需品関係伝統小売業

人々にとっては，食事以外にも多くの日常必要品があるので，このような伝統的な小売店は種類的には食事関係の小売店より多い。事例を挙げてみると，衣料品店や生地屋，文房具店や本屋，金物屋や雑貨屋，等々ある。もちろん，このような小売店はチェーンオペレーションの近代的な会社もあるが，伝統的な小売店は業種に対して，近代的なのは後述の業態である。

衣料品店は食事の次に人々の大切な商品だと思われるが，伝統的には，人々は生地を買って自分で服を作っていた。百貨店やスーパーであらゆる既製品の服が売られている今日でも，一般大衆には，やはり日用大工（DIY＝Do it Yourself）の感覚で好きな服や小物などを作る人も少なくはない。生活が安定してゆとりがちょっとでも出てきた人々には文房具と本は大事になる。活字があまり好まれていない現在の若者でさえ本は大切なのである。漫画もコミックも全部本になっているからである。なお，人々は日常生活を営むうちに雑多な

家事も伴いものである。そこで，家事や生活に必要な入れ物や金具が欲しくなり，細々しい日常用品も近所の商店街に探し回って手に入れようとする。

③　伝統的な大規模小売店舗

伝統的な小売店と呼ばれ，百貨店のような大型小売業もある。日本の場合は，歴史的に和服屋や呉服屋から転身してきた百貨店は，明治時代から消費者に親しまれてきたので，戦後に発生し急成長してきたスーパーマーケットとは時代が違うものなので，本書は，伝統的な小売業として見做している。

百貨店（department store）とは，実に歴史の長い大規模小売店舗である。世界最初の百貨店は，1852年にパリに開店したボン・マルシェ（Bon Marché）ではあるが，間もなく欧米に席巻していた。1858年に，ニューヨークのメーシー（Macy），1863年に，イギリスのホワイトリー（Whiteley），1870年に，ドイツのウェルトハイム（Wertheim），等々がある。日本の最初の百貨店は，1904年（明治37年）に，東京日本橋に開設した三越呉服店（現在は三越伊勢丹）である。百貨店が出現した当時では，定価販売と対面販売が画期的な経営手法であった。

複数階の百貨店の取扱商品は，衣食住の生活全般にわたる商品を揃え，対面販売によって質の高いサービスを付随する商品販売を行う大型小売店である。日本では，百貨店と言えるのは，衣食住の各種商品を取り扱い，いずれも10％以上70％未満である。また，図4－7のように，ビル型に入居し複数階で構成される売場で，売場面積が3,000平方m^2以上（都の特別区および政令指定都市では6,000 m^2以上），従業員数が50人以上の大規模小売業である。

一方，百貨店の経営においては次の5つの特徴がある。

①販売商品が衣食住にわたり多種多様である。②販売方式は，対面販売による接客サービスを中心であり，商品の配送，掛売りなどの各種サービスを提供する。③独立採算制に基づいた部門別の組織によって構成される。④売場の分割賃貸による集合体ではなく，単一資本による統一性をもつ企業体である。⑤ビル型で，複数階の売場に多数の従業員を有する。

日本の百貨店には，伝統的な百貨店のほかに，電鉄系百貨店と月賦百貨店の

屋上	ペットコーナー，屋上庭園，遊戯スペース
7階	レストラン，催事場，文化・教養・習い事・スポーツジム
6階	子供服，玩具，スポーツ用品，文具
5階	家庭用品，日用雑貨，呉服，宝飾品，時計，美術画廊
4階	紳士服，紳士用品，喫茶室
3階	婦人服，若い女性向けファッション
2階	婦人服，高級ブティック
1階	化粧品，バック，婦人靴
地下	食材，食料品，軽食・カフェ

図4-7　百貨店の代表的なフロアレイアウト

3種類がある。伝統的な百貨店は1904年以降から戦前まで呉服屋から転身したものであり，三越伊勢丹，高島屋，大丸松坂屋，松屋などが代表的である。電鉄系百貨店は，戦後の鉄道事業の開発に成功して百貨店業界に参入し，自社駅のターミナルを中心に店舗を展開してきた東部や西武，小田急や京王，近鉄や遠鉄，阪神や阪急，名鉄などがある。

月賦百貨店は大正時代から昭和40年代にかけて存在していた日本独特の百貨店業態である。特に経済高度成長期では，顧客に対して自社融資とも言える店頭での割賦販売（多くは月賦）などの信用販売によって，国民生活の「三種の神器」を含めて，多彩な高額商品を大量に販売したものである。かつては，丸井，緑屋，丸興，大丸（井門大丸）百貨店の4強が存在していたが，現在では，緑屋はクレディセゾンへ，丸興はオーエムシーへ，井門大丸の一部はオリックスと提携して，一部は専門店に業態転換した。百貨店として残っているのは丸井しかないが，クレジットが普及される今日では，わざわざ月賦百貨店と呼ぶ必要もなくなっている。

現在，日本の百貨店業界では，業界全体の長期低迷の中で，個別企業が事業統合や企業合併による生き残りを図っている。全国規模で展開している大型百貨店では，次第に，①高島屋グループ，②三越伊勢丹グループ，③ミレニアム

リテイリンググループ（そごう，西武など），④大丸松坂屋のJフロントリテイリンググループ（大丸，松坂屋など），4大グループに集約しつつある。

④　バラエティストア（variety store）

バラエティストアとは，文字どおりに，「多様な（variety）」商品の取り揃えで営業する小売業態である。取扱商品は衣料品から家庭用品，金物，文具，アクセサリーなどカテゴリーに偏らず多岐にわたり，百貨店よりはかなりの低価格で販売している。世界最初の開店は，1879年アメリカのウルワース（F. W. Woolworth）が設立した「ファイブ・アンド・ダイム・ストア」であり，雑貨などの最寄り品を5セントまたは10セントの均一安い価格で販売していた。破格的に価格が安いためすぐにもアメリカやヨーロッパで普及した。因みに，現在世界最大な小売業であるウォルマート（Wal-Mart Stores）もこの業態が前身である。日本では，1923（大正12）年の関東大震災後，高島屋百貨店が別系列で災害復興の応援として，5銭，10銭店をチェーン方式で展開したこともあった。

戦後，アメリカでは都市人口の「ドーナツ化」で，都市中心部立地の地盤沈下によりバラエティストアが衰退し，その一部はディスカウント・ストアに業態転換した。ヨーロッパでは，日常用品を取り扱う小売業が少ないのもあって，逆に市場シェアが拡大してきた。さらに，2012年7月に，デンマークのゼブラ社が経営するバラエティストア「タイガー」が日本に進出し，大阪市内のアメリカ村には一号店，東京表参道には二号店を開店し，話題を呼んだ。同社は2015年に，日本全国で20店に拡大する予定である。

日本のバラエティストアは，小売業界におけるコンセプトがはっきりしないため，年月の経過とともに業態全体が衰退し，大手スーパーや総合スーパーの雑貨売場として生き残っている。ところが現在では，日本各地に展開しているザ・ダイソン，キャン・ドゥ，Seria，オレンジのような雑貨を中心とする100円ショップなどの100均一価格システム（一部は200円300円なども）は，バラエティストアのプライスラインの経営コンセプトと類似している。こう言う意味では，実質的に，100円均一ショップはかつてのバラエティストアのコンセ

プトを引き受けていると言っても過言ではない。

（4）新興小売業

　繰り返しになるかもしれないが，本書の「伝統的小売業」と「新興小売業」の線引きは日本での出現の時期は，第二次世界大戦の前後を基準としている。次では，戦後以降に日本に誕生した小売業を紹介する。

　①　スーパーマーケット（Super Market＝SM）

　スーパーマーケットとは，食料品を主体に，日用雑貨，衣料品などの家庭用品を揃え，大量仕入れによる低価格での仕入ができ，顧客に対するサービスを削減していわゆるセルフサービスの導入で人件費の節減が可能となる。

　世界最初のスーパーマーケットの誕生は，1916年9月6日，アメリカテネシー州メンフィスに起業家のクラレンス・サンダース（Clarence Saunders）が開設したピグリー・ウィグリー（Piggly Wiggly）である。同店は従来の食料品雑貨店に顧客が自由に商品選択できるオープン売場を導入し，売場通路の出口にレジを設置してセルフサービスの形を作った。その後，1929年の大恐慌から1930年代にかけての不況期に，大量仕入・大量販売による食料品の安売りを中心に発展したスーパーマーケットは当時の経済背景に合致して急速に普及した。戦後では，アメリカのスーパー業態の成長は好景気に支えられていた。

　日本では，最初にスーパーマーケットの名乗りをした小売店は1952（昭和27）年，京阪電気鉄道大阪京橋駅に開店した「京阪スーパーマーケット」であったが，最初に，セルフサービス方式を導入したスーパーマーケットは，1953（昭和28）年に東京青山に開店したスーパー「紀ノ国屋」である。

　アメリカとの発生の背景が異なった日本のスーパー成長の特徴は①戦後メーカーの成長で大量生産体制の確立で，日常生活用品までに標準化が浸透し，品質安定の商品が大量に提供される。②戦後の社会民主化のもとでマスコミの成長は，商品の宣伝や広告などに恰好な情報伝達手段が多様に提供される。③経済高成長は都会に，生産地に人口の集中が進み，核家族化の進行，女性の社会進出など，家事の軽減に手助けになれるスーパーが好まれる。④自動車社会の

形成を背景に，自家用車で郊外の大型スーパーへの買い物が可能となり，ワンストップ・ショッピング志向が高まると同時に，まとめて買ったものの持ち帰りも容易になる。

日本では，スーパーマーケットは，売場面積が 300 m² から 3000 m² 以上のセルフサービス方式で営業する小売業を指す。食品から日常用品などの最寄り品を取扱うもの，一部の衣料品などの買回り品も取扱うもの，さらには，家電などの専門品も取扱っているものまである。このために，スーパーマーケットはさらに，食品スーパー，衣料品スーパー，総合スーパーなどに分けられる。近年では，都市の中心部に出店し注目されるミニスーパーもある。

② 食品スーパー

食品スーパーはスーパーマーケットの原型ではあるが，このような分類は日本独特のものである。鮮魚・精肉・青果など食料品の生鮮三品の売上構成比が 70%以上あるもので，スーパーマーケットの中で店舗数が最も多い。基本的には住宅街の近くに立地し，消費者の2～3日に1回の来店頻度が想定され，生鮮食品を主力商品として消費者の日常生活を支えることを標的とする。近年では，インストアベーカリーや惣菜の調理場，また，店内の飲食スペースなどを備え，最終加熱をするだけの食品の販売やサラダバーなどのミールソリューションを行うようになってきている。

また，元々薄利多売を武器に，競合店との安売り競争の激しい業態である食品スーパーには，生鮮食品を含む食料品に特化して，長時間営業（24時間営業も）をするものが増えている。都市部や住宅街の多い地域に出店している食品スーパーは，独身の若年層や独居の高齢者家庭向けの弁当や総菜への充実などで，同地域に営業しているコンビニエンスストアとの競争が激しくなる傾向が次第に顕在化しつつある。

③ 衣料品スーパー

売上における衣料品売上の構成比が 70%以上で，売場面積が 250 m² 以上のものは衣料品スーパーという。これは，元々は衣類を専門的に販売する小売業店舗などが経済高度成長期において事業の拡大で大型化となり，売り場面積を

大きくしてスーパーマーケットになっていったものが多い。

　取扱商品は，一般的に衣料品（婦人服，紳士服，子供服，下着など）のほか，和服，服地，寝具，かばん，化粧道具なども含まれる。近年では，ユニクロやしまむらなどカテゴリーキラーと言われる衣料専門の量販店の台頭で，衣料品スーパーは差別化できる品揃え，店舗構成の独自性や標的顧客のニーズに応える多様性などが問われることになる。

　④　総合スーパー（General Merchandise Store＝GMS）
　取扱商品の構成比が70％以上の部門がなく，3つ以上の部門にわたっての品揃えがあるものは一般に総合スーパーと言い，日本型スーパーストアや擬似百貨店とも呼ばれるが，店舗自体の名称に「総合スーパー」の表記はない。複数階のビル型建物に多様な売場を設け，店舗面積は百貨店のように広い。取扱商品の幅が広く，日常的な買い物よりも，週末などに大きな買い物やまとめ買いのために来店して賑わう顧客が多い。バブル経済期には郊外に立地する大型店が多く，また，飲食店など一部ほかのテナントも入居する。

　バブル崩壊の1990年代以降，総合スーパーで業界を牽引してきたダイエー（2014年にイオンの子会社に）が業績悪化して凋落し始めた。最大な要因とは，あまりも多様な商品を扱うために，品揃えの品目が少ないため，1つの分野の品揃えに特化した専門量販店との競争に負けたと言う。現在では，GMSはコミュニティ型のショッピングセンターの核店舗となるか，リージョナルショッピングセンターの核店舗となるような動きが多く見られる。

　なお，日本の学界では，アメリカのGMSと比べて，日本型の総合スーパーそのものを否定する考え方もある。

　⑤　ハイパーマーケット（Hypermarket）
　ハイパーマーケットとは，衣食住の全ての商品を扱い，郊外に立地する倉庫型・集中レジ方式の総合スーパー形態の1つである。ヨーロッパでは広く見られる小売業態ではあるが，世界二位でフランス最大な総合スーパーカルフール（Carrefour s.a.）の主力業態でもある。フランスでは，スーパーマーケットは400〜2,500 m^{2}に対して，売場面積が2,500 m^{2}以上のスーパーはハイパーマー

ケットと言い，スーパーよりも大きな店舗を意味する。また，400 m^2 未満の日本で言うミニスーパーはミニマーケットになる。

　ハイパーマーケットは，食品全般に日用品も主要な取扱商品とするが，その他に，衣料品，書籍，玩具，さらに DIY 用品などを含め，多岐にわたる商品を取り揃え，広い売場は倉庫のように商品を陳列する。特に衣料品には，PB 商品やノーブランド品が多く，ほとんどの商品は大量仕入れでコストダウンを図っている。このために，スーパーマーケットや他の小売店舗より商品の販売価格は平均して 15〜20% 安くなる。顧客は各売場を回り，商品を大型ショッピングカートに乗せて集め，出口ゲートを兼ねたレジで代金を決済する。売り場ごとに代金を決済する GMS とはこの点が大きく異なる。

　ハイパーマーケットは典型的な郊外型の店舗であり，屋上または周囲に大規模な駐車場を設け，まとめ買いの顧客をターゲットにしている。建物の外装にはあまりコストをかけず天井は配管がむき出し見える状態で営業する。階上や階下の売場にショッピングカートのままで移動しやすいように，ステップをなくし低勾配の斜面型のエスカレータを備える。

　サービスを徹底的に削減し，まとめ買いを狙い，商圏も大きく設定しているため，狭い商圏で常に新鮮な食料品を求める日本の消費者に魅力が乏しいとの指摘もある。それは，カルフールが日本に進出してからわずか 10 年で全面撤退を余儀なくされる最大な要因とも言われる（第 5 章第 1 節参照）。

⑥　ミニスーパー

　近年では，特に東京都心の 23 区内に続々と出店し注目される新しい小売業態である。コンビニよりは大きく，スーパーよりは小さい売場で，繁華街やオフィス街など従来ではスーパーの出店が考えにくかった商圏において，単身者や交通弱者である近所の高齢者などをターゲットにした小型スーパーマーケットである。売場面積は 40 坪（130 m^2）前後の省スペースで，都心などの家賃の高いところにもわりと低コストで経営ができる。このために，撤退したコンビニの空き店舗に出店するケースも見られる。

　その背景には，国内のコンビニは限界とされていた 5 万店を突破し（2013），

飽和気味の市場の中で，コンビニ大手は収益性の高いPB商品の割合を増やすと共に，スーパーの主力商品でもある生鮮三品（精肉・鮮魚・青果）や総菜といった主婦や高齢者の需要を吸収するために品揃えをシフトしている。一方，売上高の減少傾向が続く大手スーパーは，コンビニの利便性を生かした小型の食品スーパーを出店する事例が多く見られる。つまり，コンビニとスーパーのせめぎ合いの結果，コンビニよりも広く，スーパーよりは狭い，と言った「小型スーパー」の相次いだ出店につながることとなった。

⑦　コンビニエンスストア（convenience store＝CVS）

　コンビニエンスストアとは，名前の通り，便利さ（コンビニエンス）を追求する近代的小型の小売業である。広く「コンビニ」と略称されるが，オープン売場でセルフサービスという形態からスーパーマーケットの一種とも言われる。日本の商業統計では，飲食料品を扱い，売場面積が30 m²以上250 m²未満，営業時間が1日で14時間以上のセルフサービス販売店を指す。その多くは食料品や日用品を中心に品揃え，住宅地に近いまたは交通に便利な場所に立地する。小規模の売場なために欲しいものを探すのが容易で，年中無休，長時間営業（24時間営業が多い），レジでの待ち時間が少なく，買い物のほか，宅配便の取扱や郵便ポスト，銀行のATMや公共料金の支払いなどの多くの利便性も提供しているのが特色である。

　コンビニは，最初にはスーパーマーケットの補完形態（買い忘れや買い足し）であった。1946年に，サウスランド社（Southland Corporation）がアメリカテキサスに開業した朝7時から夜11時まで長時間営業のセブンイレブン（7-Eleven）はその始まりである。日本では，1974年（昭和49）に，アメリカの商号を用いて最初に開店したのは総合スーパーイトーヨーカ堂の子会社としてのセブンイレブン・ジャパンである。その後「単品管理」やPOSシステム（Point of Sales＝販売時点情報管理システム）を駆使するなど独自のビジネスモデルを開発するなど，日本でも急速に普及した。1991年に，セブンイレブン・ジャパンが経営破たんのアメリカ本社を買収し世界最大なコンビニになった。

　コンビニの経営形態には，直営チェーン店（加盟店のオーナー訓練施設や地域

アドバイザーも兼ねる）方式とフランチャイズシステムによるものがある。本部による優れている商品企画と合理的な品揃えに，一日複数回の商品配送によって一般消費者の日常生活に浸透している。固定客の来店は各店舗の売上の主力となるが，現在では出店が飽和状態に達している。業績は伸び悩む中で，大手各社でも系列再編，買収・合併（M&A）の動きが加速している。

（5）その他の小売業態

① ディスカウント・ストア（discount store＝DS）

ディスカウント・ストアとは，1950年代に，アメリカに出現したディスカウント・ハウスに由来し，直訳すると，「割引店」や「安売屋」である。元々は，一般日用品から耐久消費財，衣料品，スポーツ娯楽用品などの有名商標のメーカー商品を取り揃え，低価格で販売する大型店である。1960年代から急成長してKマート（K Mart, 2005年にシーアズ［Sears Holdings］に経営統合される）が業態として確立し，その後，小売業界で売上高1位を記録するまでに成長した。ちなみに，現在は同業態のウォルマートがその座を守り続けている。

DSの経営コンセプトはと，有名商標商品をメーカーから大量かつ安価で直接に仕入れて現金で安売りをする。また，簡素な店舗施設と商品陳列で経費を節約して，販売価格はメーカー希望小売価格の20～30％程度，ときには40％を超えるほど安くなる商品もある。DSは，[1]現金で大量仕入れ，[2]低価格で薄利多売，[3]現金販売で持帰り原則，[4]大量販売で資金の高回転率，[5]販売経費の徹底的削減などを安売りの基盤としている。

日本では，かつてバッタ屋とも言われるが，1950年代にも存在したが著しい成長はなかった。かつては東京秋葉原の電気器具安売り店が代表的だったが，バブル経済崩壊後の深刻な不況の中，価格破壊で消費者の価格志向が強くなり，北辰商事やMr. max，さらに日本最大手のドン・キホーテなどが大型チェーン店舗まで成長してきた。ドン・キホーテは，独特の経営哲学で売場に大量の商品がところ狭しく乱雑に並べるという圧縮陳列で，深夜まで営業を行った。それが若者の宝探し感覚に支持され，買い物は楽しいゲーム感覚に合致した。

② ドラッグストア（Drugstore；pharmacy；chemist's）

　ドラッグストアについて，日本でのイメージは一般用医薬品を中心に健康・美容に関する商品や日用品，飲料・日配食品など加工食品をセルフサービスで短時間に買えるようにしている小売業態である。しかし近年では，一部店舗は弁当，精肉や青果も取扱うようになり，コンビニやスーパーにもあるような品揃えが見られている。日本の流通業界では，ディスカウント・ストア（DS）と区別して「DgS」「Dg. S」あるいは「DRG」と略されることが多い。

　ドラッグストアは名前通りに，元々は院外処方箋調剤薬以外の医薬品（2009年の改正薬事法施行までは一般販売業または薬種商販売業）の小売店を指すが，現在は薬剤師の常駐で処方箋医薬品の販売も授与されるドラッグストアも増えてきている。営業時間も長く，消費者に密着した販売店として，市民生活の必需として定着しつつある。しかし，欧米では医薬品ばかりではなく，日用雑貨をはじめ新聞，雑誌から軽飲食までを取扱う雑貨店のような小売店舗である。立地は繁華街，ナーミナル，また，郊外の交通要所など，まるで日本のコンビニのような存在である。

　雑貨屋的な存在の店舗は売り場面積で分類すると，以下の種類がある。

1　ミニ（小型）ドラッグストア：店舗面積100 m² 未満の小規模ストアで，主に会社員向けに路面店，商店街，地下街，ビルなどのテナントとして出店し，ビューティー商品に特化している店も多い。

2　コンビニエンスドラッグストア：店舗面積100〜300 m² の中型店舗で，住宅地に隣接し，付近の住人が日頃買い物をするのに適するスタイルである。

3　スーパードラッグストア：店舗面積300 m² 以上の大型店舗を指し，多くの郊外型ドラッグストアがこの形態である。品揃えや大店立地法などの制約によって，それぞれ60坪，90坪，120坪，150坪のいくつの種類がある。

4　メガドラッグストア：店舗面積600 m² 以上の巨大店舗を指す。日用品，医薬品の他にも食品を扱うことが多く，スーパーのような巨大な商圏を

持つ。

一方，薬品関係の品揃えに強いのは，また，調剤を併設したヘルス＆ビューティーを基本とするファーマシー（薬局）型店舗（売場面積60坪前後），地方都市や農村部などの中心商店街に立地し，便利性，顧客性，親切性，健康性，商品の専門性や人間関係が重要視される医薬品専門型店舗（売場面積60坪前後），医薬品，化粧品，医療雑貨，健康食品，介護用品などの軽医療の領域によって構成される大型医薬品専門店舗（売場面積90坪以上）などがある。

③ 生協（CO・OP＝consumer cooperative）

生協は消費生活協同組合の略である。生協の歴史は，産業革命後の1844年に，イギリスのランカシャーで設立したロッチデール公正先駆者組合に遡ることができる。日本では，1948（昭和23）年の生活協同組合法が成立し，1951年に日本生活協同組合連合会の設立が正式の出発点である。特に1960年代以降，公害による消費者被害が社会的現象にまで深刻化したことを背景に全国的に普及してきた。国際的には，各国生協の国際共同組合同盟（ICA）もある。

生協は，元々生活者たちが公害や汚染から自らの利益を守るために，加入する組合員からの出資金で運営するものである。組合員は生協を利用することが可能であり，運営への参加もできる。原則として生協の利用は組合員のみに限られる。出資金は脱退時に払い戻される。生協の事業としては，食品や日用品，衣類など商品全般の共同仕入れから小売までの生活物品の共同購買活動（店舗販売，宅配）が中心であるが，それ以外にも共済事業から，医療・介護サービス，住宅の分譲，冠婚葬祭まで，非常に多岐にわたる。

全国生協2013年度の統計によると，各種組合数は577，組合員は2,730万人を超える。生協の「購買事業」つまり小売事業の年間供給高は2.9兆円も超え，まるで巨大な小売業チェーンストアのような存在である。

④ 農協（JA＝Japan Agricultural Cooperatives）

農業協同組合（農協）は，1947（昭和22）年の農業協同組合法に基づき，農民の経済的・社会的地域の向上を図ることを目的とする全国的な組織である。正組合員は農業従事者に限るが，区域内の非農家も準組合員として加入するこ

とができる。出資組合のほかに非出資組合も認められ，加入・設立が自由なために，初期には各地に事業別業種連合会が乱立していた。「系統組織」と呼ばれる農協は，市町村には「単位農協」，都道府県には，信連・経済連・共済連などの「連合組織」，全国には「全国農業協同組合連合会（全農）」という全国組織の3段階組織があるが，91年に3段階制から2段階制への大改革を行い，連合会も都府県レベルで，中央会，信連，経済連，共済連に整理されている。また，最近では，全農の機能弱体ないし解体させる方向で政府が農協法の改正に動いている。

　農協の事業には，信用（貯金・貸付），共済（保険・生命保険），購買（資材供給），販売（生産物販売・商品販売）のほか，倉庫，加工を含め農業生産や農村工業，さらに教育など多種多様がある。特に，信用共済事業が著しく伸び，現在では，JAバンク（農林中央金庫）の貯金総額は91兆円も超え（2014年3月時点），大手都市銀行にも負けない存在となっている。

　一方，農協の購買事業や販売事業は商業・流通業とは直接に係わる事業である。購買事業は組合員に対して各種の生産また生活に必要な物資を共同購入して提供している。販売事業には，集荷・分荷の卸売業としても見られるが，近年では，地方都市または各地の道の駅などに農産物の直売所を出店し，全国で16,816か所（2011年農水省の統計）に急増し，年間売上高は8,000億円以上とも推測され，大手小売りチェーンの売上に匹敵するまでに成長してきた。

　以上のように，小売業は有店舗販売と無店舗販売に分けられるが，立地や出店形態では，単独出店のほかに，商店街やショッピングセンターあるいはショッピングモールなどの商業集積にも出店している。出店地域の違いを見ると，日本では，都心店，郊外店，鉄道駅前店が多いが，幹線道路沿い（ロードサイド）も車社会の普及によってかなり増えてきている。その他に，観光地，鉄道駅や空港などの特殊な施設内（駅ナカなど）にも増え続いている。

4）小売業の機能

　小売業は流通経路の下川に立地して最終消費者に直結し，川中を通じて川上にもつながるために，消費者に対しても，卸売業者やメーカーに対しても，さらには立地である地域社会に対しても，独自の社会的機能を果たしている。

（1）消費者に対する機能

　まずは，小売業の最も重要な社会的機能として，消費者に対しては，次の8つの側面から見ることができる。

　① 商品品質のチェック機能である。安定な供給や品質保証のために，消費者に商品を販売する前に商品に問題が無いことを確認する。② 品揃え機能である。消費者の買い物代行として，消費者の要望に応えられる商品を揃え集めることが使命である。③ 在庫調整機能である。安定して商品を提供するため，商品の品切れや過剰在庫を防ぐ努力である。④ 価格調整機能である。様々な消費層に応じて，それぞれの消費者の手頃な価格で商品を販売する。⑤ 商品や流行などの情報提供機能である。商品の紹介や用途（使い方など），市場の流行やトレンドなどの情報を提供して消費者のニーズに応える。⑥ 販売立地の機能である。交通の利便性や消費者のアクセスの利便性を配慮しながら適切な店舗立地を決める。⑦ 買物の楽しさを提供する機能である。テーマパーク型やモール型などのように，来店客の買物環境を快適にするように整備する。⑧ 利便性提供の機能である。持ち帰りや贈答など商品の包装や配送，電化製品などの設置，さらに，営業時間や支払方法などについても顧客への利便性を改善しつつ提供する。

（2）卸売業者・生産者に対する機能

　次に，川中にも川上にも重要な機能を果たしている。

　① 消費者情報あるいは市場情報の収集伝達機能である。卸売業者や生産者に対し，商品の売れ行きや商品に対する消費者の生な声とも言われる意見や苦情，要望などの生産改善に役立つ情報を提供する。② 生産・製造支援機能で

ある。メーカーに対して製品販路の確保や新製品の販路開拓によって、生産や供給の安定・継続に貢献し、市場全体の需給安定にも役立つことになる。③ 川下よりの垂直統合機能である。それは、自社のプライベートブランド商品（PB）の販売促進による大手製造業の生産能力確保や中小製造業者や生産者に対するPB商品による生産支援などでもある。

（3）地域や社会に対する機能

小売業は立地産業であり、来店顧客の支えはもとより、地元のあらゆる側面からの支持と応援も必要不可欠である。そこで、小売業は次の4つの側面からその社会的機能が見られる。

① 消費生活の環境改善機能である。店舗の存続を支えてくれる地域住民の生活環境改善に対して日常必需品から贅沢品まで幅広く提供する。② コミュニティセンター機能である。小売店舗は地域住民や買い物客の買い物の場にとどまらず、今後では、集いや憩いなどのコミュニケーションの場として提供することが重要である。③ 需要と供給の調整機能である。商品に対する消費者の数量的、品質的な要望に応え、バランスの取れる品揃えを維持することが市場供給の安定かつ継続ができ、小売業自身の安定的経営にもつながる。④ 雇用機会の提供機能である。正規従業員の雇用は社会的に就職の機会を提供する一方で、地元住民に対しては、パートやアルバイトなどの働き先の提供は地域密着性を高めるのに貢献できる。

5）小売業のマーケティング

小売業のマーケティングとは、メーカーマーケティングの4Pや流通経路における特殊な位置づけのため、メーカーや卸売業のマーケティングと異なるものになる。流通経路の最末端にあるために、小売業は独自の視点でマーケティング戦略を企画立案する必要があるが、共通しているのはやはり市場リサーチに基づいたターゲット顧客層の選定はポイントである。

しかし、小売業の事業展開の核心は、やはり前述したマーチャンダイジング

のミックスとも言われる5Rである（第2章第2節参照）。商品の生産はしないが，適切な商品に適切な数量，適切な価格に適切な販売場所で，さらには適切なタイミングを最優先に取り組まなければならない。ところが，これからは，日本の超高齢社会においては，いかに自分の存在価値を広く知らしめ，小売業の機能を発揮するのが大きな課題である。それも含めて，次の4つの側面から，5R以外に小売業のマーケティングを考えてみる。

（1）顧客の声を聞くから顧客の参加へ

　小売業にとっては直接に最終消費者つまり来店顧客と接しているため，顧客から直接に生な情報の入手が可能である。特に，自社や自店に頻繁に訪れる固定客または常連客は進んで自らの考え方を情報発信することが多い。一方，既存商品に対する不満や愚痴なども実に見逃されやすい大事な情報であるが，そこから次の新商品のアイデアにつながる可能性が高い。顧客の視点では，自分の行きつけの店に自分の好きな商品が置いてあれば，そこに行くのは当然だからである。

　これまでは，小売業の取るべき対策として，消費者のニーズやウォンツをくみ取り，顧客の「生な声」を聞き入れて，これらの要望に応えるなど，多くの考え方がある。しかし，消費者の需要や顧客の声を聞くだけは顧客の好みの商品が生まれるわけにはならない。固定客や常連客を創出するには，商品開発に顧客の参加が必要である。それは，決して新商品の企画会議に個別の顧客に出席してもらいその意見を聞くことではない。商品のアイデア募集や新商品提案コンテストなどのイベントの活用ができる。そこから手にするアイデアの中から最も実際にヒットできる商品の開発につながり易いと考えられる。

（2）少子高齢化社会の新戦略

　もう1つのポイントはこれからの日本社会の高齢化である。2013年9月に，日本人口の25％以上はすでに65才以上の高齢者になっている。人間は歳の積み重ねに伴い好みもこだわりも変わっていく。今後とも高齢者人口の割合が増

えて行くのが間違いないので，小売業としては，戦略的にマーケティングの手法を活用すべきである。

　これまでは，企業としては高齢者用に開発した商品の多くは実用性を強調したあまりにダサいと思われることが多い。時代の移り変わりの中で，マスメディアやインターネットなどの情報発信の手段の増加と情報爆発までと言われる情報化社会のさらなる進展に伴って，若者のファッションや流行も高齢者に影響しつつある。つまり，高齢者向けの商品イコールダサいという発想はとっくに時代に遅れている考え方である。高齢者は経済的にも余裕のある人が多く，時間的な余裕も当然のように他の人口構成より十分にある。日本の人口の四分の一の高齢者と言えば，3,000万人以上のマーケットになる。これは，小売業のこれから注目すべき大きなセグメント（市場区分）である。

（3）顧客に近づく新出店戦略

　今日の消費者は仕事のほかには，せっかくの休日や休みの時間があったら，それぞれ自分の都合に優先的に回すのが一般的になっている。最寄り品と言われる日常生活の必需品を買うには，仕方なくコンビニやスーパーに出かけるが，ちょっとした買回り品や専門品を買おうとすると，足を延ばしてもらうのは商品や店舗にそれだけの魅力がなければ消費者が動いてくれない。

　要するに，消費者はかつての物足りない時代とは違って，ちょっと離れた店に進んで足を運ぶのは一大の決断が必要となる。そこで，逆の発想から，小売業は自ら店や商品を消費者に近づくことに工夫するのが必要となる。昔の行商に戻るのではないが，発想は似たようなことである。

　テレビショッピングやネットショッピングなどもあるが，前述したミニスーパーなどのように，店舗を小型化して住宅地や消費者の通いやすいところに移動することが考えられる。もう1つ考えられるのは，商店街の振興にもなるが，大型小売業も既存商品街の空き店舗を活用して小型店の出店は考えるべきである。特に，超高齢社会になっている日本では，高齢者たちに馴染みの商店街に近代的な小売店の出店は商店街の活性化につながることであり，歓迎され

るはずである。そして，全国に 12,000 以上の商店街に活気が戻れば，伝統的な「パパ・ママ店」や「ジジ・ババ店」にも潤いになるのである。

（4）インターネットツールの活用

　インターネットを生かして商売につながるのはもうとっくに新しいことではない。ネットビジネスについての紹介は，第7章に譲るが，ここでは，高齢社会において，インターネットの活用について考えてみる。もちろん，小売業は高齢者だけのためにあるものではないが，3,000万人以上の規模の大きな市場区分に特化しても戦略的に考えるべきである。

　高齢者には，金銭的余裕と時間的余裕があるが，若い時には情報化社会の経験がなく，今さら一からパソコンやスマホを勉強する何って，と思う人は圧倒的に多い。パソコンの操作やネットショッピングの利用などを無料で教える方法もあるが，パソコン自体を持っていない高齢者も多い。そこで，どうやって高齢者たちの手と足となり，インターネットを活用して自分の生活の利便性を高めることにポイントがある。

　例えば，高齢者の集まりそうな場所に窓口を設け，ネットショッピングの代行を受け付けることができる。また，高齢者自宅の近所の最寄りのコンビニやミニスーパーと提携して，ネットショッピングの代行サービスが考えられる。さらには，郵便局や宅配便などと協力して，カタログやパンフレットによる注文・販売と配送もできる。

📖 第4章を読んでから考えてみること

1. 卸売業は我々一般の消費者にとっては身近な存在ではないが，メーカーから小売業までに品物がスムーズに流れてくる流通全体においては役に立ちそうなものである。そこで，これからの世の中に卸売が生き残っていく方法を考えてみよう。
2. 小売業は毎日にも通いそうなところではあるが，色々な場所に存在する。この章で紹介している小売業の立地を踏まえて，あなたにとってはそのほかにも有って

ほしいものがあれば，1つ挙げてみよう。
3．商店街は，周知の通り，日々衰退しており，東京や大阪などの大都会のほかに，全国各地にもシャッター通りと呼ばれる商店街がある。商店街の復興に役に立ちそうなアイデアがあれば，1つ披露してみよう。

> **ミニコラム　今日の問屋**
>
> 　問屋と言えば，それ江戸時代までの話だろうと，「問屋無用論」も50年前の話なんだから，てっきり昔のものだと思われがちである。ところが，問屋も問屋街も今の我々の日常生活に大活躍しているかもしれない。
> 　中小企業の場合は，専門問屋や単品問屋が多く，未だに問屋と名乗る卸売業も少なくはない。また，商業・流通業の関係者の間には，卸売と言うよりも問屋のほうがなじみが深く，親しみが湧いてくるという。実は，『商法』第551条にも，ちゃんと問屋の定義を決めている。
> 　　「問屋トハ自己ノ名ヲ以テ他人ノ為メニ物品ノ販売又ハ買入ヲ為スヲ業トスル者ヲ謂フ」
> 　今日では，東京にも大阪にも相変わらず多くの問屋街があり，様々な問屋が現役で活躍している。東京では，浅草や蔵前，小伝馬町や日暮里，我々一般の買い物客が問屋街に訪れて，東京でも大阪でも直接問屋から欲しいモノを買うことができる。また近年，話題となっているコンビニ事業に進出している総合商社とは違って，問屋から小売業に進出して成功した企業もある。メンズファッションの専門店と謳って全国にわたってチェーン店を展開しているブランド品の衣料品店である「坂善」は元々東京馬喰町問屋街の衣料品問屋であった。さらに，インターネットの普及に伴い，問屋も問屋街もホームページを開き，仮想商店街でネットビジネス（B to BやB to C）を展開している。

第 5 章
商業の国際化と日本的慣行

　今の時代では，交通手段の発達による遠方や外国には簡単に行けるのはもとより，インターネットを使えば，かつての隣人同士の日常的な井戸端会議のような挨拶や世間話は，玄関を出ることなく，海外に居る知人や友人とも簡単にコミュニケーションができてしまう。こう言う意味では，1つの地域や1国においての歴史ある独自の風土や習慣がいつの間に変わっていくことも十分可能なことになる。当然なことで，個別企業の事業展開でも，物的交流や人の交流を含めてグローバル的に広がることも日常的になっている。

　一昔では，国境を超えて外国の品物を取り揃えるのが貿易と言われ，かなりのハードルがあるように思われている。貿易は，関係国の間に互いの利益を尊重して，対等的に行われるのが原則で，国の間も企業の間も，ある意味では，それは持ちつ持たれつのような妥協的な産物である。ところが，貿易は，紛れもなく商業活動の一環であり，モノが生産者から商業・流通業を経由して消費者に届けられるという構図は全く変わることがない。変わりがあるとしたら，生産者と消費者は異なる国の人々である。

　今は，グローバル的事業展開や経済のグローバリゼーションなどは簡単に口にするが，企業のグローバル的事業展開までには長い道のりがあった。もちろん，商業企業にも例外ではない。

1　商業のグローバル的展開

　今日では，近所のコンビニあるいは八百屋に行っても外国産の品物が並べられることが珍しくなくなる。そして，ちょっと足を延ばしたら外国からの小売

店が目の前にある。後述のように，日本の小売企業などが海外に進出していると同時に，海外からの小売業も日本にやってくる。これは，いわゆる商業企業のグローバリゼーションである。ところが，グローバル化は一日でできるものではない。今日のようなグローバリゼーションは1960年代以降からいくつかのプロセスを経て広がってきたものである。

1）グローバリゼーションの経済環境

国際貿易の始まりは，第3章で紹介した商業の発生当時にクレタ人が地中海やバルカン半島，エジプトまでに行商することは，今で言えば，外国貿易あるいは国際貿易である。こう言う意味では，国際貿易も商業と同じ時代で誕生したと言っても良い。しかし，今日のような貿易はイギリスの産業革命以降から広がってきたものである。また，国際的ルールである国際貿易憲章（Havana Charter of an International Trade Organization）の締結は第二次世界大戦後の1948年であった。

（1）国際化（internationalization）

国際化とは，簡単に言うと，それは企業などが国境を超え，国境に跨る規模に広がることである。経営の角度から見れば，それは，国内中心に事業展開を行ってきた企業が輸出やライセンシング生産，海外との業務提携や合弁事業の創設，または海外で単独資本の子会社設立などを通じて海外市場に進出して，国際ビジネスや海外事業を展開して行くことである。

1960年代以降，当時のアメリカとソビエト（1995年に，その大半の領土は現在のロシアとして分離）の両超大国をはじめとする東西冷戦の対立は定着し，世界情勢は平和的とも言えるほど平穏期に入った。個別企業のビジネスも，国際間の経済・貿易における商品取引やサービス交流も大幅に成長していた。そして，国内市場の回復から飽和状態になりつつ，欧米諸国は海外へと事業拡張に乗り出した。そこで，自由貿易原則を掲げて，諸国の間には，国境を越えた企業活動が急速に発展してきた。

こうした企業活動は従来の貿易の枠組みを超え，相手の国に行き，合弁企業や子会社を設立して，現地で製品の製造や物産の生産などに直接投資するのが注目されてきた。これは，国際化であり，今日のグローバリゼーションの始まりである。国際化の動機とはまずメーカーがより良い生産環境を求め，人件費や原材料などの生産コストの低減が主な目的であった。

　一方，商業企業の場合はどうなるか。輸入の場合は，従来のルートで貿易相手からモノを購入すると相手国の流通経路を経由するため，関税は計算に入れなくても，流通コストがかかるに加え，相手企業の利益も上乗せられる。それより，現地での代理店や合弁会社に委託するやら，自ら設立した子会社が現地での買い付けや，直接現地の生産者や卸売業者からモノを購入した方が仕入原価の削減ができる。また，輸出の場合は，貿易相手にモノを販売することは，同じく相手国の流通経路を利用するためにそのコストが必要するとともに相手企業の利益分も支払わなければならなので，販売価格が抑えられ，輸出企業の収益も当然に減ってしまう。現地での購入代理店と提携するか，あるいは思いきり単独資本で投資して海外で直接に小売店舗を設立して現地の消費者に商品を売るのが売上も収益もあがれるというのである。

　以上のような国際貿易の視点から経済的あるいは利益追求的な理由で個別企業は自らの事業活動を外国へ拡張し国際化するのが理解できる。しかしそのほかに，もっと大きな要因と言えば，それは，経営的なものとも言える。まずは，国内市場規模の制限があるため生産規模を維持するか拡大するには，国際化が必要となる。また，途上国や新興国企業の場合は，国際化は外貨の獲得はもとより，企業自身が国際市場とのつながりを通じて海外企業との提携や協力ないし競争が自社の経営力を向上させられるからである。

（2）多国籍化（multi-nationalization）
　しかし，国際化とは言え，二ヵ国間のことに限られることが多い。二ヵ国以上になると多国籍化と言うことになる。多国籍化の場合は，経営上から見れば，進出した国で獲得できた経営資源は必ずしも最も合理的なものに限らないこと

があり得る。より合理的な経営または企業利益の最大化への追求などは海外進出の最大な目的でもあるため，より魅力的な一部分の経営資源を進出国とは別の国から獲得する意欲は企業自体に内在する。自社の生産技術や経営ノウハウをもとに進出国の有利な資源を利用するのが海外進出の目標達成にはなれる。しかし，進出国よりさらに有利な資源（原材料や部品など）を加えたら，最適と言われるほど良い結果につながると言える。

　メーカーの場合は，製造事業の国際化により，現地資本との合弁企業や現地での単独投資で設立した子会社などの形態を通じて，進出国現地の安価な原材料の調達ができ，廉価の労働力の活用もできる。しかし，場合によっては，第三国にはもっと安い原材料あるいは製品の製造に使える部品があるが，製造や加工技術のレベルは進出国の現地企業より劣れると，その原材料の調達だけを利用することができる。こう言う場合は，二ヵ国以上にわたって１つの事業あるいは１つの製品の製造に係わることとなり，こうした企業は多国籍企業と呼ばれる。1980年代以降に，このような多国籍に係わる企業の事業活動が多発的になってきた。つまり，第三国から進出国へより良い資源あるいはより安価な資源や部品などを持ち込んで，技術的に信頼できる進出国で製品に加工し製造することが最も合理的な経営モデルになることである。

　一方，商品輸入の場合も同じことが考えられる。いわゆる海外で展開する日本メーカーの現地合弁企業あるいは現地子会社が生産した製品を日本に輸入するという逆輸入や，日本の小売業が国内消費のために輸出国に出かけて，現地のメーカーや輸出会社に対して日本専用の仕様書による注文をしてその全量を買い取り，日本に輸入するという開発輸入の場合も，しばしば多国間の企業提携や業務協力が必要である。

　もちろん，現在では，日本に本社を置いて，海外の複数の国に原材料の買い集め，部品の生産，組立て，完成品に仕上げるなど，様々な生産活動，さらには，研究・開発機能も海外に持って行く企業も少なくはない。業界的に言えば，まずは部品数が２～３万個にものぼる自動車業界はその代表格である。その他に，家電メーカーや電気光学メーカーなどより複雑な製品構成を製造する企業

などの場合が多い。もちろん，日本の小売業にも後述のように百貨店やスーパー，コンビニまで多国的に展開している。

（3）ボーダーレス化（Borderlessness）

　企業は国境を越えて二ヵ国で事業展開すれば，国際化と言えるが，二ヵ国以上の国際的な事業展開は多国籍化になる。さらに，複数ヵ国にわたり，あるいは世界規模に広がり，同一事業を展開して，原材料調達や技術協力，設備から人材の自由移動までになるとボーダーレス化と言う。ボーダーレスとは，国境をなくしあるいは国境を無意味にすることであり，一国の政治力が決めた国境を企業の経済活動の妨げにならないことは狙いである。

　ボーダーレスができるのは，国境による制約が，インターネットなどの情報技術や輸送手段の発達，企業による海外現地生産の推進などにより緩くなってきたことが背景にある。もちろん，事業展開にかかわる複数の所在国政府の支援と協力がなければできないことでもある。因みに，EUのような加盟国エリア内であれば，国境を意識せずに自由に人員，交通，輸送ができるようなことはボーダーレス社会とも言われる。

　海外に進出しているメーカー企業にとっては，多国籍と比べると，ボーダーレスはより自由に生産活動ができ，ヒト・カネ・モノ・情報などの経営資源がより合理的に配分できることがメリットである。例えば，資源が豊富で物価も安いが製造・加工技術は未発達のAの国と，製造・加工技術がわりと高くなっているが人件費はまだ低いBの国，そしてすでに経済成長がある程度達成して国民の生活水準もわりと高くなっているCの国という三ヵ国がある。いずれも日本よりは遠いが互いには隣国同士である。こうした場合は，わざわざA国の原材料を日本に輸入して日本で製造・加工して完成品を仕上げてからC国に輸出することは経済的にも経営上でも合理的ではないと言える。この場合，最も合理的なのは，A国の原材料をB国に輸送して，そこで製造・加工してから，C国の市場に投入して販売することである。

　また，商業企業にとってもこうしたボーダーレスのビジネス環境が事業展開

に有利である。仮に，日本製の良いモノがともに前述のようなA，B，Cの三ヵ国で販売されているとする。しかし，C国では売行きが良くて品切れになりそうで，遠い日本から商品の追加輸送は当然できるが，A国やB国に手持ちがあれば，ひとまず近所からの調達は商機を逃さず迅速な対応ができるのであろう。もちろん，それはA，B，C三ヵ国間の政府間の協力が前提となる。現段階では，EU加盟国28カ国（2013年第5次拡大）域内にはこう言った商品の調達が迅速に対応できる。一方，まだ厳しい交渉が続いているが，もしもTPP（Trans-Pacific Strategic Economic Partnership Agreement＝環太平洋戦略的経済連携協定）が合意して発効することになれば，加盟国間のボーダーレス化も現実的なことになる。

（4）グローバル化（Globalization）

　グローバリゼーションとは，社会的あるいは経済的な関連が，人為的に定められた国家や地域などの境界を越えて，地球規模に拡大して様々な分野に生まれた変化を引き起こす現象である。グローバリゼーションの始まりは，1960年代に欧米の石油メジャーの世界制覇の行動がきっかけだとは思われるが，その発想の根底はコロンブスの新大陸発見を代表する「大航海時代」に遡ることができるという考え方もある。

　今日では，グローバリゼーションは社会，文化，経済など，様々な活動にも用いられる言葉になっている。経済活動あるいは企業の事業展開の場合は，世界の異なる国や地域におけるそれぞれの産業構成要素の間に関係を結び付けること（産業の地球規模化），企業の事業展開は地球の東西南北に関係せず，事業活動において自社の都合のよい部分をそれぞれ都合のよい地域に配分して，さらに互いに関係つけさせるような地球規模のネットワーク（地球規模化）の構築などはイメージができる。

　メーカーの場合は，地球全体を1つとして自由に経営資源や物資の調達ができるとすれば，理論的には，最もコストの安い国や地域から原材料などを調達して，それらを製造・加工技術と人件費とのコストパフォーマンス（費用vs効

果）が最も合理的な国や地域に持ち込み，そこで製造・加工してから最も販売価格と企業収益のパフォーマンスのよい国や地域に輸送して販売することができる。これは，もしかして，真の企業利益最大化あるいは極大化になれると言えるかもしれないが，現実はそう簡単にはならない。例えば，国連と言う地球規模の組織があるが，あることについての決議を通しても，それを実施するかどうかは，大小問わずそれぞれ200近くの加盟国の政府が自分の管轄域（国や地域）内の活動を統制する法的権限に基づいて最終決定権があるから，グローバリゼーションとは言っても進出国の政権や法律を無視するまで自由に事業展開することが不可能に近いと言えよう。

グローバリゼーションの流れ			
国際化	多国籍化	ボーダーレス化	グローバル化
二カ国間の人員・物資の移動，情報・文化の交流	二カ国以上の複数カ国間の人員・物資の移動，情報・文化の交流	複数カ国における人員・物資の自由移動，文化・情報の自由交流	社会的・経済的活動の地球規模的な展開により一連の変化
経済あるいは企業経営における意味合い			
二カ国間に，主として貿易手段を通じての国境を超える事業活動	複数カ国に進出して，多国籍において合理的な事業展開活動	複数カ国において，企業の都合での自由な合理的な事業展開活動	地球全体を考え，最も合理的に人的資源を含め経営資源の配分，事業展開活動

表5－1　国際化からグローバル化までの考え方

　表5－1にまとめているように，国際化からグローバル化までには1つの流れである。区別があるとしたら，それは企業活動展開する時の自由度の違いである。ただし，グローバル化の場合は，これまでの国際化とは質的に違いが見られている。国際化や多国籍化，ボーダーレス化の場合は，基本的に企業の本部が創業して成長した国籍にこだわり，また，企業の経営者も同じ国籍を有するのが一般的である。しかし，グローバル化した企業の場合は，こうした企業や経営者に対するこだわりがあるとしたら，それは，その企業の経営者の国籍

や民族を問わず，むしろ，同社の経営にとって最も相応しいと思われる人材であるかどうかが決め手である。また，企業の所在地に関しても，どの国で創業したかどうかにかかわらず，同社の経営にとっては，取扱商品やサービス，仕入先の企業や市場，販売先の市場や販売ルートなど事業活動が最も展開しやすいところに決めるのが合理的だと判断される。

　結局，自国より広い範囲での人員や物資の交流や移動は関係する各国の政府にもメリットがあるので，すでに実効性のあるWTO（World Trade Organization＝世界貿易機構）のほかに，TPPをはじめ，さらに，その他の複数ヵ国の間にEPA（Economic Partnership Agreement＝経済連携協定）やFTA（Free Trade Agreement＝自由貿易協定）などの締結交渉が行われ，通商上の障壁の取り除きにと止まらず，二ヵ国間や複数ヵ国間において，貿易・投資の自由化や人的交流の拡大の実現に駆け引きを取り交わされている。

（5）ローカリゼーション視点の必要性

　ところが，グローバリゼーション進展の流れの中に，経済開発に遅れている国家や地域の存在はしばしば見落とされるか，無視される場合が少なくはない。世界の各々の国やそれぞれの地域にはいずれもその地の歴史や伝統，社会通念や文化，風習や慣行，独自の基準や価値観などがある。世界経済あるいは世界政治における弱いと思われる国や地域の歴史や伝統，価値観などがグローバリゼーションにおいては尊重されるべきである。これはまさにローカリゼーションの視点である。

　例えば，日米の貿易摩擦の中で，日本人には常になぜか日本がいつもアメリカのルールに合わせなければならないのかという素朴な疑問があるかもしれない。それは，日本の現実はアメリカの都合に合わないからである。同様に，日本も他国や他の地域との経済を含むあらゆる交渉においても，自らの苦い経験を生かして，相手と互いに利益があるように意識し行動する必要である。なぜかというと，海外進出やらグローバル的な企業活動やら，自国を飛び出し他国や他の地域にやっていくことである。他人のテリトリーに入ったのに，自分が

グローバルスタンダード（地球規模の基準）だからと言って，相手の歴史や文化，価値観などを否定して，自分が基準にして相手を押しつけるのは自分にも不利益が跳ね返ってくるはずである。相手は小さくても，弱くても，その地においては国家などの独立的・強制的な公権力を保有しているからである。

　外来の文化や価値観は辿りついたその地の人々に受け入れなければ，その地での企業の定着や事業の発展はありえない。これも，後述する成功した海外商業企業の日本進出事例に対して，失敗して撤退する著名企業のわけでもある。鎖国的な考え方ではないが，外部からやって来たものは自分がグローバルスタンダードと威張って進出国の現実はすべて良くないと決めつけ，進出国の消費者に新たなルールを受け入れようと押しつけるのは決して企業戦略でもなければ，マーケティング的手法でもない。

　もちろん逆に，地元の文化や価値観に合致しないからとか言って，地元の伝統や文化よりも優れる他の地域からの良いものまでも拒否することも決してローカリゼーションではない。ローカリゼーションは，グローバリゼーションの中での地域の特徴や独自の価値観を尊重することに意義がある。

　商業企業のグローバル化と言えば，自社や自店が異なる国や民族の地域に行くことである。そこは全く異なる伝統や文化のもとで発展し進化してきた地域なはずである。しかし現実では，こういうことを無視してまで海外で事業展開する企業は決して少ないとも言えない。結論的に言うと，日本企業も同様な失敗があるが，前述した日本に進出してから長く続けられずに撤退した事例は根本的に地元の現実を無視した結果だと言っても過言ではない。

　したがって，企業行動のグローバル化を進めていく中で，海外の他国や他の地域に進出し事業を展開しようとする日本企業にとっては，自社都合ばかりの押しつけではなく，進出先の地元の利益とどう向き合い，互いにも利益をもたらせるような選択と決断が事業成功はもとより，当該企業がその地に生存できるかどうかにかかわることになる。

2）商業企業のグローバル的展開

では，実際，商業企業，特に我々の身近にある小売業のグローバル化実態はどうなっているかについて，日本の事例を見てみよう。

(1) 海外商業企業の日本進出

まず，海外から日本に進出している小売業を見てみる。その先陣を切ったのはアメリカの玩具・ベビー用品専門店「トイザらス（Toys "R" Us）」である。同社は 1989（平成元年）年に，日本マクドナルド社と合弁会社を立ち上げ，フランチャイズ・チェーン方式で日本に進出して，順調に新店舗開設して業績を伸ばしている。そして，1997（平成9）年に，新たに育児用品専門店の「ベビーザらス（Babies "R" Us）」を開業した。開店形態とは，単独店舗の開業はもとより，大手百貨店や総合スーパー，ショッピングセンターのテナントとしての出店も多い。現在では，日本各地合計 160 店舗に 7,000 名の従業員を有するまで成長してきた。さらには，「トイザらス・ベビーザらスオンラインストア」も運営している。年間最高売上は 1,600 億円（2010）超を記録している。

またそのほかに，日本に進出して今日までに日本の商業・流通業において活躍している外国の小売業には，アメリカの衣料品小売業 GAP やスウェーデンの低価格ファッション衣料品小売業 H&M，スポーツ用品店スポーツオーソリティ（SPORTSAUTHORITY），イギリスの小売業テスコ（Tesco），アメリカの会員制卸売業コストコ（Costco）などがある。一方，東京の銀座や青山通りには，欧米有名なブランド品店がこぞって出店しており，これらも紛れなく海外小売業の日本進出の実例である。

一方，世界最大な小売業ウォルマート（Wal-Mart）がスーパー西友に資本参加の形で進出して，現在は完全子会社にしている。対して，世界小売業二位のフランスのカルフール（Carrefour）はイオンと提携しながらも，2000 年に進出してから 15 年も足らずにあっけなく完全に撤退した。しかし，進出に失敗した多くの企業は日本の流通経路に大きな障害があると主張している。

（２）日本の小売業の海外進出

　日本企業の海外での活躍と言えば，従来では，資源の乏しい日本に燃料や各種の原材料を海外から輸入して，加工型経済の日本の各産業を支えるように，製造・加工された多種多様な工業製品を海外向けに輸出してきた。

　しかし，経済高度成長期以降には，従来型の商社の世界的展開とともに，重工業や化学工業，自動車や電機産業など，各産業の大手メーカーが自社の製品を自ら世界各国に輸出することになってきた。では，商業においてはどうなっているかを見てみよう。卸売業である商社については後述で議論するが，ここでは，小売業の海外進出を紹介する。

　日本小売業の主力業界である百貨店や総合スーパー，そして未だに成長を続けているコンビニ大手の多くも海外において，グローバル的または多国籍的に活躍している。

　百貨店業界の実態を見てみると，バブル経済崩壊以来，日本国内では，一向に売上が前年割れの状態が変わらない百貨店ではあるが，海外では力強く事業を展開している。例えば，百貨店四大グループの１つである三越伊勢丹はアメリカに１店舗がある以外，中国に５店舗，シンガポールに６店舗，マレーシアに４店舗，タイに１店舗，そして台湾には，なんと13店舗も出店している。その他に，高島屋グループも海外支店があり，フランスに１店舗のほか，中国，台湾，シンガポールにそれぞれ１店舗を展開している。

　一方，総合スーパーでは，イオンとセブン＆アイの２大グループが積極的に海外店舗を展開している。イオンは中国事業を海外戦略の１大柱として総合スーパーからショッピングセンターまで展開するほか，アセアン諸国にもマレーシア，シンガポール，インドネシア，ベトナム，タイ，カンボジアなど多国的に展開している。セブン＆アイグループの総合スーパーイトーヨーカ堂は中国に進出して13店舗を展開している。

　コンビニ業界は日本の商業・流通業界においては，最も活発的に海外事業を展開している業界と言える。セブンイレブンは元々グローバル的に展開するチェーンオペレーション小売業でもあって，日本の小売業においては最も多国籍

日　本	17,009	メキシコ	1,780	スウェーデン	193
アメリカ	8,139	マレーシア	1,677	デンマーク	191
韓　国	7,128	フィリピン	1,169	ノルウェー	156
タ　イ	7,965	オーストラリア	598		
台　湾	5,025	シンガポール	499	海外合計	37,201
中　国	2,017	カナダ	491	全店合計	54,210

表5－2　セブンイレブンの店舗数（2014年12月）

的またはグローバル的に出店している。表5－2で集計されているように，アメリカの8,139店舗を筆頭に，世界に合計37,000店舗以上を展開している。一方，ファミリーマートは，台湾（2,925）や中国（1,250），タイ（1,162）やフィリピン（76），ベトナム（62）やインドネシア（17）など6ヵ国と地域に合計5,492店舗を海外進出している。ローソンは，中国の上海（16）や重慶（8），アセアンのインドネシア（13）やタイ（9），そしてアメリカのハワイ（4）などに合計50店舗の出店がある。

2　日本の商習慣と非関税障壁問題

　商業は，前述したように，立地産業であるため日本と海外と比べると，日本的な特徴があり，そして，日本国内においても地域ごとに各地域に独自のしきたりなどがある。しかし，グローバリゼーションの流れの中で，経済成長している1億人以上の日本という大きな市場は欧米諸国にとってはとても魅力のある進出先である。特に日米の貿易通商交渉においてはいわゆる日本独特の非関税障壁（Non Tariff Barriers）として以下のように指摘されている。

1）日本の商慣習（Japanese Business Practices）
　まずは，日本の卸売業の多段階（1次卸から3次ないし4次卸もある）性質や伝統小売業の零細性（5人以下の独立小売店や自営業である個人商店の多さ）が海外

の大型小売業進出の妨げとなるという指摘最も注目されている。中では，日本の商慣習は最も問題視されている。

　商慣習あるいは商慣行とは，地域と密着している商取引が歴史的な過程において形成された慣習であり，世界各国にもそれぞれ独自な異なるものがある。日本的な商慣習と指摘されているのが，①輸入総代理店制，②継続的取引慣行，③建値制の3つである。

　輸入総代理店制とは，日本に商品を輸出しようとする海外のメーカーや卸売業がまず日本の商社などの大手卸売業と一括的な総代理店契約を結ぶことが必要であるため，輸入商品の販売にはこうした総代理店による独占的な状態になっている。継続的取引慣行とは，後述の流通系列化であるが，それに返品制度とリベート制度が問題視されている。

　返品制度とは，日本の書籍や雑誌が著作権保護の観点から独禁法（私的独占及び公正取引の確保に関する法律）の適用除外商品として委託販売商品とされ，売れ残りは出版社や書籍販売会社に無条件に返品できることである。一昔は，日本の百貨店にも返品制があった。それは，卸売業またはメーカーからの百貨店の仕入は買い取りではなく，委託販売商品として，売れ残りは全数仕入先へ返品する慣行である。近年では，返品制と派遣店員制度（卸売業やメーカーが自社の社員を給料負担までにして百貨店に派遣し自社の商品を販売すること）は全部廃止となったが，総代理店制についても，バブル経済期からすでに総代理店とは別のルートで別の業者による並行輸入が認められるなどで改善されている。

　リベート制とは，メーカーが販売促進という名目で卸売業や小売業に対して今後の取引が続いてもらうように，販売代金の一部を報奨として支払い戻すことである。割戻しとも呼ばれる。このような慣習は，特に中小企業の間に根深く残っている。しかし，海外企業の進出にとっては，こうした割戻しは一種の値引きとして見られ，また補助金とも思われ，日本国内の商業企業にとっては競争上有利になるので，非関税障壁の1つと指摘される。

　三番目の建値制とは，メーカーが小売業に対して，取引商品に希望小売価格を設定し，卸売業段階でも，小売業段階でも，取引交渉が行われる際にもそれ

が基準となる商慣行である。これは，事実上前述の独禁法にも違反する行為ではあるが，後述の大手メーカーが流通経路を統制しようとする流通系列にも関わりのあるものである。

2）販社と流通系列化

販社をはじめとした流通系列化は，戦後の経済高度成長期において大量生産体制が確立した日本のメーカーが流通経路を統制するために作り出した日本的な卸売形態である。1980年代後半から1990年代にかけての日米貿易摩擦においては大きな問題点として取り上げられていた。

（1）販社（Sales Company）

販社とはメーカーの販売会社の略である。販社という形態は後述の「流通系列化」の1つとして日本の独特の卸売形態でもある。昭和30年代に，戦後の経済高度成長期において，大量生産体制を確立した大規模なメーカーは自社製品を大量に流通させるために，対応できなくなったそれまでの流通経路に対して，当時急速に成長してきた近代的なスーパーマーケットなどの大型小売業と直接つなげようとして卸売段階に強力的な介入を行った。伝統的な問屋に資本参加したり，自社製品を専門的に取り扱うような子会社を設立したり，流通経路を系列化させることは販社誕生のきっかけである。

初期では，親会社であるメーカーによる100％出資する販社が少なくはないが，その後，巨額の資本投下や市場リスク負担の急増などデメリットが浮き彫りとなったため，資本独立の別会社に対して，卸売段階での流通再編を中心に，マーケティングの垂直的統合形態の1つとして，契約による特定地域での自社製品の排他的な販売権を与える特約店，自社製品の委託販売を受けたり，買い付け契約による販売代理店を増やすことにした。販社制度は多くの産業にわたって存在しているが，基本的には製造業の製品価格を維持できるように機能する卸売的な代理業者である。

現在では，経済成長が鈍化している一方，流通経路の主導権を奪取し維持し

ている大型スーパーマーケット，誕生以来持続的成長を続けている大手コンビニエンスストアチェーンなどの大型小売業による流通経路再編の主導権争い激化の中で，流通経路における販社には新たな役割が求められていた。販社自体も従来の大量流通より地域密着型のエリアマーケティング戦略を展開したり，小売店舗に対する販売支援や事業サポートを強化するように戦略転換しつつある。また，情報化社会の一層の進展に合わせてネットによる販売促進なども取り入れている。市場環境の激変の中で，メーカーも既存の販社を再編して，各地における自社の窓口にしようとしている。

（2）流通系列化（Affiliated Distribution System）

　商業・流通のグローバル化において最も指摘される非関税障壁とは流通系列化である。流通系列化とは，メーカーが自社商品の販売を大量かつはやく販売できるように，卸売業や小売業を自社グループ内に取り込み，販路または流通のコネクションを作ることである。流通系列化による生産から販売までの強力な経営基盤を構築できるため，競合企業や新規参入企業から自社の市場シェアを守ることができる。もちろん，これは海外企業の新規参入の阻害にもなるため，流通系列化は日本市場への参入障壁として，アメリカをはじめ海外諸国の非難の的になっている。

　流通系列化を通じて，メーカーなどが自らのマーケティング計画に基づいて，卸売業者や小売業者を組織化することが狙いである。これによって，流通経路を自社の経営方針に基づいて管理・統制することができる。また，資本関係以外にも各種の販売店支援策やリベートなどによって強い絆を結ぶことも多い。一方，メーカーの流通系列化に対して，大規模小売業者が中小規模の卸売業者やメーカーを納入先として指定するなどの逆のパターンとも言われる流通経路を統合しようとする行為も見られるようになり，これらは川下からの流通系列化とも呼ばれる。

　流通系列化の形態としては，卸売段階までを組織化するものと，小売段階を含めて組織化するものがある。流通チャネルの効率化や専門知識に基づいて消

費者への販売ができるなどのメリットを持つ反面で、メーカーと卸売業者や小売業者との間に支配と従属の関係が生じるデメリットも存在する。これらが競争を阻害する不公正な取引あるいは市場独占行為が行われやすいこととなり、消費者には不利益になることである。

したがって、日本の公正取引委員会は以下の8つの具体的な行為を決め、それぞれを独禁法に抵触する違法性の判断基準としている。①再販売価格維持行為、②一店一帳合制、③テリトリー制、④専売店制、⑤店会制、⑥委託販売制、⑦払込制、⑧リベートである。しかし販路の維持にもコストがかかるため、今日では流通系列化の見直しを図る企業も増えている。

3　日米の商業・流通の比較

1985年のプラザ合意以来、日本の経済構造、特に日本の商習慣または商慣行は常に先進諸国特にアメリカに指摘されている。日米間のギャップはいったいどこにどのように存在することが見たくなるであろう。

1）幌馬車由来の大型商業

この節では、なぜ同じ資本主義の社会制度のもとで自由経済を推進してきた日本とアメリカとの間に、流通経路や商業のあり方が、貿易摩擦と言われるほど大きなギャップがあるかについて議論をして、グローバリゼーションのあり方を考えてみる。

さて、アメリカの商業・流通と日本の商業・流通とは、何がどのように違うのか。一言でいうと、経営的要素や人的要素を取り除いてみたら、その根本的な要因は商業発生の歴史的な背景にあると言わざるを得ない。

周知の通り、アメリカの国土は19世紀末葉になると東海岸の大西洋から西海岸の太平洋までに広がり、現在は、日本国土の25倍の広さまで拡張してきた。つまり、アメリカ人が隣の町に行くだけでの移動は、最大で日本人の25倍にも遠くなることもあり得る。一方、人口でみても分かるように、国土25

倍もあるアメリカの人口は今日になっても3億人前後で日本の3倍にもならず，人口密度で言えば，日本の八分の一にもないわけである。また，ミシシッピー川（the Mississippi）より西の中西部に広げる平野をはじめとして国土面積の40％以上（約日本の国土の10倍）は平坦地である。つまり，国内での遠出は高速道路やバイパスなど整備されていなかった昔から長距離移動に，西部劇の映画にもよく見られるように馬や馬車の利用は簡単にできる。さらに，広い土地での遠出の行商においては，リスク分担や仲間の助け合いなどチームワークによる連携プレイなどの組織的な行動も必要となり，商売が順調に拡大して行くうちに，次第に大きな会社組織になってしまうわけである。

このために，世界各国でも共通するように，商業のルーツである行商の時代に，アメリカでは，隣の町や村に行こうとしても徒歩ではかなりの苦労になるので，馬や馬車を使って旅に出たり，行商に出かける条件が備えている。天候の急変に備え馬車には幌を付けたり，また，馬車なので大量の商品あるいは大型商品を載せて行商に出かけることもできる。幌馬車での行商はアメリカ商業のルーツであり，その名残でもあるが，今日のアメリカでは，大都会や田舎町に問わず，至るところに大型の小売業施設が遍在する。

2）風呂敷由来の地域密着型商業

では，日本の場合はどうなっていたか。歴史年代の長短的な要素を取り除いても，日本はアメリカとの違いは歴然である。まず，比べられないように国土が狭い上，山地や丘陵地帯など車両での移動の障害になりうる国土は全国に広がっている。また，15世紀から16世紀にわたり，応仁の乱（1467）以降，百年以上も続いた戦国時代（1590年まで）では，日本全国は150以上の大名が各地割拠し，諸国間の移動も簡単にはできなかった。それに，江戸時代までにも鈴鹿関や箱根関などをはじめ，いわゆる「日本六十余州」のように，地方強豪勢力による地元の統治など，遠出の行商人にとっては好ましくない障害になる関門も多く実在していた。つまり，前近代の日本では，自然条件的も社会制度的も，遠方に足を伸ばして商売しに行く環境には恵まれなかった。

当然のことで，山地などの地理的なハードルも多く，大名の地方割拠による人的なハードルも多いため，個人や家族が中心となる行商の多くは近隣の町や村に訪れることになる。近隣地域に行くのであれば，風呂敷で商品を包み，天秤棒で商品を担ぎ，徒歩で出かけることもできるし，一人や兄弟あるいは家族数人での行商も十分に可能である。また，今日の日本でも東京・大阪・名古屋などの巨大都市に人口の「一極集中」が長く問題とされるが，人が集まれば，それだけの商圏ができ，消費人口が集約することができるため，商店街の中で狭い一軒家の小さい店だけで自分や家族の生計が立てられるのである。それらは，日本に存在する中小零細な小売店が多いわけでもあるし，大量な零細的伝統小売店を相手にする中小卸売業にとっても商売の機会の確保や生き残りの依拠にもなる。

　したがって，アメリカ的なチームプレイ方式で組織化される大規模な卸売業，巨大な売場を構えて大量な商品を揃える大型小売業店舗に対して，日本における伝統的商業は，基本的に中小零細型である。

4　商社のマーケティング

1）日本の商社（Japanese Business Company）

　商社とは「商事会社」の略で，日本の特有な商業企業の１つである。歴史的に商社は卸売，小売，海外貿易など商業に係わるあらゆる事業を通じて総合的に商品の売買に関連する一連の事業を展開する企業である。しかし今日では，主として外国との取引を行う貿易会社としてイメージされることになっている。商社には，また，幅広い商品・サービスを取り扱う総合商社と特定の分野に特化した専門商社に区分される。

（1）総合商社（General Merchant）

　総合商社は明治維新以降に発生し，日本経済を牛耳ってきた日本独自の商業企業であり，総合的な卸売業という言い方もあるが，その事業領域は卸売業を

はるかに超える多岐にわたっている。取扱商品や提供するサービスが俗に「ラーメンからミサイルまで」と言われるほど極めて多いことから，国際的には，コングロマリット（conglomerate＝多種多様な業種・業態，企業を統合した複合的な企業集団）とも呼ばれる。

　総合商社は，次の3つの特徴がある。①企業規模が巨大である。②多様な事業しかも総合関連性の強い商品を取り扱う。③通常の商業活動（卸売・小売）の域を超えて，製品の製造や原材料の調達，物流や保険，金融や投資，その他のサービスも事業領域としている。こうして，複数の産業や業界を跨って1つの企業グループにまとめて全般的に経営を行っている。

　一方，バブル経済崩壊で金融事業にも展開していた商社が巨大な打撃を受け経営不振のため事業の統廃合や企業の吸収・合併（M&A）などを通じて乗り越えてきた。いわゆる商社の冬の時代を経て，それまでのような単純な貿易・販売や商社金融業務のほとんどは子会社や関係会社に移管される。今日では，国内・海外企業への出資ならびに経営管理，経営層を含めた人材の派遣，ICT（情報通信技術）による情報の蓄積や処理，システム開発など，総合商社本社の業務内容は金融持株会社に近い機能になってきている。また，これらの機能を活かして，国内外においてM&Aや自ら新規事業を立ち上げることも多い。

　現在では，一般的・慣習的に「総合商社」と呼ばれているのは下記の5社ないし7社である。①三菱商事，②三井物産，③伊藤忠商事，④住友商事，⑤丸紅，⑥豊田通商（2006年4月1日にトーメンを吸収合併），⑦双日（2004年4月1日にニチメンと日商岩井が対等合併して誕生）。

（2）専門商社（Specialized Trading Company）

　専門商社とは，特定の分野，業種において商事活動や商業的機能を果たす卸売性質の企業である。総合商社の寡占的な状態とは対照的に対，企業全体の数は非常に多い。

　専門商社は，総合商社やその分野の大手メーカーの子会社・関係会社であることが多く，総合商社とは違って従来のように，商流（商的流通）のほか，物

流・金融が現在でも業務の中心となっている。しかし，単純な輸出入・販売だけではなく，商品企画やマーケティング戦略，流通に係わるICTなどの機能やサービスの提供で付加価値を追求するようになっている。独立系の専門商社などでは，総合商社と同様の投資業務に乗り出しているところもある。

　取扱商品はあくまでも自社の取扱商品の基本となる部分であるが，会社によっては新規分野への進出を図っているところもある。業務内容としては貿易を中心とするものと国内卸を中心とするもの，また，その両方とも取り扱うものに分類できる。

　代表的な専門商社を挙げてみると，紙・パルプ分野の専門商社には，日本紙パルプ商事，国際紙パルプ商事，新生紙パルプ商事などがある。化学製品分野の専門商社には，長瀬産業，稲畑産業，明和産業，ソーダニッカ，内村などがある。医薬品・医療関連商品の専門商社には，アルフレッサホールディングス，クラヤ三星堂，スズケンなどがある。

2）商社のマーケティング戦略

　一般的に，商社は基本的にメーカーと小売業の間に介在して両者のつながりに機能するものである。

（1）商社の機能とその革新

　商社の機能と言えば，基本的には大きく流通，金融と情報の3つに分けてみることができる。
　① 流通機能
　商社も卸売業であるため，メーカーと小売業のつなぎとして卸売機能を有するが，商社のゆえ，外国貿易における流通機能は一般の国内卸売業にはあり得ないものがある。また，海外との商取引とともに総合商社の場合は，物流や貯蔵・保管機能も果たし，またその仲介業務も行う。それゆえ，戦後以降バブル経済崩壊までに長い年月において商業における優位を守ることができた。その後，他の業者による並行輸入や大手小売業者の開発輸入，また，宅配便の海外

進出などによって，多くの分野において強力なライバルが現れて，その優位性が次第に崩れつつある。商社とは言えども，商業・流通業における激しい競争において勝ち上がる保障がないと言えよう。

② 金融機能

特に貿易業務においては，外国で購入した商品は海運で日本に輸送する場合は，代金支払いと商品の到着との間に通常数週間ないし数カ月のタイムラッグがある。その間の商品が途中で損害されたり，滅失されるリスクは買い手と売り手の双方にもある。そのリスクを軽減するために，銀行を利用して代金支払いを担保する荷為替手形（Documentary Bill/Draft）や信用状（Letter of Credit＝L/C）のような手法を取り入れて銀行にリスクを転嫁する代金決済においては，商社の資金力や銀行に対する信用力がダントツの競争優位に立っている。また，総合商社の場合は，グループ企業系の銀行や信用取引のための子会社も持っているので，金融機能には確かの競争力がある。

しかし一方，2002（平成14）年以降実施された銀行・金融業務の規制緩和（金融ビッグバン）で大手小売業や大手通信会社及びその他の有力企業も銀行業に参入してきて，商社には新たな脅威が迫られており，競争の優位性はまたも弱められている。

③ 情報機能

海外の支店ネットワークは情報の収集や伝達において，商社にとっては最も価値ある組織構造だと言っても良い。各分野に専門的なスタッフが勢揃いなので，情報の処理や加工能力も他の企業より優れている。特に，国内のメーカーや国内卸売・小売業に対して，海外の生産・販売・消費情報は自社の経営戦略の見直しや再構築には欠かせないものである。これまでは，こうした国内商業・流通業各社との情報交換や提供は商社の強みでもあった。

しかし，第7章で議論するように，情報化社会の一層の進展によって，インターネットを通じて自宅に居ながらも世界中のニュースや情報を瞬時に入手できる時代になっている今日では，商社は従来のように単なる国内企業との情報交換や提供だけでは存在意義が失われてしまうことになりかねない。

（2）総合商社の戦略

　いずれの企業にも業界や市場に生き残れてさらに成長して行くには，自社の存在価値がはっきりと関係企業の認知や消費者の支持，さらには社会的に認められるのが前提である。総合商社とは言え，まずは，第3章で紹介した企業の経営分析に常用されるSWOT分析や5FORCES分析を使って，自社の強みや他社にない市場での優位性を見出すことが大事である。

　総合商社の場合，各国に分布している海外支社や支店は現地のあらゆる部門とのつながりがある。このような機能は国内のいずれの大手企業にも圧倒的な競争優位を有するため，真っ先に活用すべきである。また，流通においてもこれまで蓄積してきた物流にかかわる実力と海外貿易における金融力や各国の大手銀行との業務関係を活用することは最大な優勢とも言える。このような分野では，国内の大手チェーンストアの業務代行になることもできる。情報分野に関しては，情報の収集・加工に基づいたデータベース化をもとに，それぞれの取引相手に提案的な情報提供ができる。

　近年では，日本の総合商社が国内商業・流通経路において，小売業に資金参入や吸収合併などの手法を使ってマーケティングの垂直的な統合を進めていることも1つの大きな方向性である。こうした傘下に収めた小売業に対して海外取引で輸入した商品の提供だけではなく，せっかく海外におけるあらゆる面での経営資源が保有しているため，日本国内市場の限界を乗り越え，小売業の海外展開にも力入れるべきである。

（3）専門商社の戦略

　専門商社は，全体的な企業の体力からみて総合商社よりは劣るのがもとより，国内の大手商業・流通業グループ企業よりも弱いことも珍しくはない。しかし，専門商社の存在価値と言えば，特定の専門分野における専門性と業務能力である。また，自社の経営分析をより客観的に行い，自分の身の丈をよく分かってから国内企業のメーカーから卸売，小売業まで，自社と対等的または自社よりも規模の小さい企業は大勢存在しているので，自社の力と機能を十分に発揮で

きるところも多いはずである。
　一方，大手メーカーや大手小売業グループを相手にしても，自社の独自の専門領域や専門的に取り扱っている商品の品揃えや独自の取引関係やルートに関しては決して大手企業より劣ることはない。大手企業も経営のコストパフォーマンスを考慮しなければならないので，自信を持って大企業との取引関係を樹立して維持して行くことができる。
　また，中小規模の専門商社も同様に多くの商機がある。商機とは待っていればやって来るものではない。こっちから積極にチャレンジすることの積み重ねによって，何気もない出来事から結局として成功のチャンスになったと後で言われることになる。俗に「失敗は成功のもと」という言い伝えもあるように，中小企業だからと言って，どうしようもないという意識はあってはならない。特に，海外とのつながりが強みのある商社は小規模でも自社の専門性や自社特有のコネクションやルートを保有しているから，その強みが事業成功のチャンスになるからである。

第5章を読んでさらに考えてみること

1. グローバリゼーションについては，段階的にあるいは程度的に国際化，多国籍化，ボーダーレス化，グローバル化のように分けてみることができるが，展開して行くプロセスにおいては，ローカリゼーションの観点から進出先の地元と調和できた事例があれば，1つ挙げてみよう。
2. 商業企業，特に小売業のグローバリゼーションにおいて，海外企業の日本進出に関しては，成功できない企業の事例を1つ挙げて，その原因分析を独自に考えてみよう。
3. 商社は日本企業の花型であり，一般のイメージとしては貿易や海外向けの投資を行う巨大企業ではあるが，近年では，国内の流通経路にも参入して勢力を拡大している。商社によるコンビニ業界への進出は，マーケティング的には，垂直的統合とも言われるが，そのメリットとデメリットについて分析してみよう。

> **ミニコラム**　我々の生活の中のグローバリゼーション

　グローバル化やグローバリゼーションなどを聞くと，それは企業の事業活動やビジネスであり，我々一般消費者には関係ない話だと思う人が多い。日本の食料品の自給率が4割も達していない現実を見ると，グローバリゼーションはすでに知らず知らずに我々の日常生活に浸透してきている。

　かつて，東京では，世界各国の料理が食べられると自慢ができる知人が居た。今日では，世界中のブランド品も贅沢品も東京に行くことなく地方都市や田舎に居たって買えるようになっている。

　一方，今の時代では，我々は日本を出なくても，海外の企業があらゆる商品を日本に売り込みに来るし，日本の商社や貿易会社，普通のスーパーだって我先に日本を繰り出し，世界各国に出かけてあらゆる商品を買い集めて日本に持って帰る。また，我々個人だってインターネットで検索して，海外の企業や小売店のホームページや通販サイトから個人輸入とも言えるほど自由に欲しいモノを買いそろえることができる。

　円高の時代では，日本人が意気揚々と海外旅行に出かけて，円高メリットを存分に楽しめ，行き先でブランド品や贅沢品を欲しいがままで買いあさり，大判振舞ってその地のサービスを受けたりしていた。しかし，近年の円安で日本人の海外旅行がだいぶ減ったものの，年間1,000万人も超えた日本にやってくる外国人の観光客たちは逆に円安のメリットを享受している。

　つまり，グローバリゼーションとは，地球（世界）の全体を1つと見なし，各国のモノやサービス，人や文化，情報などが自由に行き来のできる環境である。我々が遠出せず，近所の商店街やスーパーでぶらぶらするだけで，そこに，グローバリゼーションの出来事が我々を待っている。

第6章

中小商業の実態と今後

　本章は，まず，中小企業の全体像を紹介して，主に中小規模の商業企業（卸売業と小売業）について議論していく。ただし，中小企業の全体論でも，中小商業の具体論でも，中小企業の発生や歴史的進展，あるいは中小企業の事業範囲や経営手法などについては，理論的な根拠を引用しながらも理論的な検討・分析をするつもりはない。むしろ，より実務的に中小企業の今日の実態を分析して，その問題点を指摘し，中小企業存続の必要性，また，今後の生き残りに関して，戦略的に考えてみるつもりである。

1　中小企業と中小商業の実態

　企業は，その事業活動の分野によっては，第1章の図1-3のように，総務省の管轄では，日本標準産業分類として，AからTまでに20種の大分類に分けられる。この産業分類は，1951（昭和26）年の第一回の適用以来の第十三回目（2014年4月1日適用）になっている。本書の内容になる商業・流通業の主な部分である卸売業・小売業は分類Iに属され，物流に関しては，分類H（運輸業・郵便業）の一部分になる。もちろん，産業分類は，企業の規模などとは無関係なものである。

　一方，経済産業省の管轄で，産業統計においては，より実務的に企業の資本金や従業員数などを基準に，すべての企業が大規模企業と中小規模企業に分別される。

1）企業の規模と中小企業

　従業員規模や資本金規模による企業分類の基準は 1973（昭和 48）年に公表され，1999（平成 11）年に時代の変化に伴い改訂されたものである。現在では，表 6 − 1 に示されたように，同じ中小企業とは言え，分類基準はメーカーと卸売業・小売業，またサービス業に対してそれぞれに異なる設定がある。また，同じ中小商業企業であっても，卸売業は小売業より資本金規模も従業員規模も 2 倍と設定される。これは，第 3 章で紹介した卸売業機能の 1 つである「集中貯蔵原理」または「不確実プール原理」機能を果たすために，必要な貯蔵施設や運送手段またそれに伴う人員の配置に必要だと考えられる。

事業分野	中小企業基本法の定義	法人税の定義
メーカーその他	資本金：3 億円以下，又は 従業員：300 人以下	資本金 1 億円以下
卸売業	資本金：1 億円以下，又は 従業員：100 人以下	
小売業	資本金：5,000 万円以下，又は 従業員：50 人以下	
サービス業	資本金：5,000 万円以下，又は 従業員：100 人以下	

表 6 − 1　企業の分類基準

（1）中小企業（Small and Medium Enterprises＝SME）

　中小企業は，中規模以下の企業ではあるが，別に，中規模企業と言う区分けがないため，日本全国 6,356,329（事業内容等不詳を含む日本の全事業所，2013 年末）事業所の 99％以上は中小企業と呼ばれることになる。また，個人経営に近い小規模（従業員規模 5 人以下）の企業は，法的規定はないが，習慣的には「零細企業」と呼ばれる。

　表 6 − 2 は，中小企業庁が公表した『2014 年版 中小企業白書』に掲載された「日本標準産業分類」の第一次産業に属す「A 農業，林業」「B 漁業」「C

産業	中小事業所 事業所数	構成比(%)	うち小規模事業所 事業所数	構成比(%)	大事業所 事業所数	構成比(%)	合計 事業所数	構成比(%)
鉱業, 採石業, 砂利採取業	2,284	99.9	2,085	91.2	2	0.1	2,286	100.0
建設業	525,186	99.9	495,193	94.2	271	0.1	525,457	100.0
製造業	490,081	99.3	413,942	83.9	3,299	0.7	493,380	100.0
電気・ガス・熱供給・水道業	3,846	97.7	2,337	59.4	89	2.3	3,935	100.0
情報通信業	66,181	98.5	40,033	59.6	1,023	1.5	67,204	100.0
運輸業, 郵便業	134,704	99.4	96,363	71.1	774	0.6	135,478	100.0
卸売業, 小売業	1,383,927	98.5	925,863	65.9	21,084	1.5	1,405,011	100.0
卸売業	368,356	99.1	214,075	57.6	3,297	0.9	371,653	100.0
小売業	1,015,571	98.3	711,788	68.9	17,787	1.7	1,033,358	100.0
金融業, 保険業	88,461	99.6	71,088	80.0	370	0.4	88,831	100.0
不動産業, 物品賃貸業	379,412	99.9	359,462	94.7	307	0.1	379,719	100.0
学術研究, 専門・技術サービス業	217,924	99.3	163,145	74.3	1,546	0.7	219,470	100.0
宿泊業, 飲食サービス業	704,955	99.0	482,083	67.7	6,778	1.0	711,733	100.0
生活関連サービス業, 娯楽業	479,254	99.7	418,948	87.2	1,363	0.3	480,617	100.0
教育, 学習支援業	159,377	98.8	111,764	69.3	1,910	1.2	161,287	100.0
医療, 福祉	350,522	97.6	152,104	42.4	8,475	2.4	358,997	100.0
複合サービス事業	33,065	99.1	17,218	51.6	292	0.9	33,357	100.0
サービス業（他に分類されないもの）	348,520	97.9	245,486	68.9	7,636	2.1	356,156	100.0
非1次産業計	5,367,699	99.0	3,997,114	73.7	55,219	1.0	5,422,918	100.0

資料：総務省・経済産業省「平成24年経済センサス－活動調査」再編加工
(注) 1. 常用雇用者300人以下（ゴム製品製造業は900人以下，旅館，ホテルは200人以下，卸売業，サービス業（ソフトウェア業，情報処理・提供サービス業，旅館，ホテルを除く）は100人以下，小売業，飲食店は50人以下）の事業所を中小事業所とする。
2. 常用雇用者20人以下（卸売業，小売業，飲食業，サービス業（宿泊業，娯楽業を除く）は5人以下）の事業所を小規模事業所とする。
3. 小規模事業所の構成比は全事業所数に占める割合とする。
4. 産業分類は，2007年11月改訂のものに従っている。
5. 経済センサス－基礎調査では(1)商業・法人登記等の行政記録を活用して，事業所・企業の捕捉範囲を拡大しており，(2)本社等の事業主が支所等の情報も一括して報告する本社等一括調査を導入しているため，過去の中小企業白書の付属統計資料の「事業所・企業統計調査」による結果と単純に比較することは適切ではない。
6. 各々の数値には派遣従業者のみの事業所（総従業者数＝0）を含む。

表6－2　中小企業の全体像

鉱業，採石業，砂利採取業」，そして第三次産業の「S公務」及び「T分類不能の産業」の産業を除いた「民間・非1次産業」と呼ばれる全産業の90%以上を占めている事業所の2012年の統計データである。表に示されるように，中小企業の割合は99%もあり，そのうち，いわゆる零細企業とも呼ばれる「小規模事業所」は全体の7割も超え，73.7%を占めている。

　中小企業基本法第二条の「中小企業者の範囲」によると，表6－1に示される資本要件と人的要件のいずれかに該当すれば，中小企業者として認定される。ただし，以下のような特例もある。例えば，ゴム製品製造業の場合は，資本金規模はメーカー一般の3億円以下とは同じだが，従業員規模は900人（卸売業の3倍，小売業の6倍）以下と規定される。また，旅館業の場合は，資本金規模は5,000万円以下でサービス業一般とは同じだが，従業員規模は200人以下と大きく規定され，サービス業一般よりの倍になっている。そして，ソフトウェ

ア業・情報処理サービス業の場合は，資本金規模は3億円以下に加え，従業員規模は300人以下との設定で，サービス業一般よりは規模が3倍も大きい。

しかし一方で，法人税法では，表6－1の業種による分類（人員規模も含む）には関係なく，一律に資本金1億円以下の企業を「中小企業者」と定義する。

（2）零細企業（Small [Tiny] Business）

いわゆる零細企業とは中小企業の中でとくに小規模なものを指す言い方で，法的な根拠はないが各産業分野には広く存在するのが現実である。また，産業ごとに事業活動の条件が異なるため，具体的にははっきりと示すことはできない。中小企業基本法によれば，小規模企業という定義があるが，それは，製造業では，従業員規模20人以下，商業・サービス業では，5人以下の企業である。また，自家労働と雇用労働の比率に注目してみると，自家労働的な経営が圧倒的に多い従業員規模4人以下の企業を「零細＝勤労業者」，自家労働の比重が全体の35％前後を占める従業員5～9人規模の企業を「小＝勤労業者と資本家的企業の中間的存在」という規定がある。もちろん，両者をあわせて「中小零細企業」と呼ばれる場合もある。

従業員規模10人以上の中小企業に比べると，零細企業は自家労働と自己資本を中心とする個人的経営形態であるため，経営と家計とが未分離な生業的色彩が強く，自己資本が少ないものの，金融機関などからの資本調達力がないほど弱い。このため，設備投資ができず，技術水準も低く，生産性の低い労働集約的事業活動に従事するのが多い。一方，零細企業の「強み」とも言えるが，市場の需要単位が小さなビジネスにも柔軟的かつ創造的な経営で適応することができる。情報化の進展で情報通信技術（ITC）の発達と普及の流れの中で，自宅利用やデスク一台ぐらいの極小なスペースを借りて，ソーホー（Small Office Home Office＝SOHO）とも呼ばれるようなパソコンだけでインターネットを活用して創業するビジネスモデルを展開する新しい形の零細企業も増えている（第7章第3節を参照）。

（3）個人事業主（Owner-manager）

　法的に個人事業主と言われるのは，法人を設立せずに単独で事業を営む個人あるいは個人会社であり，一般には「自営業者」と呼ばれる。中小企業庁が公表した資料（2014年版『小規模事業者の現状と課題について』）によると2009年現在では，中小企業と同等規模の個人事業主は全国に242万以上もある。

　対して，組織に雇用される人は個人事業主ではない。独立の経営で継続的な請負（下請）や納入業者，代理店などの個人や家族経営，また，雇用ではなく，契約に基づいて別の企業や個人（自営業も含む）の事業に従属する場合は，個人事業者である。個人あるいは家族，仲間で起業し事業を展開するが，法人（株式会社など）の形態であれば，零細企業となり，法人ではない場合は，個人事業主になる。俗に，「自営業」という。

　事業主は一人のみ，また家族のみ，あるいは数人の仲間が集まって創業して，小規模の資本金で経営し事業を展開する形態が一般的ではあるが，事業が順調に進み，企業が成長し拡大して行くと，法人化して大規模な企業組織までになることもあり得る。アメリカでは，マイクロソフト（Microsoft）やグーグル（Google），日本では，ソフトバンク（Softbank）や楽天などもすべて小さな自営業的あるいは零細企業的な経営から発足したものである。

　個人事業主が事業を拡大しようとして，株式会社や合名会社，合同会社や合資会社などを設立すると，法人化となる。事業の内容や取引先などの関係者が全く変わらなくても，生業的な経営を止め，個人の資産と家計と事業を分別することになり，株の発行や取締役会の設立など法人化手続きを行わなければならない。

　全体的には，個人事業者は逓減していくのが間違いないこれからではあるが，卸売業や小売業には多くの個人事業主が独立した事業運営を続けている。また，情報関係分野では，前述のソーホーの形での零細規模での新規創業を営む個人事業主が多い。

　一方，社会的にかなり信用される職業においても個人事業主が多く存在する。例えば，個人的に事業を展開する建築家やデザイナー，コンサルタントやプロ

グラマなどはそうである。さらに，国家資格を有している弁護士や税理士，行政書士や公認会計士などもいずれかの事務所や会社に所属しなければ，紛れもなく個人事業主である。もちろん，そのほかに，個人開業医や薬剤師，小説家や放送作家，評論家，漫画家や画家，音楽家や作曲家，歌手なども，従業員が何人を雇っても，法人組織ではない形で事業や仕事をするのも個人事業主である。

2）中小卸売業

　ここからは，本書の主なテーマである商業・流通業の中小企業，特に中小卸売業と中小小売業について議論して行く。

　第4章で紹介した「流通革命論」以降から流通経路においては，その社会的存在において最も危機感があり，中抜きされやすいと思われるのが卸売業者である。特に，中小卸売業の場合は，取扱商品の品種や品目が絞りすぎて，単品問屋のようなかなり専門的な商品しか取り扱わない伝統的な卸売業者も多いため，卸売業が逓減して行くうちになくなってしまうのではないかという恐れがあると思われる。

　ところが，図6－2を見ると，このような悲観的な推測にはデータ的な裏付けがないと言っても良いのであろう。1991（平成13）年と2011（平成23）年と比べると，従業員規模4人以下いわゆる零細卸売業の絶対数は，22.5万店から13.5万店までへ40％も減少してきたが，卸売業全事業所数における割合を見ると，逆に47.3％から50.5％へと拡大したことが分かる。同表のデータを見ると，数量的にも割合的にも最も減ったのは，むしろ従業員20～99人規模の中小企業の中でわりと規模的大きいほうの業者に集中している。特に，50～99人規模の卸売業は10年で半減以上（52.3％）の減少を記録している。

　最も大きな理由と言えば，それは，消費者のニーズとウォンツはバブル経済崩壊以降に，さらに多様化または個性化となり，消費者層はさらなる細分化してきたことや第7章で議論するインターネットショッピングの拡大などに要因がある。卸売業の大幅な減少という現状は，これまでのオーバーストアの整理

事業所数・従業者数　　　　　　　　　　　　　　　　　　　　　　　　　　　下段：構成比（単位：%）

従業者規模	事業所数（千店）								従業者数（千人）							
	1991	1994	1997	1999	2002	2004	2007	2011	1991	1994	1997	1999	2002	2004	2007	2011
1〜2人	101.8 (21.4)	90.4 (21.1)	83.1 (21.2)	95.5 (22.4)	84.7 (22.3)	86.4 (23.0)	77.2 (23.1)	73.0 (27.3)	177.5 (3.7)	158.2 (3.5)	144.1 (3.5)	155.4 (3.5)	143.5 (3.6)	155.2 (3.8)	128.8 (3.7)	116.0 (4.2)
3〜4人	123.3 (25.9)	103.0 (24.0)	94.1 (24.0)	98.2 (23.1)	88.7 (23.4)	89.7 (23.9)	78.4 (23.4)	62.0 (23.2)	424.8 (8.9)	356.6 (7.8)	325.4 (7.8)	339.8 (7.6)	306.8 (7.7)	309.7 (7.7)	270.8 (7.7)	212.0 (7.6)
5〜9人	132.1 (27.8)	120.1 (28.0)	109.0 (27.8)	118.1 (27.7)	105.4 (27.8)	102.9 (27.4)	90.8 (27.1)	68.0 (25.5)	861.1 (18.0)	786.0 (17.2)	714.4 (17.2)	774.1 (17.2)	690.5 (17.3)	674.0 (17.7)	595.0 (16.9)	445.0 (16.0)
10〜19人	70.5 (14.8)	61.8 (15.8)	61.8 (15.8)	67.2 (15.8)	59.7 (15.7)	57.3 (15.3)	52.1 (15.6)	38.0 (14.2)	937.9 (19.7)	901.8 (19.7)	823.2 (19.8)	895.4 (19.9)	795.3 (19.9)	764.2 (20.1)	695.4 (19.7)	509.0 (18.4)
20〜49人	36.4 (7.6)	36.0 (8.4)	32.7 (8.4)	35.4 (8.3)	30.9 (8.1)	29.6 (7.9)	27.6 (8.2)	20.0 (7.5)	1,061.1 (22.3)	1,055.4 (23.0)	960.6 (23.1)	1,038.4 (23.1)	904.9 (22.6)	866.8 (22.8)	809.9 (23.0)	594.0 (21.4)
50〜99人	8.4 (1.8)	8.4 (2.0)	7.6 (1.9)	8.1 (1.9)	7.1 (1.9)	6.5 (1.7)	6.1 (1.8)	4.0 (1.5)	567.6 (11.9)	565.2 (12.3)	514.5 (12.4)	546.4 (12.2)	477.9 (11.9)	433.2 (11.4)	408.9 (11.6)	294.0 (10.6)
1〜99人	472.5 (99.3)	425.7 (99.2)	388.4 (99.2)	422.5 (99.2)	376.4 (99.2)	372.4 (99.2)	332.1 (99.2)	265.0 (99.3)	4,034.8 (84.5)	3,823.1 (83.4)	3,482.3 (83.6)	3,749.4 (83.4)	3,319.0 (82.9)	3,193.1 (83.9)	2,908.8 (82.5)	2,169.0 (78.2)
100人以上	3.5 (0.7)	3.6 (0.8)	3.2 (0.8)	3.3 (0.8)	3.1 (0.8)	2.8 (0.8)	2.7 (0.7)	2.0 (0.7)	737.9 (15.5)	758.3 (16.6)	682.4 (16.4)	746.8 (16.6)	683.0 (17.1)	617.5 (16.1)	617.5 (17.5)	604.0 (21.8)
合計	476.0	429.3	391.6	425.9	379.5	375.3	334.8	267.0	4,772.7	4,581.4	4,164.7	4,496.2	4,002.0	3,803.7	3,526.3	2,773.1

資料：経済産業省「商業統計表」、総務省・経済産業省「平成24年経済センサス―活動調査」
(注) 1. 産業分類は、1991年の数値については1984年1月改訂の、1994〜1999年の数値については1993年5月改訂の、2002〜2007年の数値については2002年3月改訂の、2012年の数値については2007年11月改訂のものに従っている。
2. 1999年調査は、総務省「事業所・企業統計調査」との同時調査（調査票は両調査共通の簡易な様式）によって既設の対象事業所の捕捉を行っていることから、それ以前の数値との連続性はない。
3. 「事業所数」について、1999年以前では「商店数」と表記されているが、内容に変更はない。
4. 従業者1人当たり年間販売額における従業者は、代理商・仲立業を除いている。
5. 2011年の事業所数、従業者数は2012年2月1日現在の数値である。

表6-3　中小卸売業規模別事業所の推移

と調整ではないかと考えられる。また，この店舗数の縮小現象は後述の小売業店舗の動向からも見られる。

3）中小小売業

一方，中小小売業企業の実態は中小卸売業とは店舗数逓減の傾向においては同じではあるが，構造的な変化には異なるところがある。表6-4は同じく2001年から2011年の業界全体の動きを表している。中小小売業の全店舗数は，159.1万店から78.3万店へと過半数（50.8%）の減少を記録している。これは，前述の卸売業や商業・流通業全体と同じく逓減することには違いはないが，従業員規模の構成を見ると，中小小売業界における割合では，従業員規模4人以下いわゆる零細小売業が急激的に減少する一方で，従業員規模5人以上の小規模店舗から従業員規模99までの中小小売業では規模がわりと大きいほうの店舗数の割合が逆に上昇している。

これについては，「2014年版　中小企業白書」の分析としては，近年，社会

事業所数・従業者数														下段：構成比（単位：%）
従業者規模	事業所数（千店）							従業者数（千人）						
	1991	1994	1997	1999	2002	2004	2007	2011	1991	1994	1997	1999	2002	2004	2007	2011
1～2人	847.2 53.2	764.8 51	709.0 49.9	685.0 48.7	603.4 46.4	568.8 45.9	503.8 44.3	351.0 44.8	1,381.3 20.2	1,240.0 16.8	1,146.0 15.6	1,035.1 12.9	966.3 12.1	906.8 11.7	795.1 10.5	557.8 10.1
3～4人	416.9 26.2	370.9 24.7	350.3 24.7	317.2 22.5	297.6 22.9	284.1 22.9	252.7 22.0	171.9 22.0	1,404.5 20.2	1,256.1 17	1,186.6 16.1	1,076.0 13.4	1,011.4 12.7	962.4 12.4	859.1 11.3	583.4 10.5
5～9人	214.0 13.4	222.6 14.8	212.4 15	226.8 16.1	218.7 16.8	207.7 16.8	201.8 17.7	133.3 17.0	1,336.9 19.3	1,405.2 19	1,342.5 18.3	1,448.8 18	1,404.5 17.6	1,334.9 17.2	1,302.2 17.2	859.9 15.5
10～19人	71.9 4.5	89.6 6	93.5 6.6	111.9 8	114.8 8.8	112.4 9.1	114.4 10.1	75.8 9.7	948.2 13.7	1,187.2 16.1	1,248.3 17	1,543.0 18.7	1,503.8 19.4	1,516.5 19.5	1,543.1 20.4	1,029.3 18.6
20～49人	33.1 2.1	42.0 2.8	43.3 3.1	51.9 3.7	50.7 3.9	50.2 4.1	49.6 4.4	37.3 4.8	956.4 13.8	1,200.9 16.3	1,232.2 16.8	1,470.3 18.3	1,439.8 18.1	1,421.6 18.3	1,403.7 18.5	1,068.5 19.3
1～49人	1,583.1 99.5	1,489.9 99.3	1,408.5 99.2	1,392.8 99	1,285.1 98.9	1,223.1 98.8	1,122.3 98.6	769.2 98.3	6,027.3 86.9	6,289.4 85.2	6,155.7 83.7	6,534.0 81.4	6,364.9 79.8	6,142.2 79.1	5,903.3 77.9	4,098.8 74.0
50人以上	8.1 0.5	10.1 0.7	11.2 0.8	14.1 1	14.9 1.1	14.9 1.2	15.5 1.4	13.6 1.7	909.2 13.1	1,094.7 14.8	1,195.1 16.3	1,494.6 18.6	1,607.9 20.2	1,620.1 20.9	1,676.7 22.1	1,437.0 26.0
合計	1,591.2	1,499.9	1,419.7	1,406.9	1,300.1	1,238.0	1,137.9	782.9	6,936.5	7,384.2	7,350.7	8,028.6	7,972.8	7,762.3	7,579.4	5,535.8

資料：経済産業省「商業統計表」，総務省・経済産業省「平成24年経済センサス―活動調査」
（注）1. 産業分類は，1991年の数値については1984年1月改訂の，1994～1999年の数値については1993年5月改訂の，2002～2007年の数値については2002年3月改訂の，2012年の数値については2007年11月改訂のものに従っている。
2. 1999年調査は，総務省「事業所・企業統計調査」との同時調査（調査票は両調査共通の簡易な様式）によって既設の対象事業所の捕捉を行っていることから，それ以前の数値との連続性はない。
3. 「事業所数」について，1999年以前では「商店数」と表記されているが，内容に変更はない。
4. 2011年の事業所数，従業者数は2012年2月1日現在の数値である。

表6－4　中小小売業規模別店舗数の推移

的に情報通信技術（ICT）の進展は著しく，携帯電話の普及率は人口の9割を超えたのはもとより，簡単にインターネットに接続できるスマートフォンやタブレット端末も急速に普及された。こうした社会的背景が大きく変わっている中で，一定の規模あるいは法人組織の小売業は積極的に個人向けのEC市場での販売に力を入れ始めたが，零細小売業や個人経営の店舗などがこのネットビジネスを十分に生かすことができないのが目立っている。もちろん，もう1つ大きな要因としては，前述の零細型の自営業である小売店には，後述の後継者難をはじめとする経営上の問題点が見逃すことはできない。

2　中小商業の存続問題と社会的必要性

1）後継者難問題

　中小企業の多くは個人や家族的な生業であるため，経営者の引き継ぎには一般に家族や親せきぐるみの問題になる。後継者が決まらないというのは中小企業経営の安定性・継続性における最大な難題であるのがほぼ今日の公認される

ことである。しかし，これは決して近年から，あるいはバブル経済がはじけてから現れた新しい経営難題ではない。これは戦後の経済高度成長期にもすでに浮かび上がってきた難問である。

　一般論として，中小企業の後継者難問題には，社会的・経済的な環境の変化，若者の仕事に対する意識や価値観の変化，中小企業自身のあり方つまり経営スタイル問題の3つに集約してみることができる。

（1）環境の変化

　まず，社会経済環境の変化については，バブル経済崩壊してから「失われた十年」や「失われた二十年」と言われるように，近年では，中小商業企業に対してだけではなく，中小企業全体に対しても特に厳しい状況にある。特に小売業の零細店舗の後継者難は，戦後20年も続いた経済高度成長期からもすでに注目された社会的な関心事とも言える。

　言うまでもなく，戦後の経済高度成長は日本の社会や日本経済から国民生活のあり方までのすべてを一変した。日本は実に50年近く前の1968年にもすでに当時の西ドイツを追い抜き世界第二の経済大国となり，先進国の仲間入りを果たした。経済成長の中で，大企業と言えば，メーカーだけではなく，商業・流通業においても百貨店や大型スーパーが経済成長に伴った国民生活水準向上の恩恵を受け，売上が急速に拡大，企業規模も全国に展開して，さらに海外へと進出することができた。

　また，個別店舗の規模は中小的かも知れないが，チェーンオペレーションを武器に各地に出店するコンビニも従来の商店街の片隅に店舗を構えている伝統的な「パパ・ママ店」から見れば，マンモス企業である。また，近代的な経営方法，多様なサービスなどを付いていることも魅力的である。経済的に豊かになった日本の消費者は当然なことで，複数の事業部門が集約して，品揃えが豊富で，自由に商品が選べられる「ワンストップショッピング」のできる大型スーパーまたはスーパーを中核店とするショッピングセンターの魅力に引き寄せられていく。

（2）価値観の変化

　経済の高成長は日本人全体の価値観が変わってきた。若い世代は親の世代とは経済水準から受けた教育まで，まるで違う国のようなものばっかりであった。また，自分の周りにも，大型メーカーや大型スーパーの成長をはじめとした社会的変化が多く，親の世代とは異なる価値観の形成は当然なのである。歴史において自然に成り立った商店街に立地する伝統的で地味な「パパ・ママ店」の家業で育てられ，高校を卒業してからさらに大学に進学した若者は仕事に対する意識や価値観そのものが親の世代とは根底から変わったことは事実である。本来なら，大学を卒業して，自分の生活を切り詰めてまで一所懸命に育ててくれた両親の恩返しとしても親の家業を引き継いで，また，大学で学んだ知識や大学で築いた人脈を少しでも生かして家業の拡大に精を出していくのはそれまでの常識でもあれば，日本人の伝統的な価値観でもあった。

　しかし，経済高度成長に達成した日本の社会が完全に変わった。好景気に支えられ，ほとんどの大企業はいわゆる人材を確保するために，大学卒業直前の若者に対して，「青田刈り」とも言われたように，大々的に新入社員募集の誘いを仕掛けてきた。自分が毎日背広を身にまとい，革製のブリーフケースを手にしながら，サラリーマンの仲間たちと一緒に「押すな押すな」で通勤して退社する姿は親の世代では夢にも見ないもので，それを想像するだけでもウキウキするのであろう。さらに，近代的な経営で成長が止まらない社会的な著名企業に就職し，安定した給与にカッコいい仕事に就くのは親の家業とは比べるようがない。もしかして，零細ながらも家業の維持に苦労している親自身だって自分のカッコよさを見て，仲間入りにしたいのではないかと思われそうである。こうして，若者は自らの意識や価値観を変えたと言うよりも，彼らは社会的な変革の流れにのみ込まれたのである。

（3）中小商業のあり方

　商業の主役と言えば，卸売業と小売業であるが，いくら大きな役割を果たしている中小卸売業とは言っても我々の日常生活との関係は遠い。なので，ここ

では，従来の商店街に立地するか，あるいは住宅地の近くに立地して自宅も兼ねながら商売を続けている中小小売店に焦点を当ててみる。

　伝統的な小売店は創業の時代が古く老舗と言えるほど自慢ができる店が多いが，小売業界における市場競争の優位性から見て，近代的な小売店舗と比べると，外観的な店構えから商売のうまさと言われる内面の経営手法まで上回れるところは見当たらないほどである。ギリギリの経営で決して時代の変化に応じて建物の修繕や売場のリフォームに回せる金がなく，間口が狭く奥行きの長い店の入り口に入らないと，中に何があるかは見当つけず，店舗のレイアウトも商品の陳列も，品揃えも昔から変わったことがない。

　これに対して，売場面積は同じぐらいかもしれない小規模のコンビニやミニスーパーの場合は，買い物客に与えるイメージは全く異なると言わざるを得ない。店舗の構成は伝統的中小小売店と真逆で，間口が広くて奥行きが浅い。チェーンオペレーションで展開するコンビニはほとんど間口の面は全面ガラス張りで，入店しなくても外から中の様子ははっきり見える。商品棚なの位置や商品そのものもはっきり見えるぐらいで，誰でも入りやすい店作りである。また，売場のレイアウトも商品の陳列もすべて緻密に計算されたもので，店員に声をかけなくても店内を一回りしたらどこに何があるかは，初めて入った人にも分かりやすい。だから，コンビニの1日の売り上げは「パパ・ママ店」では，1週間で頑張らなければ達成できないほど羨ましがれる。

　また，経営方法にも徹底的な違いがある。伝統的な零細小売店では，一回の仕入れを済ませれば，一週間や二週間，半月にわたっても気にせず，コツコツと売り切れるまで日々に顧客の来店を待つだけである。これに対して，コンビニの場合は，1日に二三回の商品補充をしても，弁当や日持ちの良くない商品はその日に全部売り切るのが目標とする。その分，商品や資金の回転率は伝統小売店と桁が違う上，顧客の来店頻度なども伝統小売店では考えられないほど違う。また，伝統的零細小売店の店主のように，カウンターの裏にじっとして座って店番をしながら顧客の来店を待つのではなく，コンビニやミニスーパーチェーンの場合は，本部主導のもとで積極的に店舗の存在（店名や立地）や商

品の仕入情報，買い得や値引き情報など，声を高くして近所に，世間に宣伝して販売促進を行って行く。

　以上の分析に基づいて言えるのが，中小商業のあり方は確かに後継者難が最も核心を突き止めた問題かも知れないが，その原因は中小企業の変わらぬ伝統にある。経営の環境である社会が変わって，後継者になり得る若者の意識や価値観が変わって，今日の商売のあり方も大きく変わったのに対して，自らの店舗や商売の仕方が江戸時代からまたは明治時代からの家業のやり方を変えぬままに今日までにやってきて，さらに，今後にもやっていこうとすることに問題があるのであろう。

2）中小企業の共通的問題点

　全産業にわたって絶対的な多数を占めている中小企業は，前述のように，あらゆる産業分野や業界においても資金力や技術力，経営能力や競争力，等々，すべての面においても弱さばっかりと指摘される。したがって，中小企業の今後を考える前に，その弱さをはっきりと分析したほうが先決である。中小企業の場合は，メーカーであれ，卸売や小売であれ，共通した問題点と言えば，以下の３点が最も注目される。

（1）経営難問題

　企業の経営難と言えば，経済はなかなか本調子が出ない今日では，大企業にまでも悩まされる問題である。その要因については資金力や人材，販売や市場シェアなど色々と指摘することができるが，中小企業の場合は，根本的に事業に独立性つまり自主的に自社の事業を展開して市場を開拓していくことができないことにあると言える。

　製造業では，中小企業メーカーの大多数は大手製造業の下請け企業あるいは二次下請け，三次下請け企業であり，大企業の完成品を製造・加工のための部品や部品のユニットなどを生産し，独自に製品の設計や組み立て，そして完成品としての製品を作る能力などがほとんどない。経済長期低迷の中，大企業が

いわゆる経営合理化の大義名分で推進しているコスト削減は直ちに中小企業の売上と収益に直撃して大きなマイナス要因になる。元々弱い経営体制からさらに従業員の人員整理や給与削減などに迫られ，事業の継続はできなくなる恐れがどの業界にもあると言える。

商業企業では，中小卸売業の経営難が特に注目されるが，卸売業と小売業の事業に違いもある。メーカーからも小売業からも板挟みにされている卸売業は，バブル経済崩壊以降の価格破壊をきっかけに，社会的価格志向が強まる流れの中で，また日本の多段階流通においては中抜きに恐れて難しい経営に強いられる。中小卸売業は川上と川下に対して新たな付加価値の提示ができなければ存続の危機に直面するのが当然である。

一方，中小小売業の場合は，図6－3にも示されるように，伝統的な零細小売店は大手チェーンストアやコンビニチェーンなどに顧客が奪われるのはもとより，従来の成り行き的な店舗の経営を止め，自力で経営を立て直すには，店舗の外構や内装を一新にするハード的な改造だけではなく，最も重要なのはソフト的な要素である商売仕方の革新にあると言える。チェーンシステムで組織化されている近代的小売業に対しては，単独の店舗のままであれば，顧客がより戻れるような魅力にはならない。中小零細店舗同士の協力や協業，大手小売業に対しても敵対ばかりではなく，第4章の中小小売業のマーケティング的な考え方や後述の中小商業のマーケティング対策として，互いに共通利益を見出せるところで業務上の提携も考える必要がある。

（2）存続難

表6－5は「2014年版 中小企業白書」が東京商工リサーチの公表した「全国企業倒産白書」を引用したデータに基づいて作成したものである。周知の通り，平成に入っては「失われた十年」と言われ，経済の回復は21世紀に期待を寄せた。しかし，21世紀に入ってもやはりバブル経済の後遺症と言い続け，「失われた二十年」という言い方さえ出てきた。同表のデータを見ると，21世紀の初頭には，企業の倒産件数は毎年に2万軒近くにもある。いわゆる税法基

区別　　　年	2002	2003	2004	2005	2006	2007	2008	2009	2010	2011	2012	2013
件　全　体	19,087	16,255	13,679	12,998	13,245	14,091	15,646	15,480	13,321	12,734	12,124	10,855
数　資本金1億円未満	18,687	15,877	13,392	12,755	13,011	13,826	15,257	15,130	13,074	12,543	11,958	10,731
小規模企業割合	97.9%	97.7%	97.9%	98.1%	98.2%	98.1%	97.5%	97.7%	98.1%	98.5%	98.6%	98.8%

資料：(株)東京商工リサーチ「全国企業倒産白書」

表6－5　例年企業倒産件数における中小企業の割合

　準上の資本金1億円以下の中小企業の倒産件数は2002年になっても97%以上と割合が高かった。また，2013年になると，経済の緩やかな回復と言えるか，倒産企業の総数は2002年よりは半減している。

　ところが，中小企業のデータを見てみると，倒産総数に占める割合が逆に拡大してきた。これは，大企業では景気が緩やかな回復を実感してきたかもしれないが，中小企業の実態は決して楽観的に見通せるものではないと推測することができる。中小企業の経営は好景気の時代でも大手企業に圧迫されるので，景気が未だに回復までとはっきり判断できない状況の中では，中小企業の今後には，まず生き残れるように対策を立てる必要があると言わざるを得ない。

（3）廃業と倒産

　以上の「経営難」と「生存難」問題の次は，自然に廃業するか倒産するかに辿りつくことになるのであろう。図6－1は，中小企業の休廃業や解散，または倒産が表6－2と同時期に増える傾向に合致している。その理由について，図6－2を見てみると，中小企業経営者が最も問題にしていた理由は「経営者の高齢化」や「健康の問題」が48.3%もあるのに対して，後継者難についてはたったの4.2%とされる。しかし考えてみると，後継者が確実に決められるなら，「高齢」で「健康」には優れていない経営者には，無理にしてまで現役で頑張ってもらうことはまずないのであろう。また，二位の「事業の先行きに対する不安」についても，実は後継者もそう思うから事業を引き継ぐことを受け入れない結果であろう。

第6章 中小商業の実態と今後 ◎── 173

休廃業・解散、倒産件数の推移

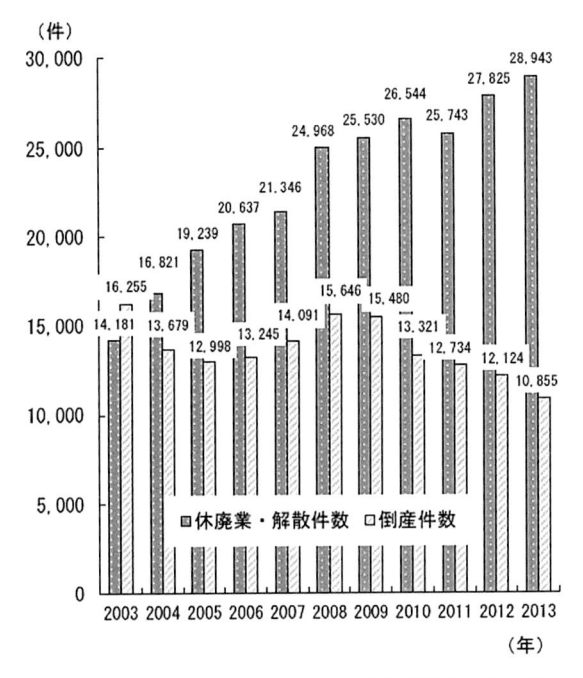

資料：東京商工リサーチ調べ

図6−1 中小企業の休廃業・解散と倒産実態

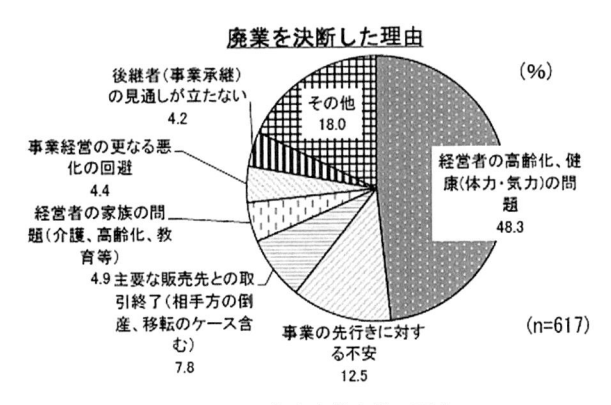

廃業を決断した理由

- 経営者の高齢化、健康（体力・気力）の問題 48.3
- その他 18.0
- 事業の先行きに対する不安 12.5
- 主要な販売先との取引終了（相手方の倒産、移転のケース含む） 7.8
- 経営者の家族の問題（介護、高齢化、教育等） 4.9
- 事業経営の更なる悪化の回避 4.4
- 後継者（事業承継）の見通しが立たない 4.2

（％）（n=617）

図6−2 中小企業廃業の理由

3）中小商業の社会的役割と存続の必然性

　ところが，以上の分析では，中小企業には将来性がないあるいは中小企業はいよいよ消えていくのではないかということにはならない。かつての「問屋無用論」（第4章第2節を参照）のように，日本経済あるいは商業・流通業の今後には中小企業は生き残らない，という見方は決してあってはならない。現実では，あらゆる統計データを見ても中小企業の絶対数は確実に縮小しつつも，それぞれの産業分野や業界における中小企業のシェアは依然として99％に達している。したがって，今後とも中小企業が存続して行き，また成長して行くことには間違いがない。問題なのは，今までのままでもよいのであろうか。

（1）中小商業の社会的役割

　今日の市場あるいは社会において中小商業の社会的な役割はどうなっているのかについては，零細商店こそ，流通がもつ毛細血管的役割を果たし，消費者に近接して日々，地域住民に密着しつつ，商品供給の大きな役割を果たしているという学説的な分析があった。こうした認識は前出の表6－3と表6－4に示されたデータにも裏付けることができる。要するに，中小卸売業の企業数と中小小売業の店舗数が大幅に減少してきたものの，業界全体に占める割合は決して企業数や店舗数と同様に大幅に低下していることはない。

　もう1つの重要な社会的な役割と言えば，消費者に対する中小小売業の補完的機能である。元々，大型スーパーマーケットの補完的機能としてコンビニが現れたと言われている。買い忘れやとっさの思いつきなど，細かいながらも日常の生活には欠かせないカップめん一杯やジュース一本，ガム一個のような小さな買い物などが身近に24時間でできるという利便性が受け入れたものである。しかし，伝統的な零細小売店の場合は，品揃えはコンビニとは被らないので，異なる面において大型小売店舗または大型商業施設の補完的機能を持っているはずである。例えば，コンビニが取扱ってなさそうだか，主婦や家庭にとっては急に必要となる洗剤や石鹸，調味料や香辛料，その他の食材などの取り揃えが考えられる。もちろん，場所によって，具体的な店舗によっては，様々

な考え方やアイデアが浮かんでくることができる。重要なのは各自の店の実情や近所のコンビニや他の競合店との品揃えの重複がなく，いわゆる差別的な存在感を作り出すことである。

　中小商業は経済的にも社会的にもその重要な存在価値があるため，日本政府も実に経済高度成長期からも中小商業の生き残りに関する対応策や助成策を講じてきたのである。中小卸売業の振興策としては，第4章第2節で紹介した卸売団地の整備があり，中小小売業の振興策としては，政府系金融機関による資金援助や資金の貸与，中小小売商業経営の近代化や組織化など，特に，情報化社会に入ってから間もなく，中小企業庁はすでに中小企業の情報化に関しても動き出している。残念なことに，こうした多くの政府努力が認められつつも，評価できる実効的結果はそう多くはないと言わざるを得ない。

（2）中小商業存続の必然性

　小さな山間の村落から大きな大都会までに，人々が生活している地域である以上，人々が日常的に様々な生活に必要とするモノやサービスに対する需要がある。それが商業の存在価値，地方や農村部では中小商業の存在価値である。どの地域でもよいが，その地に人々が生活していると，買い物は日常的に必要になるのはもとより，その他の人との付き合いや自分の生活水準向上を求めるために，食事処や飲み屋，ゲームセンターやカラオケなどさらなるレベルアップした欲求が生まれてくる。そこで，地域の商業企業，本書は議論していないが，外食産業や娯楽施設，その他人々の精神的な需要に応えられるサービス業なども含めての広義的商業の全体がしっかりと各自の事業を続けることができれば，その地の繁栄または成長も十分あり得ることであり，長年叫ばれている地域の過疎化や人口流出対策にも役立つものである。これも，中小商業が必ず存続して行き，必然的な行く末だと言っても良いであろう。

　日本にもモータリゼーションの普及が久しい，自家用車で郊外や自宅から離れている大型ショッピングセンターやモールに出かけることは簡単にできるのは間違いないが，出かけるために費やされる時間や発生しやすい交通の渋滞な

どに加えて，食材や食料品のまとめ買いには鮮度や賞味期限などの限界がある。特に，日本の消費者には缶詰や瓶詰めなどの加工食品が主食にする習性がなく，毎日ほど新鮮な野菜や果物，鮮魚や鮮肉を入手する気持ちが強い。このようなニーズに応えられるのは中小商業が最適だと言える。近所にあり，零細店舗だからこそ，今日だけの少量の需要という顧客のわがままに応えることができる。65歳以上の高齢者が四分の一も超えている超高齢社会の日本では，零細規模の商業企業こそが消費者に好まれると考えられる。

地域や人口の大きさはどうであれ，人々の暮らしの営みに必要なものが揃わないと，人口の流出や地域の衰退につながることになる。日本の人口は長期的には大幅に減少して行き，多くの地域が消滅していくという恐ろしい予測があるが，それは，その地の生活が成り立たなくなるということが前提として推計されるものである。大型商業の存立根拠には一定規模の人口が必要なので，小さな村や地方の町への進出はそう簡単にはできない。それこそが，中小規模の商業企業が生存できる「真空地帯」(第3章第1節参照) とも言えよう。中小零細な小売店舗が存立することになれば，その経営の安定と継続をサポートして対応できる中小零細な卸売業の必要性も出てくる。

一方，地域社会に対しては，中小商業企業の存在は単なる日々の商売をやった上，自分たちの儲け分を確保すると言う考え方ではない。大型商業施設がなかった昔の時代では，地域に中小零細な小売店舗しか存在しなく，その地の住民に買い物の利便さを提供することにとどまらず，地域の情報交流の場や近所の住民のコミュニケーションの場としても活躍していた。図6-3を見て分かるように，今の時代になっても，地方の町や農村部に行っても，中小小売店が圧倒的な割合を占めている。これも中小小売業が必ず生き残っていくという根拠の1つである。これからの高齢化社会では，地元の商店街や個別の小売店がこうした地域に対する貢献とも言える機能の再認識と強化が大切なのである。また，地域との密着は，地域の防災や防犯にも役立つことになる。

しかし，中小企業の経営者には，高齢者でもよいからどうせい誰かがここに住むから，商売がそのままでも続けていけるだろうという考え方は安易過ぎて

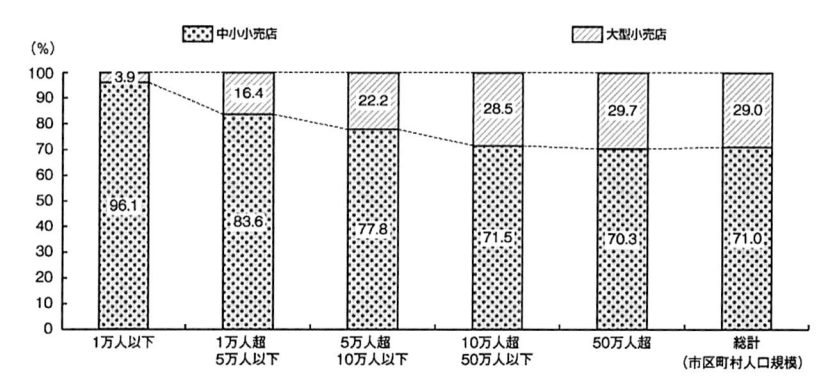

(注) 従業者数50人以下の事業所を中小小売店とした。
資料：経済産業省「平成19年商業統計表」，総務省「住民基本台帳に基づく人口，人口動態及び世帯数」（2007年3月31日現在）。

図6－3　中小小売業の位置づけ

危険である。高齢者だけの地域は結局として前述の恐ろしい予測のようにその地域自体が存続しなくなるので，地域の住民にも後継者が必要である。その地には都会にも負けない商業企業があれば，その地にUターンしてもあるいは移住しても生活しようとする若い世代に対する魅力が，中小企業には過酷かも知れないが，それが必要である。

3　中小商業のマーケティング

マーケティングと言えば，大手企業の経営戦略に連想するのであろうが，マーケティングは決して大型企業あるいは大型商業に特有なものではない。この節では，中小商業の立場に立って，自社や自店の生き残りやさらなる成長，または地域経済や地域活性化にも役立てるようなマーケティングの着目点について議論して行く。

中小商業とくに中小小売業の真価はやはり地元との密着性や地域に対する独自の存在価値の発揮などにある。そのあり方には，自立的な経営を貫くか，中小商業同士の連携・協力に基づく助け合いか，または大手商業と協力して共生

することが考えられる。

1）自立的な経営戦略

　先祖代々の家業を引き継いだ以上そう簡単に止めるにも行かないし，易々と他人と手を組んでやっていくには，相性の問題や何かトラブルがあれば，面倒になるなど，零細ながらも独自の経営スタイルを貫こうとする中小商業のオーナーが少なくもない。このように決断すれば，生き残りには，自立的な経営戦略が必要とする。

　消費者はだれしも自分の都合があり，新しくて珍しいものに目が引かれやすい。夫婦二人三脚であれ，家族経営であれ，小規模のままで独立的な経営をやっていこうと決断したら，消費者の心理状態をよく理解し，地道に顧客のニーズやウォンツに応えることに力を入れ，固定客や常連客を増やしていくことが大事である。日常生活においては，オーナー自身だって一人の消費者だから，消費者の気持ちを忘れてはらない。自分にも満足できない商売は他人に好かれるはずがないからである。

　また，人間は常に新しいものに好奇心があり，新商品に移り気がある。定期的でも不定期的も品揃えを時代の変化や流行，消費者の好みに少しずつでもよいが，変えていく必要がある。もちろん，変化して行く根拠は特に固定客や常連客とのコミュニケーションからヒントが得られる。中小零細だからこそ，オーナー自身が直接に店に訪れる顧客と日常的コミュニケーションができ，より深い付き合いもできるので，顧客参加型の経営は最も有効的手法だと考えられる。卸売業の場合は，小売店のニーズやウォンツを最優先にして，小売店の場合は，それこそ顧客の生の声を取り入れることがキーワードである。

　一方，中小商業がたらと言って，地域や近所の顧客にしか商売ができないと思いきや，インターネットが誰でも自由に活用できる時代では，ICTの手法を取り入れると，経営の視野も変われば，商売の商圏も変わる（詳細は第7章第3節を参照）。地元の物産は地元の顧客には当たり前に思われるが，ネットショッピングに出品すると，遠隔地からもしかして海外からの需要もキャッチす

ることができる。大事なのは自社や自店に地元に特有な物産や独特の魅力のある商品があることである。

2）中小商業同士の助け合い

　地方の町や農村部では，人口が少ないために，中小商業者同士は昔から各自に特徴的な商売を営んでいる。狭いエリアにある中小商業は全くの品揃えが被ることはめったにない。このために，商店街でないところでも，隣近所，向こう三軒などの零細小売業の近隣同士が助け合うことが考えられる。品揃えがうまく調整できれば，一定規模のスーパーに負けない店づくりになることさえあり得る。

　一方，中小小売業が最も集中しているのは商店街である。商店街は，昔から横の百貨店とも呼ばれるが，実際では，独立して零細な店舗で商売をやっている個人事業者同士が無関係に集まっているだけでマーチャンダイジング的には全く関係性はない。ところが，もしも零細店舗同士が真剣に，各自の店の品揃えを研究して，互いに補完的な品揃えのように調整することができれば，商店街全体を実質的に1つの大型百貨店や総合スーパーのように構成することが可能である。事実上でも横の百貨店のような品揃えや売り方ができるとすれば，近所や地元に対してだけではなく，やや離れた隣の地域住民にも引き寄せられる魅力が湧いてくるのであろう。

　百貨店も総合スーパーも，ショッピングセンターも別々の販売部門があり，それぞれの商品を取り揃えている。だから，一回だけを駐車すれば欲しいモノが買い揃えられるというメリットがある。もしも，近所にある商店街に出かけるだけでワンストップショッピングができることになれば，その利便性が郊外などの商業施設の魅力を上回ることになれるのではないか。遠のいた消費者は再び商店街により戻ることになる日も考えられる。街作りや町おこし，町の再開発などに活用して商店街に休憩場所や子供の遊び場なども備えるならば，決して大型商業施設に負けることはないのではないか。

　商店街の活性化を推進しようとして，中小企業庁が昔から全国の中小商業の

オーナーたちに零細型小売店のボランタリーチェーン方式のビジネスモデルを勧めてきたが，問題なのは，せっかくの事業協力や提携が共同仕入れと共同配送にしか止まらなかった。ボランタリーチェーンの特徴は第4章第3節で紹介したように，各自の店舗や事業の独立を中心に成り立っている。

　ところが，事業の独自性主張のあまりに，形的にはチェーンとしては存在し，全体的には大型商業企業よりも規模が大きくなるものもあるが，経営が各自独立しているために，せっかくのチェーン規模になっても，1つの大型小売業のように機能して戦略的な事業の協力や品揃えの調整など規模の経済的な経営手法を有効に活用することができなくなる。ボランタリーチェーンは広域的にも全国的にも広げることができるが，経営上の合理性や品揃えの整合性を考えると，商店街ごとに取扱商品の調整と調和についての考え方が必要となる。地域との密着性を目指して商店街全体の経済効果を達成しようとすれば，どこにもあるような商店街連合会や商店街組合などの組織力を強化して，確実にその潜在的な規模の経済の可能を発揮するのが不可能ではない。

3）大手商業企業との協力，地元との共生

　商店街に入居していない中小商業にとっては中小零細小売店同士の間の協力が難しくなる。特に地域の人口が少ない地方の町や農村部の場合は，店舗の規模が零細だし，店舗同士も分散している。それでも商売を続けて行くならば，他力活用あるいはアウトソーシング活用と言っても良い。それは，大手商業企業との協力のほか，地元との共生という2つの方法が考えられる。

　大手商業企業もできるだけ自社の取引範囲を拡大して行くことに積極的であるが，採算上の人口規模が達していないところにはさすがに出店ができない。しかし，零細な小売店は夫婦か家族での経営であり，それが大手商業企業には魅力的である。両者の事業協力が可能である。もちろん，フランチャイズチェーンのビジネスモデルもあり得るが，フランチャイズ契約を結んでしまうと，独立した店作りができなくなる。事業的な協力とは，仕入れのために大手商業企業と契約や協定を結ぶことができる。つまり，このような提携は自分の店の商

品供給源として活用することである。

　もう1つ他力利用の方法とは，地元との共生である。もちろん，顧客は店の支えではあるが，地域住民の人口が少なければ，売上だけでは店を続けられない場合もあり得る。こう言う場合は，店の存在自体が地域に対する貢献であり，店の業務をスムーズに続けていけるには，地元自治体という資源を活用することが考えられる。例えば，出店場所は町や村が無償で提供してくれる建物を利用したり，仕入商品の数量は大量ではないため，地元自治体が地域住民に対して公共サービスとして提供している公共交通機関の活用ができる。大都会への「一極集中」がますます進行して行くこれからを考えると，こうした零細な小売店の存在は中小小売業業界にとどまらず，地域社会そのものの生き残りの支えになるのであろう。

📖 第6章を読んでさらに考えてみること

1. 同じ中小小売業ではあるが，中小零細規模事業においては，法人と個人の違いがある。零細企業と自営業の違いを整理した上で，小売業の一例をあげてみよう。
2. 中小企業の経営難は長い年月をかけて言い続けていた。経営難にはいくつかの要因があるが，最も核心的な問題と言えば後継者難だと思われる。商店街に立地する零細小売店をイメージしながら，後継者難の対策として考えてみよう。
3. マーケティングと言えば，組織や経営資源が必要だと思われる。このために，中小企業はマーケティングとは無縁なものではないかと思われる。しかし，マーケティング部門がなくても，中小企業にもマーケティングが必要だという考え方について，自分なりに是か非かを論述してみよう。

> ミニコラム　パパ・ママ店の近代化

　零細規模の伝統的小売店は昔から夫婦が家族の家計を立てるように小さな店を二人三脚で何世代にもわたって引き継がれている生業的な商売である。戦後の経済高度成長期からすでにこう言った規模が非常に小さな伝統小売店を「パパ・ママ店」と呼んでいた。今日では，至るところにもあるような「パパ・ママ店」は，後継者難で経営者の年齢からみれば，「ジジ・ババ店」に呼ばれるほど高齢化が進んでいる。実は「パパ・ママ店」は日本にだけあるものではなく，海外でも"ma-and-pa stores"と言われるほど，特に地方都市などにたくさんある。

　日本では，かつての通商産業省（現在の経済産業省）が主導する流通近代化において，能率が悪く生産性が低いため，最も近代化の足を引っ張るものだともされている。しかし，冷静に考えてみると，「パパ・ママ店」とは主として売り場面積が小さいから言われるゆえんである。ならば，外見上では，近代的なコンビニエンスストア（CVS）の多くも実質オーナーとアルバイトでなり立っている小規模で零細小売店舗である。しかし，コンビニ成長の勢いは未だに衰えず，業界全体の年商は百貨店を抜き，スーパーマーケット業界に迫りつつある。だけど，その違いは実に簡単なのである。コンビニの場合は，組織化されチェーンオペレーションという優位性は別にしても，品揃えなど経営の仕方は近代化され，モノを販売する傍らに多種多様な便利なサービスも提供している。これに対しては，伝統的な「パパ・ママ店」は成り行き的な商売の仕方から脱却できず，中期的または長期的な戦略はもちろん，来年には何か新しいことでもやろうかという発想すらないからである。

　なので，店舗が小規模零細とは言え，それだけでは生き残れないと言うわけにはならない。大事なのは，川下にあるため，川上から川中を経由してモノ（商品）が流れてこなければ商売のしようがない。また，その商品はお客さんの欲しがるものであるかどうかの確信がなければならない。今の時代では，お客さんのわがままがどういう形で受け止めて商売のチャンスにしていくのかが中小零細小売店の生き残りにかかるキーポイントになるかもしれない。だとすれば，中小零細店舗同士の助け合いや外部の資源をうまく利用することなど，いわゆる経営の近代化の取り入れが欠かせないのであろう。

第 7 章
情報化社会と商業のネット環境

　情報という言葉については，日本語では，一般社会常識から生物や理科系，さらに宗教や政治・外交・軍事などまで，異なる分野において様々な意味合いや解釈がある。英語においても，情報とは知識や知恵なども含む人間の知能や知性を表す"intelligence"を用いることもある。本書では，今の時代に通用される"information"を情報の意味として用いる。ところが，情報とは，元々人々の間に伝えあう物事にかかわる内容や様子，またはその知らせである。情報化社会が進展している今日では，情報という言葉は日常生活やビジネスにおいても幅広く使われている。

1　情報化社会の進展と商業環境の変化

　戦後日本の経済高度成長期の終結とほぼ同時期に，1970年代後半から80年代にかけて，アメリカ，日本，旧西ドイツ，イギリスなどの先進工業諸国においては，アメリカの社会学者ダニエル・ベル（Daniel Bell）が提唱した「脱工業化社会」（Post industrial society）という新たなコンセプトが受入れ，また経済のサービス化などの表現も取り上げられることになった。それまでは，最も重要視されるモノや資産，資本や土地などの物財が経済開発をけん引してきたが，経済開発の主役は次第に知識やノウハウ，技術や情報などに移りつつ，情報化あるいは情報化社会という言い方が広く使われるようになってきた。

　ある事業や部門において，情報は重要な経営要素または経営資源として扱われ，その事業や部門の中心的な役割を果たすことになっていくことは，その事業あるいはその部門の情報化と言う。そして，情報が人々の日常生活や社会活

動，経済活動に大きく影響を与え，そして，その結果にも左右できるようになりつつある社会は情報化社会（information society），あるいは情報社会と言う。情報化社会では，情報と言われるものが日常生活の必需やビジネスの経営資源などと同等の価値があると認識される。また，情報化社会をさらに発展させ，人々の社会活動・経済活動などを主導するようになると，高度情報化社会あるいは高度情報社会と呼ぶことになる。

しかし現実では，情報化社会であるかどうかに関する評価や判断には，統一される基準がない。基準になると思われるものは主として情報関連産業や関連技術が他の経済部門，技術部門と比べて顕著な成長があるかどうか，また，個人や企業，国家などが生活水準の向上や経済的繁栄のために情報通信技術（Information Communication Technology＝ICT）を活用しているかどうか，そして，政治，文化や教育，日常生活など様々な場面において情報技術が浸透して大きな変化をもたらしたかどうか，いわゆるそれぞれの国や地域の社会情勢や経済実態に基づくものである。

1）情報化社会の進展

脱工業化や経済のサービス化が叫ばれ，情報化社会に入ってからはまだ歴史が短いが，情報化社会は確実に進展してきていることに違いがない。

産業革命以降，イギリスをはじめ欧米諸国は従来の経済開発パターンを改めて，その後の経済成長においては工業生産の規模拡大や生産性向上に国力を注ぐことに競い合った。日本もアジアで唯一欧米諸国を追い掛け追い抜くと目標にしていた国であった。1970年代までは，世界的にも1国の工業生産の発達程度を先進工業国の基準にしていたが，その後，脱工業化社会から情報化社会への定着によって先進国の評価基準が変わってきた。こうした考え方は，社会発展段階説を根拠にしている。

（1）人類社会発展の段階

社会段階発展説（Theory on the stages of social development）には，もちろ

ん，いくつかの学説がある。歴史的には，その発想の源は18世紀のドイツ歴史学派に遡って行くことができるが，今日の主流的なものは，1960年代初頭に，ウォルト・ロストウ（Walt W. Rostow），ダニエル・ベルなど多くの社会経済学者によって提言されていた人類社会発展の3段階分類説である。そして，その集大成的な学説は，1980年に登場したアメリカの未来学者アルビン・トフラー（Alvin Toffler）の「第三の波」説だと言える。彼の学説によると，第一の波は農業社会段階の農耕革命であり，第二の波は工業社会の産業革命である。そして，第三の波は，元々脱工業化社会として提唱されていたが，今日になると，完全に情報革命による情報化時代として定着している。

　人類社会の最初の発展段階は時期的には最も長かった農業化社会である。農耕技術は最初の生産手段として活用され，生活の糧を田畑の耕しによって確保することができた。その後長い年月を経て，18世紀になると，イギリスに始まった産業革命がやっと人類社会を第二の発展段階である工業化社会に導いた。機械設備による工場生産の確立や規格化された製品の大量生産体制の定着が人々に豊富な物財文明をもたらした。とろこが，脱工業化の流れが産業先進国に生まれ，人類社会の第三の発展段階である情報化社会がやってきた。それはパソコンの出現を皮切りに，数々の情報革命が起こり，情報通信技術（ICT）の急速な進歩による情報化社会がグローバル的に広がった。電話やファックスなどの通信機器の普及，テレビのデジタル放送などの電気通信技術の発展を通じて，ついにインターネットがそれぞれの通信端末を地球範囲でつながり，自由に情報の交換や共有ができるようになった。今日になると，情報化は完全に個人レベルまでに浸透してきている。

（2）情報化社会の急展開

　ところが，紀元前1万5,000年頃に農耕革命の「第一の波」が引き起こされてから18世紀の産業革命の「第二の波」までには，人類社会には1万6,700年もの長い時代を要した。そして，産業革命によってようやく手にした物質的に豊かになった近代社会は，20世紀半ばに「第三の波」が現れ，先進国の脱工

情報社会の進化

コンピューター誕生（1950）⇒ 29年 ⇒ パソコン（IBM）（1979）⇒ 28年 ⇒ モバイル（初代iPhone）（2007）⇒ 3年 ⇒ 携帯端末（初代iPad）（2010）⇒ ?

図7－1　情報化の急展開

業化に始まった情報革命の流れはすでに新興国や途上国にまで及んでいる。

　情報化社会の始まりは，図7－1のように，1970年代末のIBMが発売した個人用コンピューターであるパソコン（personal computer＝PC）が象徴的である。仮に，初代のコンピューターの誕生（1950年代）の時間を入れても，今日までに情報化社会にかかわる時間的なプロセスは半世紀を超えるぐらいで，産業革命から情報革命までにかかる時間と比べてみても信じられないほど短い。
　また，情報化社会進展の速さも図7－1を見て分かる。今日の情報化社会の実態はすでに，iPhoneやスマートフォン（android），iPadなどの携帯端末と呼ばれるような超小型パソコンの普及を背景に，後述のユビキタス社会と言われるインターネットに基づく情報交換や共有の社会的環境のグローバル的展開に加えて，クラウドコンピューティングによるネットワーク経由の各種サービスが手軽に受け入れられるようになっている。各自単独に使用されるパソコンの登場からは，わずか30年前後に過ぎなかった。

2）情報化社会の生活

　さて，これだけの速さで進展してきて，構築された情報ネットワークによってつながっている社会において，我々の社会生活はどのように変わってきたかを見てみる。
　トフラーは『第三の波』（1980）という著書で，情報化社会では，人々の仕事と生活に大きな変化が起きると予言していた。その典型事例は，電子化事務所（electronic office）と電子化家庭（electronic cottage）である。電子化事務所とは，職場である会社や事務所の自動化（OA）で，企業情報が各種のコンピューターや情報機器によって収集され処理されるシステム化である。電子化家

庭とは，電子機器による情報化は家庭までも及ぶことである。そして，会社と自宅の間を高性能な通信回線で結べば，人々はもはや朝晩のラッシュアワーを耐え忍んでわざわざ会社までに行き来して出退勤する必要はなく，自宅に居ながらにして仕事ができるようになる。

　今日になると，インターネットの急速な普及を背景に，トフラーの予言した在宅勤務（telecommuting）という情報化社会における斬新な考え方がすでに実現可能の段階に入りつつある。例えば，ビジネスの実際では，第6章第1節で触れた極小スペースを借りて，または自宅の利用でも創業できる零細規模の「ソーホー」（Small Office Home Office＝SOHO）も多くの分野にわたって創業され活躍している。また，個別家庭内のインターネット無線ランによるアクセス環境も簡単に設置できる。さらには，地方の企業や大学だって，大都会や県庁所在地などでサテライトキャンパスを開設している。もちろん，本社や本部とのやり取りや通例の会合などはすべてインターネットを通じて，日本国内はもとより，海外にある支社や支店にも簡単につないでいけることになる。

3）商業環境の変化

　経済高度成長期では，各家庭に電話機が設置され始め，各種の情報の伝達や交換はそれまでは考えられないほど飛躍的に進歩した。主婦の間には，日本の伝統とも言える近所付き合いを兼ねてのコミュニケーション手段である「井戸端会議」は徐々に減り，その代わりに，長電話の情報交換が増えてきた。親せきや友人との連絡も電話一本で済ませるから，手紙や葉書きを書く機会も次第に減っていく。また，消費者は商品情報や店の特売・セールなどについても互いの口コミ情報の交換ができ，小売店舗に出向いて聞く必要もなく電話での問い合わせも簡単にできる。一方，ビジネスにおいても，メーカー，卸売，小売業の間に電話での情報交換も簡単にできるため，外勤や得意先への訪問なども減らすことができる。さらに，企業が消費者に対して，従来の訪問販売より簡単にテレフォンセールスもできるようになっている。

　しかし，以上の利便性は今日から見れば，あくまでアナログ的な情報のやり

取りに過ぎない。本格的な情報化の急速な普及はやはり高速・大容量回線を通じてのデジタル情報の自由交換がきっかけである。

　1980年代以降，企業には，OA化推進のための情報機器の開発や技術革新により，個別の社内や建物内の情報通信網LAN（Local Area Network）の整備が進められた。家庭には，パソコンをはじめ生活情報機器の普及とその活用技術の開発，また，情報交流を円滑化するための高度情報通信システムINS（Information Network System）などの通信網高度化計画が推進され，アナログ時代からデジタル時代に移り変わった。1990年代以降は，情報通信網の整備では，インターネットを情報化社会の基幹として整備されるようになり，通常の電話線でも高速大容量通信が可能な総合デジタル通信網ISDN（Integrated Service Digital Network）や非対称デジタル加入者回線ADSL（Asymmetric Digital Subscriber Line）などの実用化をはじめ，一般家庭への光ファイバーの普及や有線テレビ（Cable Television＝CATV），デジタル衛星放送などの活用が進められている。

　2000年代に入ると，パソコンや地上デジタルテレビ放送など家庭の情報機器を利用して商品データを取り寄せ，手元の情報端末から買い物の発注ができるようなテレショッピング（teleshopping）やオンライン・ショッピング（online shopping）の環境整備ができた。さらに，インターネットの普及によるインターネットバンキングや代金支払いの電子決済など，商業企業にとっては，事業展開の環境が大きく変わってきた。その結果，消費者には買い物の環境は以前より考えられないほど便利になっている。

2　社会のネットワーク化

　今日までに進化してきた情報化社会においては，人々にとっては最も便利だと感じられているのは情報のネットワークである。今日のような便利な情報ネットワークの基礎を提供しているのは言うまでもなく，ユビキタスである。

1）ユビキタスと社会の情報化

　ユビキタス（ubiquitous）とは，情報化社会において，コンピューターの存在を全く意識することなく利用できるコンピューティング技術によって，いつでも・どこでも・誰でも利用できる情報ネットワーク環境を指す。

　ユビキタスの語源はラテン語で「（神は）あまねく存在する」の意であるが，コンピューター科学にこの概念を最初に取り入れたのは，アメリカのゼロックス社パロアルト研究センター（Xerox Palo Alto Research Center＝PARC）のマーク・ワイザー（Mark Weiser）である。彼は1988年に研究プログラム名に用いて，続いて1991年の『サイエンティフィック・アメリカン』誌で発表した論文に初めて「21世紀のコンピューター」をユビキタスコンピューティングとして提唱した。その後，彼はコンピューター技術の進展について，「汎用コンピューター」（メインフレーム）を第1の流れとし，「パーソナルコンピューター」は第2の流れとした。そして，第3の潮流は「日常生活にとけ込んだ目に見えないコンピューター」つまりユビキタスコンピューティングを提唱した。

（1）ユビキタス社会

　ユビキタスは，コンピューターの存在を意識せずに，その機能を利用できる情報ネットワーク環境という意味で用いられるため，「ユビキタスコンピューティング」として表現する場合が多い。また，ユビキタスコンピューティングを可能にするインフラとなる多種多様な電子機器をつなぐネットワークは，「ユビキタスネットワーク」と呼ばれ，そして，ユビキタスネットワークを通じて，時間や場所などが制限されることなく利用できる高度な情報ネットワークの社会的環境は「ユビキタス社会」と呼ばれる（図7－2）。

　日本の場合は，1990年代後半から2000年初頭にかけて，携帯電話の全国民までと言えるほどの普及を背景に，携帯電話からのインターネットへの接続・利用が可能となったことで本格的なネットワークが機能できる情報インフラが整備された。ユビキタス社会環境のもとで個人的利用からビジネス的活用まで，様々なサービスをいつでもどこからでも情報の送受信や共有が我々の日常生活

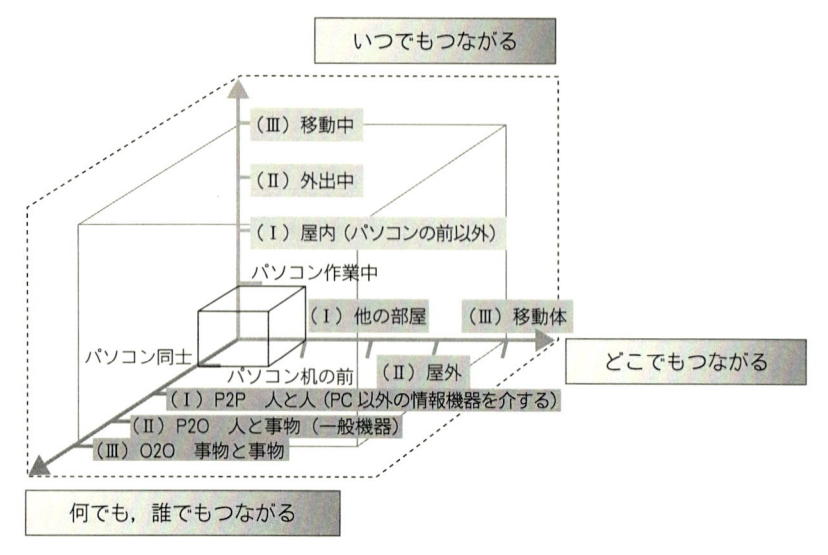

```
                いつでもつながる
                    ↑
                ┌─────────────┐
                │ (Ⅲ) 移動中    │
                ├─────────────┤
                │ (Ⅱ) 外出中    │
                ├─────────────────────────┐
                │ (Ⅰ) 屋内（パソコンの前以外）│
                └─────────────────────────┘
            パソコン作業中
            ┌──┐   ┌─────────┐   ┌─────────┐
            │  │   │(Ⅰ)他の部屋│   │(Ⅲ)移動体 │
            └──┘   └─────────┘   └─────────┘
パソコン同士              ┌──────┐              → どこでもつながる
              パソコン机の前 │(Ⅱ)屋外│
              (Ⅰ) P2P  人と人（PC以外の情報機器を介する）
              (Ⅱ) P2O  人と事物（一般機器）
              (Ⅲ) O2O  事物と事物
                ↓
        何でも，誰でもつながる
```

出所：「ユビキタスネットワーク社会の国民生活に関する調査」。

図7－2　ユビキタス社会のイメージ

に定着しつつある。また，ユビキタスの社会的情報ネットワークのさらなる活用として，小型化した情報端末が家電製品などに組み込まれ，持ち歩いて活用しているスマートフォンやタブレット（例えばiPad）などの情報端末と連動して，外出先から自宅や事務所との情報のやり取りが可能にする試みが始まっている。

しかし，ユビキタスがうまく機能するためには，そのインフラになる様々な電子情報機器の互換性が不可欠となる。国際的には，WWW（World Wide Web）の標準化機構であるW3Cが，グローバル的にユビキタスが確実に利用できるように，各国に向けて標準化の促進に関するワークショップを開設すると同時に，各国での標準化団体による情報の送受信できるICタグの規格化や標準化の促進などが進められている。

日本では，総務省IT戦略本部が2001年3月に，図7－3で図解されるように，「高度情報通信ネットワーク社会の形成に関する重点計画」（e-Japan）

第 7 章 情報化社会と商業のネット環境　◎── 191

図 7 − 3　総務省 IT 戦略本部の e-Japan の図解

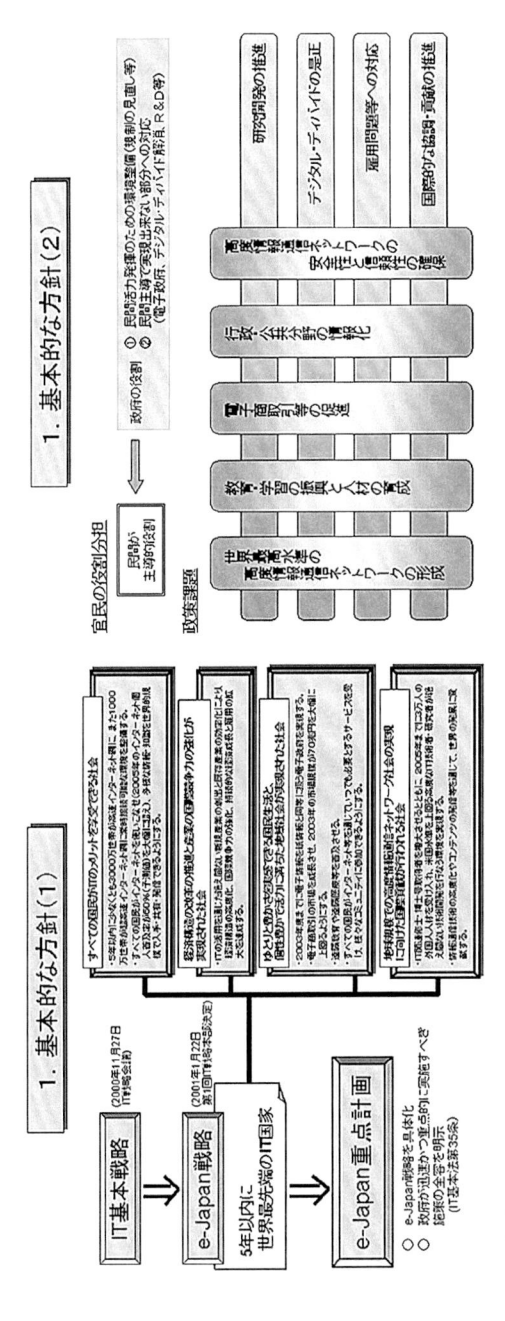

出所：http://www.kantei.go.jp/jp/singi/it2/dai3/3siryou3.html

を発表し,「5年以内に世界最先端のIT国家となる」ことが目標とし, IT社会実現に向けて政府が迅速かつ重点的に実施すべき施策の全容を次の5つの分野に集中した。①世界最高水準の高度情報通信ネットワークの形成, ②教育および学習の振興並びに人材の育成, ③電子商取引等の促進, ④行政の情報化および公共分野における情報通信技術の活用の促進化, ⑤高度情報通信ネットワークの安全性と信頼性確保, である。そして, 02年6月には, 同計画の見直しが行われ,「e-Japan重点計画2002」が策定され, IPv6等のブロードバンド時代に向けた研究開発の強化や05年度までに公立小中高校の全教室を高速インターネットで常時接続することなどが盛り込まれた。

さらに, 総務省は2004年5月に, e-Japanの後継として, 図7－4のイメージのように,「次世代IT（情報技術）戦略構想」(u-Japan＝Ubiquitous Network Japan) を発表した。u-Japanは2010（平成22）年をめどに, いつでも, どこでも, 誰でもインターネットで情報を取得できる「ユビキタス社会」の実現に向け, 基盤づくりに必要な高度の技術者の養成をめざす中期ビジョンである。

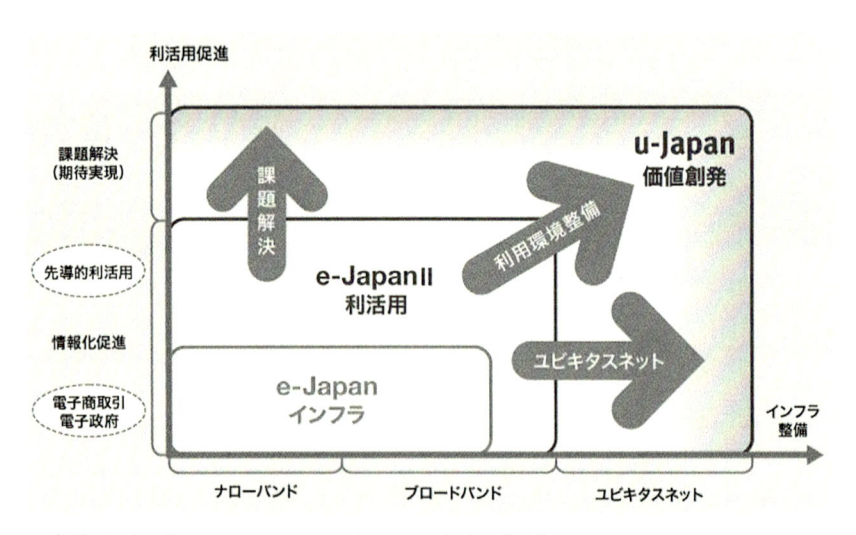

出所：http://www.soumu.go.jp/menu_seisaku/ict/

図7－4　e-Japanからu-Japanへのイメージ構図

さらにネットワークを活用し，自宅で医師の診察を直接受けられる遠隔医療や，外出先で自宅の安全を確認できるようになる，ネットワーク社会を現実のものにする。一方でネット社会の不安解消に向けて，プライバシーの保護，情報セキュリティの確保，電子商取引環境の整備，有害コンテンツの駆除などもめざしている。

　因みに，e-Japan の"e"は，当時，急速に普及してきた e コマース（電子商取引＝electric commerce）の"e"であり，u-Japan の"u"は，ユビキタス社会（ubiquitous）を指すが，ユニバーサル"universal"やユニーク"unique"などの意味も込められている。また，日本でよく IT と呼ばれる情報技術は，国際的には，情報通信技術（ICT）ということが多い。

（2）クラウドコンピューティング

　近年では，クラウドという言葉は日常に耳にするようになっている。クラウド（cloud）とは，クラウドコンピューティング（cloud computing）の略語で，一言で言うと，これは，前述のユビキタス情報ネットワーク環境に基づいたインターネット情報サービスである。図7-5のイメージのように，文字や音楽，画像や映像などあらゆるデータを自分のパソコンや携帯電話ではなく，インターネット上に保存すると，必要な時に，いつでも，どこでも手軽に使えるネットサービスの仕組みである。自宅や学校，会社や外出先，図書館やネットカフェ，等々，様々な異なる場所でのパソコンや携帯電話（主にスマートフォン）からでも保存されたデータを閲覧，編集，アップロードすることができる。また，他人とデータを共有するグループウェアでの利用もできる。ただし，ユビキタスとは違って，「クラウド」自体の定義は明確でなく，バズワード（buzzword）的なイメージが強い。

　従来のコンピューターでは，ユーザー（企業，個人など）がコンピューターのハードウェアやソフトウェア，データなどを，自分自身で保有して管理するのに対して，クラウドコンピューティングでは，ユーザーはインターネットを経由してサービスを受け，サービス利用料金を払うという形になる。クラウドサー

※利用者は，インターネットを通じてさまざまなITサービスを利用できる。
出所：http://www.is702.jp/special/781/partner/183_s/

図7－5　クラウドコンピューティングのイメージ

ビスをうけるには，ユーザーが用意すべきものは最低限の接続環境（パソコンや携帯などの情報端末のクライアント，その上で動くブラウザ，インターネット接続環境など）のみである。その他に，クラウドサービスの利用料金を支払うことである。

現在では，提供されるクラウドコンピューティングサービスは次のような3種類がある。また，それぞれのサービスを利用する場合と自社が同じインターネット機能を独自に保有する場合との比較は図7－6でまとめて表している。

① SaaS（Software as a Service）

サースとは，インターネット経由して，電子メール，グループウェア，CRM（顧客関係管理）などのアプリケーションソフトウェアパッケージを提供するサービスである。利用者のコンピューターにアプリケーション・ソフトウェアがインストールされていなくても，必要なときに，必要最低限のアプリケーション・ソフトウェアをダウンロードして使うことができるため，投資コストを抑えることができる。図7－6を示されたように，自前のパソコンやそのパ

第 7 章　情報化社会と商業のネット環境　◎——　195

```
すべて自社保有    HaaS／IaaS      PaaS         SaaS
 アプリケーション   アプリケーション   アプリケーション   アプリケーション
 OS／実行環境     OS／実行環境     OS／実行環境     OS／実行環境
 ハードウェア      ハードウェア      ハードウェア      ハードウェア
                                 クラウドコンピューティング
```

出所：http://bizmakoto.jp/bizid/articles/01/r

図 7 − 6　クラウドサービスの比較

ソコンを動かす OS，さらにはアプリケーションソフトも必要としない。SaaS そのものは一種のネットビジネスではあるが，SaaS を利用して企業や個人がホームページやブログを開設して，ネット上で商品の販売やその他のサービスの提供も可能である。国際的には，セールスフォース・ドットコムの Salesforce CRM，マイクロソフトの Microsoft Online Services，Google の Google Apps などがある。日本では，ブランドダイアログの GRIDY グループウェアが SaaS のサービスを提供している。

②　PaaS（Platform as a Service）

　パースとは，インターネット経由をして，アプリケーションが実行できるためのプラットフォームを提供するサービスである。SaaS と比べると，自前のアプリケーションが必要となる。仮想化されたアプリケーションサーバーやデータベースなどのように，ユーザーが自分のアプリケーションを配置して運用できる。もちろん，PssS のサービスを活用して自らのネットビジネスを立ち上げることもできる。国際的には，セールスフォース・ドットコムの Force.com プラットフォーム，Google の Google App Engine，マイクロソフトの Windows Azure，Herock 社の Herock など多数の会社がある。

③　HaaS（Hardware as a Service）または IaaS（Infrastructure as a Service）

　ハースあるいはイースとは，インターネットを経由して，ハードウェアやインフラを提供するサービスである。図 7 − 6 のように，ネット上に存在する仮

想化サーバーや共有ディスクなどの利用ができるサービスであり，ユーザーが他人のコンピューターを使えるが，自前の OS やアプリケーションソフトの用意が必要である。そして，自前のソフトは他人のコンピューターを含めてシステムの導入や構築ができることである。現在では，Amazon.com の Amazon EC 2, Amazon S 3, さくらインターネットのさくらのクラウド，マイクロソフトの Windows Azure などの企業がある。

　クラウドサービスを受けるのに，最も便利なのは SaaS ではあり，個人や企業（例えば，小規模零細企業や個人事業主）も含めて，コンピューターのハードウェアまで持たなくても，スマートフォンや携帯端末などだけでもインターネットを通じ情報ネットワークサービスを受けることができる。ところが，企業にとっては，致命的とも言えるが，自社の情報やデータベースなどのすべてを赤の他人に預けてもらうことが社内マル秘やトップシークレットのような高度秘密性のある情報やデータなどの加工や処理もすべて他人に公開しているのを意味するので，一旦ネット上でこうした情報やデータが漏洩することになれば，想像もできない結果を招いてしまうことになる。もちろん，個人の場合でも，ネットビジネスにかかわる取引のデータや顧客情報，さらには代金決済やクレジットカードの情報などの流出防止も非常に重要なことである。

2）SNS の商業化

　その他に，スマートフォン，iPhone や iPad などの携帯端末が便利に利用できるインターネットシステムには SNS（social networking service）と呼ばれるソーシャル・ネットワーキング・サービスがある。主な SNS とその機能は図 7 − 7 に示されている。

　SNS とは，社会的ネットワークをインターネット上で構築するサービスのことである。SNS と呼ばれる条件とは，社会的ネットワークの構築の出来るサービスやウェブサイトである。このため，コメントやトラックバックなどのコミュニケーション機能を有するブログや「2 ちゃんねる」のような電子掲示板なども広義的には SNS として見做すことができる。

第7章　情報化社会と商業のネット環境　◎——　197

Facebook ・顧客とのやり取りが比較的しやすい ・イベントやページでの宣伝が可能	**Instagram** ・写真や短時間動画の共有SNS ・"見せる"サービスには最適，女性にうける
Twitter ・リアルタイムの情報発信力に優れる ・イベントなどの実況に最適	**Tumblr** ・リブログなどの機能を有するSNS ・現時点ではユーザー数少だが利用価値あり
LINE ・クローズな環境でのやり取りがメイン ・顧客へのクローズ案件などが適する	**mixi** ・現在は伸びが少ないコミュニティ系SNS ・ゲームなどを取り入れ挽回中で再注目
Google+ ・検索結果にも影響するトータルサービス ・利用者は少ないが今後伸びてくる可能性大	**Ameba** ・日本最大ブログサイトで読者などSNS機能も ・検索よりも読者つながりで発展する

図7－7　主要なSNSとその機能

　狭義には，SNSとは，人と人とのつながりを促進しサポートするためのコミュニティ型の会員制サービスである。また，そういったサービスを提供するウェブサイトも含まれる。こうしたサイトは，アメリカでは2003年，日本では，2004年に現れている。代表的なSNSサービスとは，日本ではmixi，GREE，Mobage，Amebaがあり，世界的には，Facebook，Twitter，Google+，Myspace，LinkedInなどがある。

　ソーシャル・ネットワーキング・サービスは主に，人と人とのコミュニケーションを自由に手軽にできるため始まったものである。以前は，人のつながりを重視して既存の参加者からの招待がないと参加できないという招待制のシステムが多かったが，最近になると，登録制による参加型のSNSが多くなっている。2006年にはGREEがモバイル版の開始と同時に登録制になり，2010年3月にはmixiも招待制を廃止し登録制に移行した。

　SNSの基本的な機能と言えば，元々，プロフィール機能，メッセージ送受信（私書箱）機能，ユーザー相互リンク機能，ユーザー検索機能，日記（ブログ）機能及びコミュニティ機能などの非営利的な機能が挙げられるが，今日では，後述のように，商業企業はもとより，個人なども一般公開的なSNSのネット

ワーク特性を活用して商品の販売や購入などの商業活動にも活用されつつある。

3　商業企業のネットビジネス

　情報化がさらに進展してきた今日においては，インターネットに基づいたユビキタス社会の情報ネットワーク環境の整備，個人にも企業にも簡単に利用できるクラウドサービスの拡大などが商業企業にとってもネットワークを利用して企業の経営やマーケティング活動を展開する絶好の環境が提供されることになっている。

　ネットビジネス（net business）の表現に関しては，一般にeコマース（electronic commerce）やeトレード（electronic trade），eビジネス（electronic business）などの言い方もあるが，公式な日本語表現は「電子商取引」である。ところが，消費者の立場に立て見れば，ネットショッピング（net shopping）の言い方もある。こうした企業側の販売活動やら，消費者側の購入活動やら，いずれもインターネットを利用して行われるビジネス行為であるため，ここでは，商業企業の立場では，ネットビジネスと言い，消費者の立場では，ネットショッピングと言う。

　1990年代の終わりに始まったネットビジネスは，今やもはやグローバル的に普及されている。日本やアメリカなどの先進国に限らず，BRICsと呼ばれる新興国などにもネットビジネスが勢いよく成長・拡大の真っただ中である。ネットビジネスの歴史は短いが形態は多種多様がある。主としては，人間によるネットビジネス，人間が介入せずに自動に行われるネットビジネス，そして仮想的ネットの世界と実社会との結合によって完成するネットビジネスの3種類がある。

1）人間によるネット上完結型
　インターネットは人間同士の情報交換やコミュニケーションから始まったが，インターネットのメリットは商業活動にも十分に活用できると気付いた人間は

すかさずにネットビジネスを始めた。多くの形態の取引においては，売り買い双方が直接にネットの端末を操作して，取引を成立させる形のネットビジネスは次の4種類がある。

(1) B2B

B2Bは正式にはB to B (Business to Business) であり，いわゆる企業と企業の間のネット上の取引である。メーカーから卸売業や小売業へ，メーカーや卸売業から小売業へという流通経路的な考え方が多いが，実際，メーカーの間にも，卸売業の間にも，小売業の間にもそれぞれ行われ得るネットビジネスである。ここでは，いわゆる卸売業の中抜きが最も可能な場合である。B2Bは企業同士の取引であるため，迅速なオンライン決済システムの提供やネットビジネス専用のホームページの構築など，一般消費者向けとは根本的に異なるスタイルもある。

また，インターネットを通じて行われるもので，特定の地域や国などの制限がなく，日常的にグローバル的に，しかも24時間体制での取引も可能である。さらに近年では，専門のホームページを開設して，自らのB2B取引をせずに，ネット上の卸売業のような形で，主として情報の提供などで他の企業間の仲介をする業者も現れている。この場合は，卸売業は自分の役割を十分に発揮できる商機として見られている。

(2) B2C

B2Cは正式にはB to C (Business to consumer) であり，あらゆる企業が個人消費者に対するネット経由の取引である。メーカーも卸売業も小売業のように個人消費者に商品を直接販売することが可能になる。この場合は，商業企業そのものが中抜きされることもあり得る。B2Cサイトによる通販が企業にもたらす利益はそのサイトを訪れるユーザーの数にほぼ比例するため，多くのB2Cサイトは，アクセス数を増やすため，ホームページのデザインや検索エンジンの選択と利用，また販売促進やアフターサービスなど，あらゆる方法を

駆使して工夫するに余念がない。

　なお，語学堪能の個人消費者の場合は，海外メーカーや卸売，小売のネット販売サイトにアクセスして直接に商品を購入することも可能である。一方，後述のように，日本の商業企業もネット販売サイトに英語や中国語バージョンで外国人向けの専用サイトを増設して，海外からの購入注文を受け付けている。特に大手小売業の場合は，ネットショッピングやネットスーパーなどの事業分野に経営資源の投入を強化して，新しい事業分野として成長・拡大して行くのも少なくはない。

　さらには，フォロワーの多い個人のホームページやブログに商品の広告を表示してもらい，それを自社の商品販売ページに誘導してもらい，見返りにホームページやブログの開設者に販売代金の一部分を報酬として支払う手法，いわゆるアフィリエイト広告（affiliate advertising）の活用も販売促進の手段としてよく使われる。

（3）Ｃ２Ｃ

　C2Cとは，正式にはC to C（Consumer to Consumer）と言う。これは，昔の祝祭日によく見かける不定期的なフリーマーケットのように，一部の消費者が自宅の不用品を持ち込んで，他の多くの消費者が自由に来場して，気に入ったものについては出品した人と駆け引きで値段を決めるという金銭的見返りを狙う不用品の処分があった。今日では，インターネットの環境が整備され，わざわざどこかの広場や公園に出かけなくても売り買いができるようになっている。出品者にとってのメリットは，ネットオークションという方式を利用して，最も高い値段を付けてくれる相手に落札してもらえるから，昔よりもっといい値段で処分することも可能となる。中では，このシステムを利用して，不用品の処分と言うより，マニアックあるいは半分プロ的な商売をやっている人も少なくはない。

　そのほかに，同人コミックなどの商品を集め，ダウンロード販売するネットショップも，個人である場合は，C2Cと判断される。しかし近年では，個人

レベルでもネット上のショッピングカートサービスをレンタルし，気軽に物品販売を行えるようになっており，C2C と B2C との間にはっきりとした境界線を設けることが難しくなりつつある。一方，個人間の取引であるため，代金の決済にトラブルが多かったが，オークションを運営する事業者の代金決済サービスや運送業者による代金と商品の引換，また，コンビニを窓口とする商品の受け取るなどが一般化になるため，取引が円滑に行われるようになっている。

（4）C 2 B

　C2B とは，正式に C to B（Consumer to Business）である。文字通り，個人が企業相手に商品を販売してサービスを提供することである。以前からも，第 6 章第 1 節で触れたデザイナーや作家，漫画家や画伯などのような個人事業主である専門知識を持っている特定の個人に対して，企業がアウトソーシング（out sourcing＝外部資源活用）の形で発注するか仕事の要請をすることがある。今日では，ネットワークを活用すると，注文や仕事のやり取りも簡単になるし，多くの外部資源の存在が現れると自然に競争が生まれ，企業にとってはコスト削減にもつながることができる。

　また，DELL コンピューターのように，顧客からの注文に応じてその顧客だけのパソコンを生産できるようなビジネスモデルも C2B である。そして，個人で作成したコンテンツの買取りやネット上の意識調査に参加してもらい見返りのポイント付与や金銭的支払い，新規商品の開発などに採用した消費者のアイデアや提案に代金を支払う形も C2B に当たる。

2）人間無介入のネット上完結型

　商売や取引は人間が主体であり，客体でもあるために，人間同士が取引関係に入り，主導的な役割を果たすのが当然だと思われる。前項で取り上げられている B2B から C2B までのネットビジネスでは，人間同士が自らインターネットのネットワークを介して直接に取引を行った形態である。

　ところが，人間の介在は時には操作の不慣れや入力が遅い，また人為的なミ

スなどもあるため，トラブルが起きる場合がある。また，長期かつ継続的24時間体制でも行われる必要なビジネスやその他のやり取りの場合は，人間がその場に居なくてもコンピューターの制御システムによる自動的に仕事の進行ができる。場合によっては，人間の存在は逆に仕事の効率低下あるいは非能率につながる可能性さえある。したがって，人力を省いてコンピューター同士が事前に設定した指令に基づき，時間センサなどの作動によって，自動的に取引あるいは仕事のやり取りを完成させる形態が必要となる。

それは，インターネットを経由して機能するM2M（Machine to Machine）形態である。M2Mのイメージは図7－8で見て分かる。その最大なメリットと言えば，コンピューター同士の間にやり取りされているデータの量の安定と継続，また定期的に行われる仕事やその他のやり取りには最適だと言える。もちろん，ここでの人間の役割とは，システムがトラブルや故障のないように維持・監視することである。

M2Mシステムでは，コンピューター同士に故障やトラブルがなければ，無人で24時間体制年中無休で自動的に指令された仕事などが処理されることができる。元々は電力や水道，輸送や交通，防災やセキュリティなどの安全性や

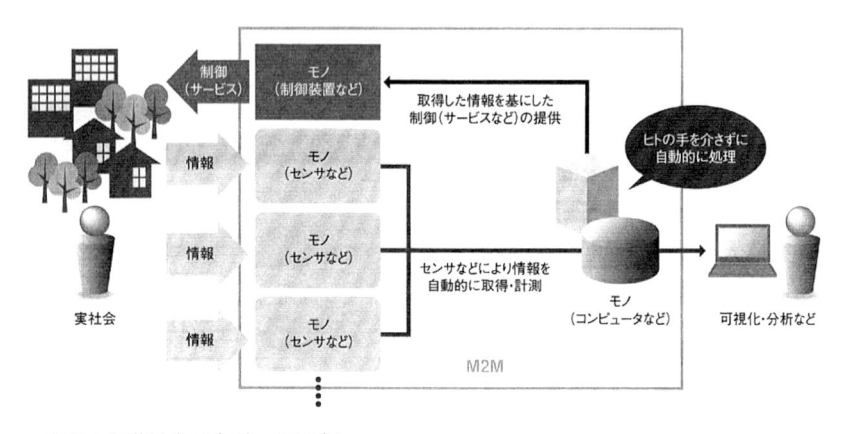

資料：三菱総合研究所，2013年。

図7－8　M2Mのイメージ

継続性を保たれるために開発されたものではあるが，ネットビジネスの場合は，固定の数量で長期的・継続的な取引には最適な手法だと考えられる。

　最も適切に活用できるのは，小売業と卸売業との間のEOS（Electronic Ordering System）による自動注文システムがある。小売店の端末（小売店事務所内のコンピューター）からネットワーク経由して本部または卸売業などへの定期的に自動発注を行うことにより，迅速かつ正確な受発注作業が実現できる。そして，EOSを導入することにより，従来の帳票でのやり取りに比べ，発注から納品までのリードタイムの短縮や多頻度納品などを低コストで実現することができる。さらに，小売業の売り場レジのPOS（Point of Sale＝販売時点情報管理）システムと連携することになれば，単品ごとの売上データと在庫データをリンクすることができる。言うまでもなく，M2Mを経由でより迅速かつ的確に仕入先のコンピューターに注文の指令を出すことができる。

　一方，卸売業や小売業にかかわる在庫管理や物流管理などにもM2Mの利用が必要だと考えられる。コンピューターはいつも正常に機能さえすれば，人間による様々なミスを防ぐこともできる。問題なのは，業界内または日本国内，さらには国際的な情報交換や通信技術の標準化や互換性などである。今後では，技術的な進歩や国際標準の統一などがあれば，M2Mは確実にバーチャル的なネットビジネスに限らず，従来の商業企業のリアルの店舗における取引や商売にも大きな役割を発揮すると期待される。

3）ネットと実店舗の結合型

　ネットビジネスでは，消費者は企業のホームページや販売サイトにアクセスして直接にモノを注文して購入することもあれば，仮想商店街などのバーチャル的な形態で商業企業が運営する販売サイトでの売り買いも多くある。このために，典型的な形態と言えば，以上のような完全にネットワークという仮想的世界で完結するものである。企業はネットにおいて商品を紹介しながら販売促進も行い，そしてネットで取引を成立させる。その後は代金の支払いを確認されると，商品を購入者の指定された住所に送る。

しかし近頃，小売業店舗やサービス業店舗の場合は，O2O という方式でネットという仮想の世界と実店舗という現実の世界と結合して商品の販売やサービスの提供を行っている。O2O のビジネスモデルのイメージは図7－9に示されている。

O2O とは，正式には，オンライン・ツー・オフライン（Online to Offline）で，最近，急増を見せた小売業やサービス業のネットビジネスの1種である。主に企業の事業活動においてオンラインとオフラインの組合せで販売促進をしながら最終的に顧客に物品の販売やサービスの提供を行うことである。O2Oの方法は主として個別店あるいはチェーン店舗などの独立的実施するものと，会員制の商品やサービスの販売促進代行がある。

独立的実施の方法とは，小売業やサービス業がネット上で，商品やサービスの情報を公開して宣伝すると同時に，実店舗に行く時に使える割引券や優待券

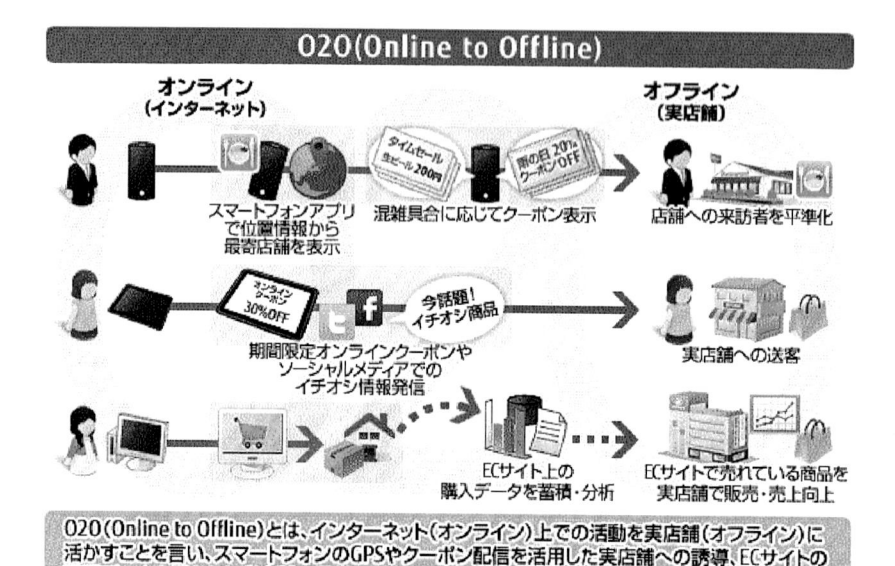

出所：http://jp.fujitsu.com/solutions/crm/web-integration/column/column006html

図7－9　O2O ネットビジネスの概念図

などの特典をネット経由で個々の個人消費者のパソコンや携帯端末，スマートフォンなどに送信する。そして，特典を受信した消費者が実店舗に行き，商品の購入やサービスの受入れの際に特典の約束した割引や優待サービスなどを受け取ることができる。

　販売促進代行方式とは，まず，企業や店舗を会員制で募集し，会員店に余力ある商品やサービスの割引を決めてもらう。一方，一般消費者を会員制で募集して，会員店の割引付きの商品やサービスのクーポン券を消費者会員に販売する。購入した消費者会員が会員店に行き，購入した割引券やクーポン券を使用して商品の購入やサービスの受入れができるというシステムである。

　ネット上の価格比較サイトで商品の最安値を調べたり，オンラインショップに掲載されている購入者の口コミを参考にしたりして，実店舗での購入を検討するような事例はネットビジネス（EC＝電子商取引）が普及し始めた2000年頃から始まったものである。最初では，ネット上の店舗で注文して実店舗で商品を受け渡して代金を支払うという組み合わせであり，「クリック＆モルタル」（Click and Mortar）とも呼ばれる。近年のSNSサービスの一般化やスマートフォンの普及に伴い，ネットビジネスは，すでに「クリック＆モルタル」の範囲に遥かに超えて，共通するネットワークに独自のアプリを使って，複数の企業が販売促進や注文受けから，代金の決済，商品の配送，そしてアフターサービスまでの大掛かりな複合的サービスを提携するような形態のO2Oが注目されている。

4　情報化時代のマーケティング

　これまで紹介してきたように，情報化時代は商業・流通のみならず，人々の日常生活から企業経営の環境そのものまで大きく変えた。企業にとっては，経営活動は主な事業ではあるが，消費者にとっては買い物行動が日常生活の一部分に過ぎない。このために，従来の形での製品の製造あるいはモノの生産，従来の形でのモノの流通や販売では，時代の流れに淘汰されることになりかねな

い。したがって，メーカーから商業・流通企業までは情報化時代において，ユビキタス情報ネックワークを活用して，企業の実態に見合ったクラウドサービスを受けながら自社の事業活動を進めていく必要がある。

　この節では，決して，情報化時代のマーケティング戦略の企画立案や実施・制御，また4Pはどうなるかについて議論することではなく，情報化時代においてそれぞれの企業の事業活動においてマーケティング的な視点で考えるべき最重要なポイントを見てみる。

1）メーカーの視点

　まず，流通経路の川上に位置するメーカーの立場を見てみる。一般論的には，川上からモノが流れなければ，川下に販売できるモノがないという論理がある。しかし，情報化時代ではなくても，経済高度成長期が終結してから，市場はすっかりと消費者の需要に左右されるようになっている。つまり，昔のモノを作れば売れるという時代から今の売れるモノを作るというように，メーカーは正反対の立場に立たされている。そこで，何か売れるかという情報が製造業の事業継続のキーポイントにもなる。

　これまでは，メーカーは卸売業を通じて小売業段階で収集してきた製品に対する消費者の評価や苦情などの情報に頼る傾向がある。情報ネットワークの普及やユビキタスなどの社会的な情報コミュニケーション環境の整備によって，メーカーでも消費者の情報を生で聞くことが可能となる。しかし，情報の収集や整理，検討や分析には専門人材を集め専門部署の設立が必要である。大型企業の場合，マーケティング部門とは別に情報管理部門の設立については，資金力でも人材力でも可能ではあるが，このための投資が必要となる。もちろん，収集され分析される情報は主として自社の製品開発や生産に関係あるものもあれば，市場や競争相手などの情報の収集・分析も可能である。

　一方，99％以上に占めている中小企業や零細企業の場合は，大企業のような対応策を真似しようとしてもそう簡単にはできない。情報化に対応できる人材の欠如だけではなく，企業の規模や売上，収益や事業経費などから見ても自前

の情報部門の設立は不可能に近いほどである。しかし，これで情報のやり取りを諦めるわけにはならない。前述のユビキタスに基づいたクラウドサービスの受入れは最も効率的かつ合理的である。

　また，ネットビジネスを通じて直接に消費者や顧客との関係作りとその維持が大切なのである。いわゆるワン・ツー・ワンマーケティング（one to one marketing）のような対応は，大企業より中小企業の強みである。このような顧客との関係が維持できれは，自社の製品やサービスのファン顧客やサポート顧客の確立ができ，企業の経営や事業の継続の根拠にもなるはずである。

2）卸売業の視点

　何度も繰り返したように，今の時代では，卸売業は流通経路において排除されやすい商業企業である。バブルがはじけてからの価格破壊が20年以上のデフレ経済を背景に，消費者は低価格志向，市場は低価格訴求が強まるばかりである。メーカーや小売業の経営合理化の柱とも言える経費削減では，中小卸売業は真っ先に排除される対象とされそうである。ところが一方，情報ネットワーク環境の活用は卸売業の吉報でもある。前述のようなB2Bビジネスモデルでは，販売コストの低減にのみならず，在庫管理や販売員の出張経費などにも軽減できる重要な手段である。

　情報ネットワークの活用については，言うまでもなく大規模卸売業には断然に有利なのは事実である。特に大手商社の場合は，元々，グローバル的に展開しており，世界中に各種の情報の収集・加工，整理・分析のできる支店が存在し，多くの人材も保有している。また，膨大な資金力も情報部門の設立・運営には十分な能力がある。国内向けの大手卸売業も業界のリーダー的な立場にあり，メーカーから小売業まで多くの関連企業があり，情報部門の設立と運営は必要であり，比較的に簡単に整備できる。

　一方，中小卸売企業の場合は大手より比べられないほど立場が弱い。大手との競争には勝ち目がないので，自社の身の丈に合わせて情報化時代をうまく利用することは最重要課題である。もちろん，B2Bのビジネスモデルも利用で

きるし，クラウドサービスを活用して，ネットワークを通じて中小小売業との関係強化や中小卸売業同士の協力・連携もできる。また，小売業同士とのボランタリーチェーンシステムでも，ネットワークの活用が可能であり，必要である。

　情報化時代とは言え，地方の町や農村部などでは，バーチャル的な世界よりもリアルの店舗がより重要である。中小や零細とは言うものの，卸売業の顧客は小売業である。情報化時代では，特に情報ネットワーク利用に弱い中小零細な小売業もまた大量に存在しているので，中小卸売業はメーカーや卸売業同士とはB2Bでつながり，地元の中小小売業に対する販売支援を主要な事業とする様々な支援活動はリアルの世界で展開されることができる。これこそが中小または零細卸売業の存続にかかわる立ち位置でもある。

3）小売業の視点

　ユビキタスという社会的情報ネットワーク環境やクラウドサービスには，まず多く利用されるのが一般消費者である。情報ネットワークでは，消費者の日常生活において情報にかかわる様々なやり取りはアクセスしやすいように提供されている。その中で，一部分の消費者すらネットワークを利用してC2CやC2Bのようなネットビジネスに手を出している。小売業にとっては，情報ネットワークを利用しない理由がない。まずは，大手小売企業の対応と中小小売業の活用に分けて見てみる。

（1）大手小売企業

　流通革命以降，市場の主導権は次第にメーカーから大手小売業に移りつつあるが，大手小売業においても決して安泰な経営ができるわけでもない。時代は時間とともに止まることなく前へ前へと進んでいる。大手とは言え，時代の流れに遅れたら日本一の企業だって倒産することもありうる。情報化時代は商業企業の経営にも多くの変化をもたらしているので，大手企業も時代に遅れることなく積極的に対応していく必要がある。

① 従来の経路の活用と強化

勘違いではないかと思われるが，情報化時代がやってきたのに従来の販売経路を大事にすると言うことはまずないだろうと。しかし，表7－1のデータを見てみると，そのわけは納得できるのであろう。

日本国内のB2C市場規模は，2012年度に対して，2013年の成長幅は大きく，年商7.8兆円も超えているが，小売業・サービス業年間売上高合計における割合では，わずか3.67％に過ぎない。これは，今後のB2C市場の潜在的成長力とも言えるが，現段階では，まだ，従来の流通経路と比べることはできない。もちろん，現在の販売経路を変わらずに維持することだけではなく，今後のネットビジネス市場の成長を見込んで，徐々に仕入先とのB2Bや自社顧客とのB2Cによる販売促進や商品販売そのものの強化に移行していくのが重要である。

業種別BtoC-EC市場規模の推移　　高い伸び率

業種		2012年 EC市場規模（億円）	EC化率	2013年 EC市場規模（億円）	対前年比	EC化率
小売業	総合小売業	18,910	5.05%	22,000	116.4%	6.39%
	衣料・アクセサリー小売業	1,750	1.33%	2,200	125.8%	1.65%
	食料品小売業	6,050	0.96%	7,060	116.7%	1.08%
	自動車・パーツ小売業	14,260	4.29%	16,480	115.6%	4.84%
	家具・家庭用品小売業					
	電気製品小売業					
	医薬化粧品小売業	5,010	4.02%	6,030	120.4%	4.56%
	スポーツ・本・音楽・玩具小売業	4,000	2.74%	4,670	116.6%	3.26%
サービス業	宿泊・旅行業	14,960	6.16%	18,260	122.1%	7.38%
	飲食業					
	娯楽業	1,470	0.94%	1,660	112.9%	1.19%
合計（小売・サービス）		66,410	3.11%	78,360	118.0%	3.67%

注：小売業以外のデータは省略した。
出所：経済産業省平成25年「電子商取引市場に関する調査」結果要旨。

表7－1　平成25（2013）年国内B2C市場規模

② ネットスーパー

　百貨店業界のネット通販や総合スーパー業界のネットスーパーの成長は著しいと言えるが，小売業界のネットビジネスは前述の通り，割合はまた低い。ネットスーパーは元々消費者に買い物の時間を節約できるように，また，深夜でも早朝でも注文できるようなシステムを用意したものである。にもかかわらず，日本の消費者は小売店頭に出かけて，自分の目で見，実物を選びながら購入する習性はなかなか変えられにくい。一方，近年の異常天気もあり，特に真夏の炎天下で酷暑と闘いながら買い物に出かけるのが決して楽なことではない。もちろん，真冬になっても消費者が外出を控えている。これらはネットスーパーを成長させ，拡大させる大きなきっかけにもなる。

　ネットスーパーは消費者にだけメリットばっかりあるわけではない。小売業にもきちんとメリットがある。商品の紹介は売場の陳列写真やビデオでできるので新たな売場スペースの確保が必要としない。事務所のパソコンで注文データが集計されているので，一点ずつレジで商品を通す人件費の必要もない。これだけで販売経費と人件費の節約ができる。特に，商圏内の消費者あてには購入商品の当日配送も十分可能だし，一定の売上を超えると送料無料のサービスもできる。今後，超高齢社会が一層進展して行くこともネットスーパーの将来性が明るく見えてくる。問題なのは，いかに高齢者たちにインターネットに近付かせて，ネットワークを便利に使えることにある。

③ 小売業のオムニチャネル（Omni Channel）

　今の時代では，消費者は仕事や勉強，友人との付き合いやレジャー，多くの自己都合があるのは一般的である。買い物は日常生活という大きなドラマにあるほんの1つの小さなエピソードに過ぎない。しかし，小売業にとっては，物品の販売は事業の継続または会社の存亡にかかわる大問題である。消費者は店舗に来なければ，消費者に近寄ることを考えるべきである。前述のネットスーパーは1つの良いアイデアではあるが，商品を見て確認してから買いたい人にはやはり店頭に来てもらうことが最上の対策だと言える。これは，近年増えてきているオムニチャネルの商法の要因でもある。

オムニチャネルとは，顧客との商品やサービスとの接点を可能の限り増やし，実店舗，オンラインモールなどの通販サイト，自社サイト，テレビ通販，カタログ通販，ダイレクトメール，ソーシャルメディアなど，同質の利便性で商品を注文・購入できる環境を提供することである。図7－10のように，ウェブ上で注文して店舗で受け取ると言う点では，O2Oと共通しているが，店舗で在庫がなかった商品を即座にオンラインでの問い合わせで補ったりすることもできる。また，オムニチャネルの場合は，図7－11のように，店舗で実物を見て，ネットで注文することもできる。

「オムニ」とは「すべての」「あらゆる」という意味であり，いくつかの販路を組み合わせて提供する取り組みはマルチチャネルとも呼ばれるが，オムニチャネルはあり得る全ての販路を統合することにポイントがある。したがって，特に大型小売業グループの場合は，百貨店から，総合スーパー，コンビニ，専門店など多くの業種や業態の実店舗が傘下にあるため，自社の固定客にはもとより，新規顧客に対しても買い物の選択肢が多様にあるだけで魅力的な存在になる。言うまでもなく，大手小売業のオムニチャネルの活用はネットビジネスにおいて他社よりは絶対的な優位であると言っても過言ではない。

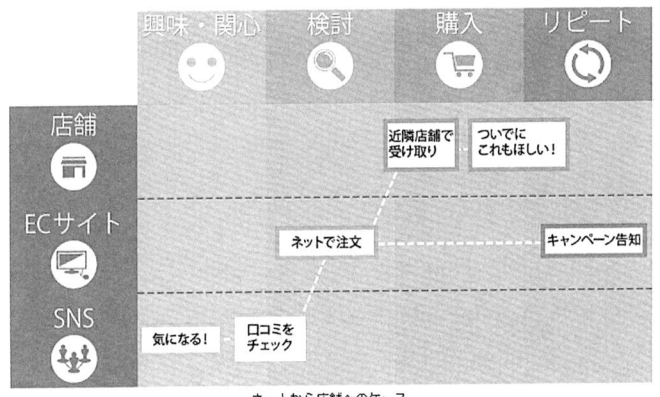

出所：http://ec-cube.ec-orange.jp/about/omnichannel/

図7－10　オムニチャネル（1）ネットで注文実店舗で受け取る

出所：http://ec-cube.ec-orange.jp/about/omnichannel/

図7-11　オムニチャネル（2）店舗で確認してネットで注文する

（2）中小零細小売店

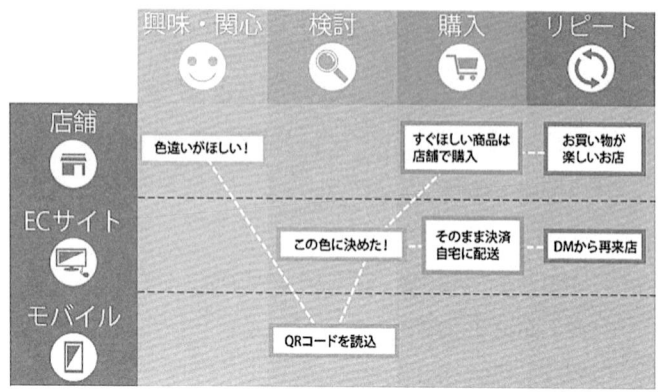

　では，中小あるいは零細小売業には活路があるのかを見てみよう。中小小売業にとっては前述の物販業の共通の悩みである消費者がなかなか来店しないというのもあるが，大手小売業と比べると，住宅地に近い立地にあるのは経営上の優位的なものである。したがって，中小や零細小売業には次のような対策が考えられる。

　① 消費者と仕入先との密着化

　まずは消費者との密着化である。地元に立地している店は地域に根を深くおろし地元との密着するのは当然なことである。大量生産・大量流通以前には，商店街に立地し，顧客に近い中小小売店も零細小売店も，取扱っている商品は消費者の望んでいるものであり，固定客や常連客に好かれるのが当然である。しかし，時代が変わり，消費者のライフスタイルも変われば，好き嫌いや欲しがる商品も変わる。近くにある小売店がそういう消費者のわがままに応えられなければ，客離れを止めるようがない。したがって，もう一度原点に立ち戻り，消費者の要望をきちんと把握してからそれらに応える努力がぜひとも必要であ

る。近くの店に欲しがるモノがあるのにわざわざ時間を掛けて離れた店に行くことはまず考えられないであろう。

　次に，仕入先との密着化である。卸売業であれば，中小規模でも今の時代ではB2Bによるビジネスができないというのが生き残れない。零細なパパ・ママ店あるいはジジ・ババ店であっても，前述のクラウドサービスを利用することができる。SaaS方式のサービスであれば，スマートフォンやタブレット1台で利用できる。顧客への商品販売やサービス提供では，マニアル的なものが受け入れられやすい。超高齢社会の日本では，全国平均的には4人に1人の割合で年寄りの顧客がいるが，地方の町や村では，その割合がもっと大きくなるには間違いがない。つまり，仕入れのネットビジネス化と販売の旧来方法での使い分けと組合せをすれば，人件費の削減に重視する大手小売業に負けないような中小零細的なビジネスモデルもあり得る。

　②　買い物代行とアフターサービス窓口

　大量流通・大量消費の時代では，中小零細小売店の最大な弱みは売場が小さいために，大型商品の販売ができず，多くの商品の陳列もできなかった。情報化社会になると，パンフレットやB2Bのネットビジネスチャネルがあるから，仕入れの柔軟性や特殊商品の取り寄せも手軽にできる。大型商品でも顧客の注文代行をして，商品は顧客の自宅まで届くように委託することもできる。大事なのは，メーカーや卸売業との業務提携や協力などの関係を樹立すれば，アフターサービスの受付窓口の機能を追加することもできる。

　一方，ボランタリーチェーンで卸売業との提携や小売業同士の協力もできるが，パパ・ママ店でも，ジジ・ババ店でも，後継者難の問題解決も含めて複数の店舗が共同で若者を招聘してネットビジネスの担当にしてもらい，またネットビジネス専門のサービス提供会社と契約して外注することもできる。中小や零細とは言え，消費者や顧客に最も近い場所に立地しているのが自分の最大な競争優位ということが忘れてはいけない。

4）小売業の宅配サービス

　近年，小売業界の宅配サービスの急速な拡大が注目されている。大手総合スーパーやコンビニチェーンに限らず，中小小売店舗も地元に対する宅配サービスをしている。また，宅配の内容は店頭あるいはネットスーパーの商品にとどまらず，食事など生活必需のサービスも含まれている。そして，利用客は高齢者にのみならず，様々な年齢層や性別にも拡大している。これは，前述のネットスーパーとの関連もあるが，それだけの話でもない。その背景を探り，要因を分析してみると，以下のようになっている。

（1）インターネットの基盤整備とクラウドサービスの提供

　まず，小売業の宅配サービスが手軽にできる背景には高度情報化社会の進展に伴って，ユビキタス情報ネットワークの整備が最も注目される。しかし，情報ネットワークの基盤整備だけだと，パソコンなどの情報機器の取り揃い，情報機器を動かす基本ソフト（OS）やそれぞれの情報処理に必要なアプリケーションソフトなど，高額の設備投資が必要とされる。このために，ネット販売やネットスーパーなどのネットビジネスには大手小売業でなければ手が出せないというハードルがある。

　ところが，ユビキタスによる社会的に通用できる高度の情報ネットワークをもっと手軽に活用できるようなクラウドサービスが使用者の都合や必要性によって選択できるように提供されてきている。コンピューターなどの高額なハードウェアがなくても（Saasの場合）携帯端末のみでもネットビジネスができることになっている。こうした情報ネットワーク利用サービスの出現は中小小売業が情報化社会の弱者から解放される機運が一気に高まってくる。したがって，今後では，小売業者のアイデア次第でさらに物販業の限界を超えて新しいタイプのネットサービスの提供が期待される。

（2）消費需要の変化

　情報ネットワークの基盤があって，小売業者にもやる気があるだけでは宅配

サービスの拡大には条件不十分である。企業の事業活動展開の根本的な支えは市場の需要つまり消費者の要望があるかどうかである。

① 超高齢社会

超高齢社会のさらなる進展は今後の小売業の行く末に左右するものである。2013（平成25）年に65歳以上の高齢者人口は日本人口の四分の一になったが，国立社会保障・人口問題研究所が2012（平成24）年3月に公表した報告書によると，2030（平成42）年になると，人口に占める高齢者の割合は30％も突破することという予想である。また，高齢者の移動手段は図7－12のように，ほとんど徒歩か自転車に集中している。したがって，今後とも配送サービスが拡大していくことが確実になるが，小売業に限らず新規参入業者との競争も十分考える必要がある。

② 中食の需要拡大

一方，食材や食事の宅配も急速に拡大してきている。食事の宅配の要因としては高齢者だけではない。公益社団法人米穀安定供給確保支援機構が2014（平成26）年9月公表した調査レポートによると，一人世帯の中食率はほぼ1割の9.6％を占め，非単身世帯も5％を超えている（図7－13）。また，食事の

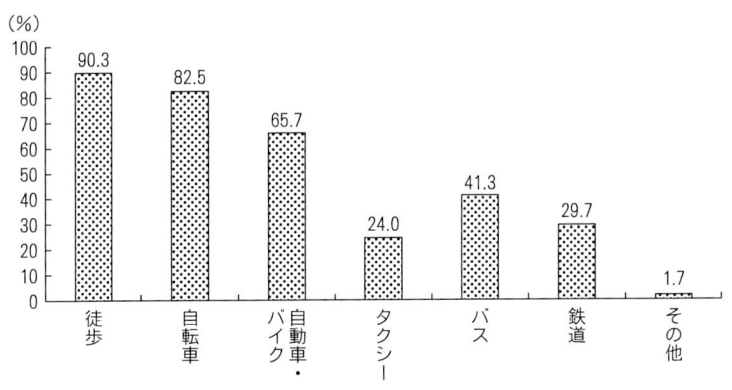

（注）複数回答であるため，合計は必ずしも100にならない。
資料：中小企業庁委託「全国商店街調査」（2010年11月，（株）三菱総合研究所）。

図7－12　高齢者の移動手段

中食（調理済み食）の利用状況（食事構成比）

(単位：％)

	朝		昼		夜		3食平均	
	（1人世帯）	（非1人世帯）	（1人世帯）	（非1人世帯）	（1人世帯）	（非1人世帯）	（1人世帯）	（非1人世帯）
全体	7.6	5.4	10.7	7.1	10.7	3.2	9.6	5.2
男性	8.4	5.2	11.3	6.4	18.3	3.7	12.6	5.1
女性	7.1	5.5	10.3	7.7	5.6	2.8	7.6	5.3

注1）調理済食とは「すでに調理されたものを買ってきたり，出前をとって家庭で食べた場合」。
注2）ここでの中食は調査項目上の「調理済み食」のことで「すでに調理されたものを買ってきたり，出前をとって家庭で食べた場合」であり，事業所等家庭以外での持ち帰り弁当類等の利用は含んでいない。
資料：「国民健康・栄養調査（平成20年）」（厚生労働省）を基に米穀機構で作成。

図7-13　単身世帯の中食実態

　宅配は高齢者や単身者のほか，妊婦専用や乳児の離乳食，ダイエットや精進料理などメニューがバラエティーに富む。和洋中揃いで1人から4人家族まで，1食から1カ月，1年までなど，宅配する条件はかなり柔軟に対応している。さらに，大手総合スーパーやコンビニチェーンなどの小売業も新規参入をして話題を呼んでいる。

（3）経営上の必要
　小売業の宅配サービスへの参入は，企業経営上で今後の戦略として取り上げている大手企業もある。それは，主として次の2大要因があると考えられる。
　①　店頭販売の限界
　全国小売業年間売上高に占めるネットビジネスのシェアは依然として低いことは前述にあったが，それは今後の成長性を潜めていることでもある。大手小売業も顧客の来店や店頭での商品販売には限界がきていると危機感をあらわにしている。それも，ネットスーパーの展開を全社事業の一環として宅配サービスに参入するわけである。問題なのは，高齢者の多くはスムーズにネットの活用ができるほうが少ないため，今後では，専門スタッフを確保して，商圏内の外商的あるいは自宅までの訪問販売的な営業活動が必要である。もちろん，こ

れは，大手だからできることだけではなく，中小小売業にとっても商機になるはずである。

②　消費者の都合

高齢化社会のさらなる進行，単身世帯の増加，女性の社会進出などの社会的要因のほかに，消費者の都合で小売業者が対応に追われることも宅配サービスの成長につながるのである。バブル崩壊以来，デフレ経済の長引きなど社会的・経済的な環境が決して良くないが，産業界にわたる価格崩壊や安値競争などの恩恵を受け，消費者の娯楽や教養，レジャーや観光への出費が維持されている。仕事だけではなく，余暇にも忙しい現代人には買い物や炊事に配分する時間が惜しまれている。前述にもあったO2Oやオムニチャネルの商品販売やサービスの提供もこういうわけでにわかに人気になってきている。今日の消費者は自分のそれぞれの都合を最優先にして，誰にも平等に与えられている1日24時間の使い分けに当たって，一度だけの人生だから，買い物や炊事など楽しめない事柄は他人に頼ることに回しつつある。宅配サービスがこうして消費者のライフスタイルの変化に支えられ成長してきたわけでもある。

📖 第7章を読んでさらに考えてみること

1．ユビキタス社会では，企業に対しても，消費者に対しても，いつでも，どこでも，誰でも平等に情報ネットワーク環境を利用できるが，大変な利便性の反面，不便あるいは問題点として一例をあげて分析してみよう。

2．ネットビジネスにおいて，多くの取引形態があるが，O2Oは企業の販売サイトと実店舗の連携プレイである。今話題となっているオムニチャネルもO2Oのような手法ではあるが，O2Oとオムニチャネルとの違いについて，実例を挙げてみよう。

3．情報化時代における中小零細小売店のネットビジネスの対応策として，本章で触れたこと以外に，あなたならの考え方があれば，披露してみよう。

ミニコラム　バーチャルリアリティー

　バーチャルリアリティーという言い方はもう古くないかと思われがちである。確かに，これはアメリカのNASAが1987年に発注した「仮想環境ワークステーション」システム以来，また，インターネット情報ネットワークの高度化の実現以来，一時にはブームとなったことがあったが，今は，わざわざ口にする人は居ないかも知れない。しかし，これは，バーチャルリアリティーそのものがすでに我々の日常生活に浸み込んでいるということを物語っている。

　バーチャルリアリティーとは，元々，コンピューターによる作られた仮想の世界を現実に見立てるようにする技術で，我々一般消費者に無関係かと思うと，その応用はすでに芸術やデザイン，建築，通信や遠隔操作に幅広く広がっている。我々の今日の日常生活にはバーチャルな世界とリアルな世界が混在している。また，バーチャルの世界に自分のリアルな生活を全部突っ込んでいても惜しまない若者が居る。ネットでのゲーム対戦やネットサーフィンに嵌まり込んで抜け出せず，それを自分の生活あるいは人生に置き換える人さえ居る。仕事をせず，学校に行かず，外出も極端に控える「ニート」と呼ばれる人々はなんど日本には65万人も居るという推測がある。

　実は，バーチャルという言葉は決して空想や仮想に限って使われるものではない。元々非日常として人気に沸くディズニーランドやUSJのようなテーマパークもバーチャルな世界である。現実の世界の仕事や勉強に疲れているから，暫くこういう夢のようなバーチャルの世界に訪れることは精神的に癒されるから人気が衰えない。

　しかし，何事にも度がある。毎日のように非日常の世界に嵌まり込んでいくと，自分の人生さえ忘れてしまいかねないので，若い人たちには特に自覚と自制が必要である。せっかく一度しかない人生だから，バーチャルの世界は面白いかもしれないが，現実の人生には色取りどりの出来事が待っているから，それこそ冒険に出かけてみようではないか。

参考文献

■第1章

青木　均・石川和男・尾碕　眞・斎藤忠志『新流通論』創成社，2007年初版，東京。
小宮路雅博編著『流通総論』同文館，2010年初版，東京。
加藤義忠・佐々木保幸編著『現代流通機構の解明』税務経理協会，2006年初版，東京。
加藤義忠・佐々木保幸・真部和義・土屋仁志『わが国流通機構の展開』税務経理協会，2000年初版三刷，東京。
坂本秀夫『現代流通の解読』同友館，2005年新版第一刷，東京。
宮原義友・望月光男・有田恭助『商学総論』同文館，1987年，東京。
山本久義『商業経営論』泉文堂，2012年第3版一刷，東京。
Morgenstein, Melvin/Stongin, Harriet (1983), *Modern Retailing: Principles and Practices*, John & Sons, New York.
Walford, Cornelins (1983), *Fairs, Past and Present—A Chapter in the History of Commerce*, London/中村　勝訳『市の社会史』そしえて，1984年，東京。

■第2章

浅井慶三郎・清水　滋『サービス業のマーケティング』(改訂版)同文館，1991年，東京。
築山明憲『マーチャンダイジングの入門』商業界，2010年，東京。
徳永　豊・出牛正芳『新版商品学の仕入と管理』同文館，1986年，東京。
宮原義友・望月光男・有田恭助『商学総論』同文館，1987年，東京。
Hall, Margaret (1949) "*Distributive trading: an economic analysis*", London, &c.: Hutchinson's Univ. Lib/片岡一郎訳『商業の経済理論：商業の経済学的分析』東洋経済新報社，1957年，東京。
Kotler, Philip and Keller, Kevin Lane (2006) "*Marketing Management*", Twelfth Edition, Prentice-Hall, 恩蔵直人監訳・月谷真紀訳『コトラー&ケラーのマーケティング・マネジメント第12版』丸善出版，2014年，東京。
McCarthy, E. Jerome (1960) "*Basic Marketing: A Managerial Approach*",

Richard D. Irwin Inc., Homewood, Illinois, pp. 278-80.

■第3章

藤堂明保編著『漢字源』(改訂第五版) 学習研究社, 2010年, 東京。

中原龍輝「近代小売業発生・発展の理論に関する研究」『常葉学園富士短期大学研究紀要』第8号, 1979年, 61-89。

宮原義友・望月光男・有田恭助『商学総論』同文館, 1987年, 東京。

Bucklin, Louis P. (1962), "Retail Strategy and the Classification of Consumer Goods", *Journal of Marketing*, Vol. 27, 50-55.

Copeland, Melvin T. (1924), "Relation of Consumers' Buying Habits to Marketing Methods", *Harvard Business Review*, Vol. 1, No. 3, 282-289.

Knee, Derek and Walters, David (1985) "Strategy in Retailing: Theory and application", Philip Allan Publishers Ltd., Oxford.

McNair, Malcolm P.; May, Eleanor G. (1976) *The revolution of retail institutions in the United States*, Michigan/清水 猛訳『"小売の輪"は回る:米国の小売形態の発展』有斐閣, 1982年, 東京。

McNair, Malcolm P. (1958), "Significant Trends and Development in the Postwar Period", in Smith, A. B. (ed), *Competitive Distribution in a Free High-level Economy and its Implications for the University*, Pittsbough, Pa., University of Pittsbough Press, 17-18, USA.

Nielsen, Orla (1966), "Development in Retailing", in Mjar-Hansen (ed), *Leading in Danish Theory of Marketing*, 101-115.

Regan, William J. (1964), "The Stage of Retail Development", Reavis Cox, Wroe Alderson, Stanley J. Shapiro (ed.) *Theory in Marketing*, American Marketing Association, Richard D. Irwin, Inc., Homewood, Illinois.

Rosenbloom, Bert; Schiffman, Leon G. (1981), "RETAILING THEORY: PERSPECTIVES AND APPROACHES",

Walford, Cornelins (1983), "Fairs, Past and Present—A Chapter in the History of Commerce", London/中村 勝訳『市の社会史』そしえて, 1984年, 東京。

Zeithaml, Valarie A. (1981), "How Consumer Evaluation Processes differ between Goods and Services", Donelly, James H. and George, William R. (ed.), *Marketing of Services*, Proceeding Series, AMA's Special Conference on

Services Marketing, Orlando, FL., 186-190.

■第 4 章

中原龍輝・遠藤誠二共著「スーパーマーケット業界における先駆者たちの盛衰に見た米国小売業の起業家戦略」『富士常葉大学研究紀要』第 5 号，2002 年，23-52。
林　周二『流通革命論』中公新書，1963 年，東京。
林　周二『流通革命新論』中公新書，1964 年，東京。
藤田貞一郎・宮本又朗・長谷川彰『日本商業史』有斐閣新書，1978 年，東京。
宮川東一編著『卸売業のマーケティング』ビジネス社，1980 年，東京。
宮下正房『日本の問屋』日経文庫，1979 年，東京。

■第 5 章

高橋浩夫『グローバル業のトップマネジメント』白桃書房，2005 年，東京。
中原龍輝「中国企業の海外進出－グローバルマーケティングの視点から－」，第 45 回日本経営診断学会全国大会，2012 年，北海道大学。
根本　孝編著『グローカル経営』同文館出版，2004 年，東京。
野村　亨・山本純一編著『グローバル・ナショナル・ローカルの現在』慶應義塾大学出版会，2006 年，東京。
藤澤武史編著『グローカル・マーケティング・イノベーション』同文館出版，2012 年，東京。
藤本光夫・大西勝明編著『グローバル企業の経営戦略』ミネルヴァ書房，2001 年，京都。
丸山惠也・成田幸範編著『日本企業のアジア戦略』中央経済社，1995 年，東京。
向山雅夫・崔　相鐵編著『小売企業の国際展開』中央経済社，2009 年，東京。
Itoh, Hajime (2013), "Retail Buying Behavior in Japan", Sankeisha, Nagoya.
Ryuki, Nakahara (2012), "Partnership Marketing in Globalization", 2012 Global Marketing Conference Proceeding, pp.143-147.

■第 6 章

岩崎邦彦『スモールビジネス・マーケティング』中央経済社，2004 年，東京。
植田浩史・桑原武志・本多哲夫・義永忠一『中小企業・ベンチャー企業論』有斐閣コンパクト，2006 年，東京。

坂本秀夫『現代中小商業論』同友館，2012 年，東京。

清水公一『共生マーケティング戦略論』創成社，1996 年，東京。

中小企業庁編集『中小企業の情報化ビジョン』同友館，1985 年，東京。

中小企業庁小売商業課編『中小小売商業の情報化ビジョン』(財) 通商産業調査会，1985 年，東京。

番場博之『零細小売業の存立構造研究』白桃書房，2003 年，東京。

Diamond, Stephanie (2008), "Web Marketing for Small Businesses", Sourcebooks, Inc. Illinois, USA.

■第 7 章

一般財団法人情報サービス産業協会編『情報サービス産業白書 2014』日経 BP 社，2014 年，東京。

宇治則孝『クラウドが変える世界』日本経済新聞出版社，2011 年，東京。

駒谷昂一・山川　修・中西道雄・北上　始・佐々木整・湯瀬裕昭『情報とネットワーク社会』オーム社，2011 年，東京。

杉山勝行・大野富彦『インターネット時代の Web 営業戦略』明日香出版社，2000 年，東京。

星野克美『インターネット時代のマーケティング戦略』プレジデント社，1996 年，東京。

Diamond, Stephanie (2008), "Web Marketing for Small Businesses", Sourcebooks, Inc. Illinois, USA.

索　引

ア

アウトソーシング……………………180
アフィリエイト広告…………………200
異業態競争………………………………40
ウォンツ…………………………………22
オムニチャネル………………………210
卸売業……………………………………80
卸売市場…………………………………94
卸売団地…………………………………93

カ

開発輸入………………………………138
買回り品…………………………………67
価格ミックス……………………………33
企業の規模……………………………159
規模の経済……………………………175
ギャップ…………………………………16
業種……………………………………114
行商……………………………………101
競争優位………………………………213
業態……………………………………115
クラウドコンピューティング………193
グローバリゼーション………………115
グローバル化…………………………141
経営資源…………………………………31
経営難…………………………………170
経験財……………………………………74
後継者難………………………………166
高度情報化社会………………………183
購買代行…………………………………21
小売業……………………………………94
　　──集積…………………………107

サ

小売成長段階論…………………………56
小売の輪…………………………………54
国際化…………………………………136
国際貿易…………………………12, 115
個人事業主……………………………163
コープランドの商品分類………………66

サービス商品の分類……………………71
サービスマーケティング………………30
市場………………………………………4
　　──原理………………………………6
　　──調査……………………………38
社会段階発展説………………………184
社会的分業………………………………8
集中貯蔵原理……………………………60
商業のルーツ……………………………47
商圏……………………………………89
商的流通…………………………………16
商店街…………………………………109
商品分類…………………………………65
情報化社会……………………………183
情報ネットワーク……………………186
情報流通…………………………………20
真空地帯論………………………………57
信頼財……………………………………75
垂直的統合………………………………47
SWOT……………………………………38
　　──分析……………………………39
製品ミックス……………………………32
専門品……………………………………68
相場………………………………………5

組織型小売業（チェーンオペレーション）
　……………………………………104
ソーシャル・ネットワーキング・サービス
　……………………………………196

タ

第三の波……………………………185
多国籍化……………………………137
脱工業化……………………………183
探索財…………………………………73
中小企業……………………………159
中小商業の存在価値………………175
デジタル情報………………………188
電子商取引…………………………198
倒産…………………………………172
独立型小売業（伝統小売店舗）………104
取引……………………………………3
　──総数最小原理………………60
問屋…………………………………81
　──街………………………………92
　──無用論…………………………84

ナ

ニーズ…………………………………21
日本の商慣習………………………146
日本の商社…………………………152
日本標準産業分類…………………159
日本標準商品分類……………………66
ネットビジネス……………………198

ハ

廃業…………………………………170
バーター取引…………………………3
バックリンの商品分類………………69
パパ・ママ店………………………168
販社…………………………………148
販売経路ミックス……………………34

販売促進手法…………………………35
非関税障壁…………………………147
5 FORCEs 分析………………………40
物的流通………………………………16
物々交換………………………………6
フランチャイズ・チェーン………106
並行輸入……………………………146
ボーダーレス化……………………139
ボランタリー・チェーン…………107

マ

マーケティング………………………27
　──戦略………………………37
　──ミックス…………………27
マージン………………………………5
マーチャンダイジング………………40
　──ミックス…………………42
無在庫経営……………………………62
無店舗販売…………………………102
最寄り品………………………………67

ヤ

有店舗販売…………………………101
ユビキタス…………………………189

ラ

立地……………………………………88
流通革命………………………………83
流通機構………………………………79
流通系列化…………………………149
理論仮説………………………………53
零細企業……………………………160
レギュラー・チェーン……………105
ローカリゼーション………………142

ワ

ワン・ツー・ワンマーケティング……207

《著者紹介》

中原龍輝(なかはら・りゅうき)
　慶應義塾大学大学院商学研究科博士課程単位取得満期退学。
　常葉大学経営学部教授，駒澤大学経営学部非常勤講師。
　専門：商業・流通，マーケティング，サービスマーケティング。

（検印省略）

2015年4月20日　初版発行　　　　　　　　　　　　　　　略称－商業・流通

商業・流通とマーケティング

著　者　中原龍輝
発行者　塚田尚寛

| 発行所 | 東京都文京区 春日 2-13-1 | 株式会社　創　成　社 |

電　話　03（3868）3867　　　　ＦＡＸ　03（5802）6802
出版部　03（3868）3857　　　　ＦＡＸ　03（5802）6801
http://www.books-sosei.com　　振　替　00150-9-191261

定価はカバーに表示してあります。

©2015 Ryuki Nakahara　　　組版：緑　舎　　印刷：エーヴィスシステムズ
ISBN978-4-7944-2453-2 C3034　製本：宮製本所
Printed in Japan　　　　　　　落丁・乱丁本はお取り替えいたします。

―――― 経営・マーケティング ――――

商業・流通とマーケティング	中原龍輝	著	2,400円
マーケティングの新視角 ―顧客起点の戦略フレームワーク構築に向けて―	有吉秀樹	著	1,800円
消費入門 ―消費者の心理と行動，そして，文化・社会・経済―	佐野美智子	著	2,500円
現代マーケティングの基礎知識	嶋　正 東　徹	編著	2,300円
グローバル・マーケティング	丸谷雄一郎	著	1,800円
マーケティング・ブック	小川純生	著	1,600円
商品化戦略の基礎	寶多國弘	著	2,800円
現代消費者行動論	松江宏 村松幸廣	編著	2,400円
ITマーケティング戦略 ―消費者との関係性構築を目指して―	大﨑孝徳	著	2,400円
感動経験を創る ホスピタリティ・マネジメント	山口一美	著	2,600円
はじめての観光魅力学	山口一美	編著	2,300円
はじめての国際観光学	山口一美 椎野信雄	編著	2,300円
経営情報システムとビジネスプロセス管理	大場允晶 藤川裕晃	編著	2,500円
eビジネスの教科書	幡鎌博	著	2,200円
企業経営の情報論 ―知識経営への展開―	白石弘幸	著	2,400円
経営戦略の探究 ―ポジション・資源・能力の統合理論―	白石弘幸	著	2,700円
現代組織の構造と戦略 ―社会的関係アプローチと団体群組織―	磯山優	著	2,500円
CSRとコーポレート・ガバナンスがわかる事典	佐久間信夫 水尾順一 水谷内徹也	編著	2,200円

(本体価格)

―――― 創成社 ――――